CHARLES NODIER

LE GÉNIE BONHOMME

SÉRAPHINE — FRANÇOIS LES BAS BLEUS
LA NEUVAINE DE LA CHANDELEUR
LES AVEUGLES DE CHAMOUNY — BAPTISTE MONTAUBAN
LA LÉGENDE DE SŒUR BÉATRIX
TRILBY — TRÉSOR DES FÈVES ET FLEUR DES POIS

AVEC UNE INTRODUCTION

PAR LOUIS MOLAND

ILLUSTRATIONS DE STAAL
GRAVÉES PAR PANNEMAKER, HILDIBRAND, ETC.

PARIS
GARNIER FRÈRES, LIBRAIRES-ÉDITEURS
6, RUE DES SAINTS-PÈRES ET PALAIS-ROYAL, 215

LE

GÉNIE BONHOMME

IMPRIMERIE DE J. CLAYE

7, RUE SAINT-BENOIT, 7

CHARLES NODIER

LE
GÉNIE BONHOMME

SÉRAPHINE — FRANÇOIS LES BAS BLEUS
LA NEUVAINE DE LA CHANDELEUR
LES AVEUGLES DE CHAMOUNY — BAPTISTE MONTAUBAN
LA LÉGENDE DE SŒUR BÉATRIX
TRILBY — TRÉSOR DES FÈVES ET FLEUR DES POIS

AVEC UNE INTRODUCTION
PAR LOUIS MOLAND

ILLUSTRATIONS DE STAAL
GRAVÉES
PAR PANNEMACKER HILDIBRAND, ETC.

PARIS
GARNIER FRÈRES, ÉDITEURS
6, RUE DES SAINTS-PÈRES ET PALAIS-ROYAL, 215

M DCCC LXXIII

INTRODUCTION

i.

Il est un genre littéraire essentiellement français, c'est la nouvelle. La nouvelle est la fiction en prose dans son cadre le plus simple et le plus étroit, c'est le récit romanesque dégagé de ses complications, réduit à ses personnages essentiels. C'est le développement d'une situation unique, d'un seul caractère. En même temps qu'elle se définit par la simplicité et l'unité de son sujet, la nouvelle se caractérise également par un art qui doit être sobre et délicat, par un dessin aux lignes pures; c'est un morceau de gourmet, une œuvre ingénieuse, offrant quelque recherche à l'esprit, ne supportant pas la banalité de la pensée, ni la médiocrité du style.

La littérature française est d'une richesse extrême en ce genre, et le trésor des nouvelles anciennes et modernes pourrait former un recueil charmant auquel les autres litteratures de l'Europe n'auraient rien de pareil à opposer.

Il nous a été donné, au temps jadis, de montrer que ce genre de la nouvelle en prose, de la vraie nouvelle telle qu'on la comprend de nos jours, était né avec notre langue et avec notre littérature. Nous avons publié deux volumes de nouvelles du XIIIe et du XIVe siècle que le public a bien accueillis. Le *Roi Flore et la Belle Jehanne, la Comtesse de Ponthieu, Troïlus et Cressida,* ont obtenu une place dans les études littéraires. Ces nouvelles si piquantes, si originales, ne sont plus connues et appréciées seulement des érudits. Il n'est guère de gens un peu curieux des choses de l'esprit qui les ignorent et qui n'aient admiré combien, dès le premier essor de notre civilisation, le génie de nos conteurs se meut librement, aisément, naturellement, dans ces limites favorables de la nouvelle.

Aux XVe et XVIe siècles, ce genre littéraire semble dévier, ou plutôt, lorsque notre fabliau primitivement rimé se traduisit en prose, il s'établit une confusion entre le conte ou l'anecdote, et la nouvelle qui en doit être distinguée. Par la peinture des caractères, par la suite de l'observation et de l'analyse, par la couleur du récit, la nouvelle diffère autant du conte ou de l'anecdote que, sous d'autres rapports, elle diffère du roman. Dans les conteurs qui, à cette époque de notre histoire, s'appellent légion, il est aisé de reconnaître la nouvelle qui se déploie çà et là au milieu des recueils anecdotiques. Ainsi, parmi les contes du *Décaméron*, l'histoire fameuse de Griselda ou Griselidis est une nouvelle. Elle a ce caractère dans les versions qui se multiplient aussi bien chez nous que chez les autres peuples, et qu'elle ne soit pas exactement de la même nature que le groupe auquel elle s'est trouvée d'abord réunie ; cela est si bien et si généralement senti, qu'elle s'en sépare immédiatement. *L'Histoire de Griselidis*, dans nos premières versions manuscrites, dans nos premières publications imprimées, se présente isolée, détachée du *Décaméron*.

De même il nous serait facile d'extraire de *l'Heptaméron* plus d'une véritable nouvelle bien formée en tous ses membres, par exemple, l'histoire de « la Punition, plus rigoureuse que la mort, d'un mari envers sa femme ». Nous n'avons pas l'intention d'insister ici sur cette tradition de la nouvelle en France, car ces recherches d'érudition pourraient passer pour un hors-d'œuvre inopportun. Nous passons donc rapidement.

Vous savez que notre grande époque littéraire, le XVIIe siècle, compte parmi ses chefs-d'œuvre les nouvelles de Mme de La Fayette : *la Princesse de Clèves, Madame de Montpensier*. Le XVIIIe siècle est plus riche encore :

Voltaire a écrit des nouvelles philosophiques que tout le monde connaît. Denis Diderot est un des maîtres du genre. *L'Histoire de madame la Pommeraye et du marquis des Arcis*, *l'Histoire de Desroches et de madame de La Carlière*, *les Deux Amis de Bourbonne*, *Ceci n'est pas un conte*, sont des récits où, en quelques pages, tant de pensée, de drame et d'émotion sont concentrés que peu d'ouvrages en plusieurs volumes en contiennent autant. Le chef-d'œuvre de Bernardin de Saint-Pierre, *Paul et Virginie*, n'est qu'une nouvelle.

Mais c'est dans la première partie de notre siècle que cette branche de notre littérature fleurit merveilleusement. Il suffit de citer quelques noms : Mme de Souza, auteur d'*Adèle de Sénange*, Mme de Krudner, auteur de *Valérie*, Mme de Duras auteur d'*Ourika*, Benjamin Constant, auteur d'*Adolphe*, Chateaubriand, auteur de *René* et du *Dernier Abencerage*. Charles Nodier, Xavier de Maistre, Mérimée, Sandeau, Alfred de Musset, sans parler de tous nos grands romanciers, Balzac, Soulié, George Sand, qui sont en même temps auteurs d'exquises nouvelles.

Au temps où l'esprit français n'était pas émoussé, où l'imagination avait chez nous toute sa fleur et le goût toute sa finesse, une nouvelle en quelques pages, si elle était frappée au coin du talent, était un événement et suffisait à donner la renommée. Les plus âgés d'entre nous peuvent se souvenir encore de l'effet produit par une nouvelle de deux pages : *Marie ou le Mouchoir bleu*, d'Étienne Béquet, publiée en 1829 dans la *Revue de Paris*. M. Villemain, dans son enthousiasme, l'avait apprise par cœur et s'en allait la récitant partout; il n'était bruit, à la cour et à la ville, que de *Marie ou le Mouchoir bleu*. Et si l'auteur n'avait été dès lors consumé par une passion funeste, les portes du succès lui étaient grandes ouvertes.

Charles Nodier avec deux pages, l'*Histoire du chien de Brisquet*, Mérimée avec trois pages : l'*Enlèvement de la redoute*, mettaient en rumeur le monde littéraire, et avec raison, car c'étaient des pages exquises, parfaites, achevées, pouvant s'estimer au prix du diamant, comme une ode d'Horace ou une fable de La Fontaine.

Nos féconds romanciers ont presque tous, dans leurs œuvres, quelques nouvelles qu'on peut mettre sans balancer en comparaison avec leurs productions les plus étendues. Que peut-on lire encore avec intérêt dans le volumineux recueil des romans de Frédéric Soulié? deux nouvelles : *Mademoiselle de la Faille* et le *Lion amoureux*. *Lavinia* et la *Mare au diable* sont deux simples nouvelles et elles représentent le talent de George Sand aussi complétement que ses plus prolixes récits. Balzac, qui se résumait moins facilement, a pourtant, à des heures propices, rencontré quelqu'un de ces joyaux. Lisez la *Grenadière*, si vous ne l'avez pas lue : quoiqu'il n'ait qu'une vingtaine de pages, ce n'est pas le récit de la *Comédie humaine* qui ouvre sur la vie les perspectives les moins profondes, et qui remplisse l'âme de moins d'émotions et de pensées. Cherchez ainsi dans les œuvres de tous nos prosateurs célèbres; vous trouverez presque à coup sûr un petit chef-d'œuvre, plein, complet, qui offre comme la quintessence de leur génie.

La nouvelle, dans sa forme abrégée, reflète, aussi bien que les œuvres de plus vaste dimension, toutes les nuances de l'imagination, tous les contrastes du caractère, toutes les variétés du talent. Il y a autant de différence entre la *Princesse de Clèves* et *Ceci n'est pas un conte*, qu'il peut y en avoir entre deux esprits, entre deux époques, et qu'il en existait, en effet, entre l'an 1660 et l'an 1760, entre Mme de La Fayette et Diderot. Ouvrez l'un de ces récits, ouvrez l'autre, vous apercevez aussitôt le changement qui, d'une date à l'autre, s'est accompli dans la société française.

Prenez, dans un temps plus rapproché de nous, les nouvelles de Mérimée et les nouvelles d'Alfred de Musset. Où trouverez-vous une opposition plus marquée de talent et de caractère? L'un va droit au fait, sobre et net; chacun de ses traits concourt à l'effet voulu; aucun n'est inutile. Point d'attendrissement; une sorte de fermeté brutale et d'énergie saisissante. L'autre s'abandonne, au contraire, à sa nature élégante et poétique; il semble marcher à l'aventure et se perdre parfois dans les détours du chemin. Il se fie à ses dons heureux et aux séductions de la fantaisie et de la grâce. Quelle distance, par exemple, entre *Carmen* et *Emmeline?* entre *Frédéric et Bernerette* et *le Vase étrusque?* Où et dans quelles œuvres, deux imaginations absolument disparates peuvent-elles mieux se peindre et s'exprimer?

Pour conclure, la nouvelle est un type littéraire excellent, qui ne saurait périr qu'avec l'art et la poésie mêmes.

Le roman est sans doute une création supérieure, quand, à une conception plus puissante et plus hardie, à une forme plus large, il joint l'unité et la logique ; quand il réunit la richesse des développements et l'harmonie de l'ensemble. Malheureusement, pour faire éclore ces œuvres magistrales, il faut de trop rares conjonctions d'étoiles favorables. On a dit qu'elles étaient les poëmes épiques des nations modernes, il est vrai ; mais les poëmes épiques qui méritent ce nom ne sont nombreux en aucun temps.

II.

Parmi les maîtres ouvriers dans l'art de la nouvelle, Charles Nodier mérite une place à part. Jamais écrivain ne fut mieux doué pour réaliser en ce genre d'ouvrages les plus délicates merveilles.

Esprit curieux, ingénieux, chercheur, écrivain au style souple, riche, coloré, Nodier a, de plus, le don du conteur ; on s'intéresse aussitôt à tout ce qu'il décrit, à tous les personnages qu'il fait agir. Il possède ce charme, ce sortilége, sans lequel tous les autres dons sont comme perdus.

Il est venu, il a vécu à une heure singulièrement propice à l'imagination. Il fut l'un des premiers à cette renaissance littéraire par laquelle notre siècle est d'abord signalé.

Il en reçoit la lumière matinale, pour ainsi dire. La nouvelle de Nodier a je ne sais quoi de plus jeune que la nouvelle des conteurs qui le suivirent immédiatement : les Musset, les Mérimée. Non-seulement l'innocence, mais aussi la chaleur du cœur, qui sont les prérogatives des belles années, en font le principal attrait.

L'un des premiers, Nodier ressent l'influence des littératures étrangères qui font invasion parmi nous et qui préparent ce qu'on a appelé le romantisme. Fortement impressionné par le *Werther* de Gœthe, par Byron, par Walter Scott, par Hoffmann, Tieck et Musœus, il n'est pourtant pas subjugué par ces envahisseurs. Il reste maître de lui-même. Il appartient à la pure tradition française. Il n'en laisse point troubler la veine pure et limpide par tous ces affluents tumultueux. Il montre tout d'abord par son exemple la mesure dans laquelle il y avait à profiter de cette invasion du dehors, de tout ce qu'elle fournissait d'éléments nouveaux à la pensée et à l'imagination, sans renoncer à nos qualités propres et originelles. Nodier conte comme Perrault, comme Voltaire, comme Le Sage, aussi nettement, aussi clairement, aussi spirituellement et finement; mais sa palette s'est enrichie de couleurs plus vives et sa fantaisie s'est ouvert des horizons nouveaux.

Les nouvelles de Nodier comptent donc parmi les pièces les plus exquises de ce trésor dont nous parlions en commençant. Nous en avons formé un choix dans ce volume. Les œuvres complètes de Charles Nodier sont la propriété de M. Charpentier. L'honorable éditeur a bien voulu nous autoriser à puiser dans ces œuvres les éléments d'un recueil où nous voulions donner la fleur des récits du charmant écrivain. Il nous a permis de butiner dans les sept volumes qui renferment ses œuvres complètes.

L'embarras de choisir était grand. Nous craignons bien de n'avoir pu répondre à toutes les préférences du lecteur. Chacun regrettera sans doute quelques pages que nous ne lui donnons pas. Mais nous ne voulions former qu'un volume, et pour satisfaire aux *desiderata* de chacun, eût fallu rééditer les œuvres complètes.

Ce que nous pouvons du moins assurer, c'est que les compositions auxquelles nous avons donné place dans ce recueil sont de vrais et purs joyaux. La grâce, la sensibilité, l'imagination heureuse, la souriante et piquante raison, y sont relevées et rehaussées par le langage le plus juste, le plus franc et le plus ferme, malgré les plis ondoyants et les chatoyants reflets de la phrase toujours admirablement faite. Un naturel exquis s'y trouve servi par l'art le plus délicat et le plus savant; c'est de l'or fin ciselé par un Benvenuto Cellini.

Deux de ces morceaux, le *Génie Bonhomme, Trésor des fèves et Fleur des pois*, sont extraits du volume des contes fantastiques. On sait que c'était là une des veines préférées de Nodier : il fut un des derniers adeptes de ces mystères des féeries, de ces rêves philosophiques et capricieux, « qui renouvellent pour les vieux jours de notre décrépitude, dit-il quelque part, les fraîches et brillantes illusions de notre berceau... » Dégoûté du positif de la vie réelle, il aimait à s'élancer dans les illusions de la vie imaginaire, « heureux, ajoute-t-il, de rapporter de ces champs inconnus quelques fleurs bizarres qui n'ont jamais parfumé la terre. » Ces deux contes, le *Génie Bonhomme* et *Trésor des fèves*, sont ce qu'il a rapporté de plus parfait et de meilleur de ces excursions aux pays fantastiques. Les récits de ce genre doivent toujours être écrits pour les âmes crédules, pour les imaginations non déflorées ni amorties, c'est-à-dire, à l'époque où nous sommes, pour les enfants, et c'est pour les enfants que Nodier a écrit ces deux jolis contes, que les grandes personnes et même les grands savants ne laissent pas de lire avec délices. Nous n'étions pas fâché, nous l'avouons du reste, de commencer par l'un de ces contes et de finir par l'autre notre recueil : le *Génie Bonhomme* ouvre la marche et sert d'enseigne au génie de Nodier. *Trésor des fèves et Fleur des pois* termine le volume que ce joli titre pourrait définir et caractériser.

Séraphine et la *Neuvaine de la Chandeleur* sont tirés des *Souvenirs de jeunesse*. Douces visions de l'adolescence, tableaux ravissants, idylles enchanteresses, ces nouvelles racontent les premières tendresses, les premières passions idéales et pudiques, et aussi les premières douleurs, les premiers désespoirs que plus tard la maturité et la vieillesse surtout aimeront tant à se rappeler. Quelle vie et quelle lumière dans ces récits, où l'auteur a fixé ses premières et ses plus vives émotions! Qui n'a été attendri en écoutant Maxime et Séraphine et leurs aimables gronderies, sur le banc des marronniers, le lendemain de l'escapade nocturne au *Trou du hibou?* Qui n'a senti toute son enfance lui revenir au cœur, pour ainsi dire, quand Séraphine promène malicieusement son bouquet de cerises sur les lèvres de celui qu'elle croit endormi? Et les premières pages de la *Neuvaine de la Chandeleur?* quoi de plus expansif et de plus souriant? On croit s'abandonner à ses propres souvenirs en suivant ces réminiscences embellies qui se déroulent, nous enveloppent et nous bercent amoureusement.

Jean-François-les-bas-bleus, les *Aveugles de Chamouny, Baptiste Montauban*, appartiennent à la série des *Contes de la veillée*. Dans ces trois récits s'exprime la profonde sympathie de Nodier pour les faibles, les humbles et les souffrants. Baptiste Montauban, Jean-François, sont tous deux des simples d'esprit, des « innocents », comme on dit dans les campagnes, et pourtant ils semblent avoir certaines révélations, certains priviléges qui sont refusés aux intelligences les plus fières et les plus sûres d'elles-mêmes. L'un est en communication familière avec la nature, comme les anciens solitaires qui conversaient avec les animaux des forêts et se faisaient obéir et servir par eux. L'autre est visité d'étranges visions ; il a des pressentiments d'une précision inexplicable.

Nodier ne doute pas de ces dons mystérieux qui font une sorte de compensation à la privation des dons naturels et vulgaires. Il choisit de préférence, pour les peindre dans quelque cadre fleuri, ces êtres exceptionnels, inoffensifs, malheureux et protégés du ciel. Il se passionne pour ces mélancoliques héros; il nous intéresse à leurs

destinées sacrifiées aussi vivement qu'il s'y intéresse lui-
même.

Les *Aveugles de Chamouny* sont victimes d'une autre disgrâce. Quelle touchante pastorale que celle de Gervais et d'Eulalie, privés tous deux de la vue au milieu des plus admirables paysages ! La fin de leur histoire est un peu cruelle, sans doute; mais Nodier ne flatte pas la nature humaine; il n'a point voulu peindre exclusivement des âmes parfaites et des types angéliques. Il n'a garde sans doute d'aller recruter ses personnages parmi ce que la société offre de plus vil et de plus pervers. Il ne se plaît pas à ces avides recherches de la corruption, qui sont devenues à la mode après lui. Mais quand il rencontre le mal, l'ingratitude, le parjure même, dans le cours de ses récits, il ne les dissimule ni les évite. Il sait bien que ce serait un méchant service à rendre aux lecteurs candides que de leur persuader que la nature humaine est exempte de ces taches, et qu'il vaut mieux les prévenir d'abord, puisqu'ils acquerront assez tôt l'expérience du contraire.

La Légende de sœur Béatrix appartient à la même série. Elle offre toutefois un caractère différent : c'est un poëme mystique, une de ces histoires miraculeuses que le moyen âge raconte dans ses naïves légendes ou qu'il peint, au milieu des nimbes d'or, sur les vitraux des chapelles. Nodier a donné à ce récit un charme inconcevable. Je ne puis m'empêcher toutefois de lui adresser un léger reproche, c'est d'avoir indiqué comme source Bzovius, un auteur du commencement du XVIIe siècle (mort en 1637), un annaliste moderne, au lieu de citer Gautier de Coinsy, et les nombreux trouvères du XIIIᵉ siècle qui ont rimé ce conte sous le titre de *la Soucretaine* (la Sacristaine), devanciers lointains dont quelques-uns, par la naïveté et la grâce de leur récit, ne sont pas indignes d'être comparés à leur brillant imitateur.

Trilby produisit une vive sensation lorsqu'il parut en 1822. Victor Hugo le salua par une ballade :

> C'est toi, Lutin ! — Qui t'amène ?
> Sur le rayon du couchant
> Es-tu venu ? Ton haleine
> Me caresse en me touchant.
> A mes yeux tu te révèles.
> Tu m'inondes d'étincelles,
> Et tes frémissantes ailes
> Ont un bruit doux comme un chant.

> Ta voix, de soupirs mêlée,
> M'apporte un accent connu.
> Dans ma cellule isolée,
> Beau Trilby, sois bien venu !
> Ma demeure hospitalière
> N'a point d'humble batelière
> Dont ta bouche familière
> Baise le sein demi-nu !

> Viens-tu, dans l'âtre perfide,
> Chercher mon Follet qui fuit,
> Et ma fée et ma sylphide,
> Qui me visitent sans bruit,
> Et m'apportent, empressées,
> Sur leurs ailes nuancées,

Le jour de douces pensées
Et de doux rêves la nuit!...

Celui qui de ta montagne
T'a rapporté dans nos champs,
Eut comme toi pour compagne
L'Espérance aux vœux touchants.
Longtemps la France, sa mère,
Vit fuir sa jeunesse amère
Dans l'exil, où, comme Homère,
Il n'emportait que ses chants.

A la fois triste et sublime,
Grave en son vol gracieux,
Le poëte aime l'abîme
Où fuit l'aigle audacieux,
Le parfum des fleurs mourantes,
L'or des comètes errantes
Et les cloches murmurantes
Qui se plaignent dans les cieux!

Il aime un désert sauvage
Où rien ne borne ses pas;
Son cœur, pour fuir l'esclavage,
Vit plus loin que le trépas.
Quand l'opprimé le réclame,
Des peuples il devient l'âme,
Il est pour eux une flamme
Que le tyran n'éteint pas.

Tel est Nodier, le poëte!
Va, dis à ce noble ami
Que ma tendresse inquiète
De tes périls a frémi;

> Dis-lui bien qu'il te surveille;
> De tes jeux charme sa veille,
> Enfant! Et lorsqu'il sommeille,
> Dors sur son front endormi!...

Trilby est une merveille de style, le triomphe de la plume amusée et incroyablement flexible de Charles Nodier. Il faudra toujours relire ces pages, lorsque l'on voudra apprendre comment on peut exprimer l'indéfinissable dans notre langue française, sans la violenter jamais, en lui laissant, au contraire, toute sa limpidité et toute sa grâce.

Telle est la gerbe que nous avons coupée. Nous espérons qu'elle sera agréable à tous les amateurs de bonne et belle littérature. Elle sera surtout appréciée, croyons-nous, par les esprits jeunes et par les cœurs honnêtes et purs. A tous ses autres mérites Nodier joint, en effet, celui d'être irréprochable dans sa pensée comme dans son style, et il le sentait si bien qu'il a dit lui-même : « Permettez aux petits de venir, car il n'y a pas de danger pour eux à écouter nos récits, et vous me connaissez assez pour me croire. »

Louis Moland.

LE
GÉNIE BONHOMME

LE GÉNIE BONHOMME

L y avoit autrefois des génies. Il y en auroit bien encore, si vous vouliez croire tous ceux qui se piquent d'être des génies; mais il ne faut pas s'y fier.

Celui dont il sera question ici n'étoit pas d'ailleurs de la première volée des génies. C'étoit un génie d'entresol, un pauvre garçon de génie, qui ne siégeoit dans l'assemblée des génies que par droit de naissance, et sauf le bon plaisir des génies titrés. Quand il s'y présenta pour la première fois, j'ai toujours envie de rire quand j'y pense, il avoit pris pour devise de son petit étendard de cérémonie : *Fais ce que dois, advienne que pourra.* Aussi l'appela-t-on le génie BONHOMME. Ce dernier sobriquet est resté depuis aux esprits simples et naïfs qui pratiquent le bien par sentiment ou par habitude, et qui n'ont pas trouvé le secret de faire une science de la vertu.

Quant au sobriquet de *génie,* on en a fait tout ce qu'on a voulu. Cela ne nous regarde pas.

A plus de deux cents lieues d'ici, et bien avant la révolution, vivoit dans un vieux château seigneurial une riche douairière dont ces messieurs de l'école des Chartes n'ont jamais pu retrouver le nom. La bonne dame avoit perdu sa bru jeune, et son fils à la guerre. Il ne lui restoit, pour la consoler dans les ennuis de sa vieillesse, que son petit-fils et sa petite-fille, qui sembloient être créés pour le plaisir de les voir; car la peinture elle-même, qui aspire toujours à faire mieux que Dieu n'a fait, n'a jamais rien fait de plus joli. Le garçon, qui avoit douze ans, s'appeloit SAPHIR, et la fille, qui en avoit dix, s'appeloit AMÉTHYSTE. On croit, mais je n'oserois l'assurer, que ces noms leur avoient été donnés à cause de la couleur de leurs yeux, et ceci

me permet de vous apprendre ou de vous rappeler deux choses en passant : la première, c'est que le saphir est une belle pierre d'un bleu transparent, et que l'améthyste en est une autre qui tire sur le violet. La seconde, c'est que les enfants de grande maison n'étoient ordinairement nommés que cinq ou six mois après leur naissance.

On chercheroit longtemps avant de rencontrer une aussi bonne femme que la grand'mère d'AMÉTHYSTE et de SAPHIR, elle l'étoit même trop, et c'est un inconvénient dans lequel les femmes tombent volontiers quand elles ont pris la peine d'être bonnes; mais ce hasard n'est pas assez commun pour mériter qu'on s'en inquiète. Nous la désignerons cependant par le surnom de TROPBONNE, afin d'éviter la confusion, s'il y a lieu.

TROPBONNE aimoit tant ses petits-enfants, qu'elle les élevoit comme si elle ne les avoit pas aimés. Elle leur laissoit suivre tous leurs caprices, ne leur parloit jamais d'études, et jouoit avec eux pour aiguiser ou renouveler leur plaisir quand ils s'ennuyoient de jouer. Il résultoit de là qu'ils ne savoient presque rien, et que, s'ils n'avoient pas été curieux comme sont tous les enfants, ils n'auroient rien su du tout.

Cependant TROPBONNE étoit de vieille date l'amie du génie BONHOMME, qu'elle avoit vu quelque part dans sa jeunesse. Il est probable que ce n'étoit pas à la cour. Elle s'accusoit souvent auprès de lui, dans leurs entretiens secrets, de n'avoir pas eu la force de pourvoir à l'instruction de ces deux charmantes petites créatures auxquelles elle pouvoit manquer d'un jour à l'autre. Le génie lui avoit promis d'y penser quand ses affaires le permettroient, mais il s'occupoit alors de remédier aux mauvais effets de l'éducation des pédants et des charlatans, qui commençoient à être à la mode. Il avoit bien de la besogne.

Un soir d'été, cependant, TROPBONNE s'étoit couchée de bonne heure, selon sa coutume : le repos des honnêtes gens est si doux! AMÉTHYSTE et SAPHIR s'entretenoient dans le grand salon de quelques-uns de ces riens qui remplissent la fade oisiveté des châteaux, et ils auroient bâillé plus d'une fois en se regardant, si la nature n'avoit pris soin de les distraire par un de ses phénomènes les plus effrayants, et pourtant les plus communs. L'orage grondoit au dehors. De minute en minute, les éclairs enflammoient le vaste espace ou se croisoient en zigzags de feu sur les vitres ébranlées. Les arbres de l'avenue crioient et se fendoient en éclats ; la foudre rouloit dans les nues comme un char d'airain ; il n'y avoit pas jusqu'à la cloche de la chapelle qui ne vibrât de terreur et qui ne mêlât sa plainte longue et sonore au fracas des éléments. Cela étoit sublime et terrible.

Tout à coup, les domestiques vinrent annoncer qu'on avoit recueilli à la porte un petit vieillard percé par la pluie, transi de froid, et probablement mourant de faim, parce que la tempête devoit l'avoir écarté beaucoup de sa route. Améthyste, qui s'étoit pressée dans son effroi contre le sein de son frère, fut la première à courir à la rencontre de l'étranger; mais comme Saphir étoit le plus fort et le plus leste, il l'auroit facilement devancée, s'il n'avoit pas voulu lui donner le plaisir d'arriver avant lui, car ces aimables enfants étoient aussi bons qu'ils étoient beaux. Je vous laisse à penser si les membres endoloris du pauvre homme furent réjouis par un feu petillant et clair, si le sucre fut ménagé dans le vin généreux qu'Améthyste faisoit chauffer pour lui sur un petit lit de braise ardente, s'il eut enfin bon souper, bon gîte, et surtout bonne mine d'hôte. Je ne vous dirai pas même qui étoit ce vieillard, parce que je veux vous ménager le plaisir de la surprise.

Quand le vieillard fut un peu remis de sa fatigue et de ses besoins, il devint joyeux et causeur, et les jeunes gens y prirent plaisir. Les jeunes gens de ce temps-là ne dédaignoient pas la conversation des vieilles gens, où ils pensoient avec raison qu'on peut apprendre quelque chose. Aujourd'hui, la vieillesse est beaucoup moins respectée, et je n'en suis pas surpris. La jeunesse a si peu de chose à apprendre !

— Vous m'avez si bien traité, leur dit-il, que mon cœur s'épanouit à l'idée de vous savoir heureux. Je suppose que dans ce château magnifique, où tout vous vient à souhait, vous devez couler de beaux jours.

Saphir baissa les yeux.

— Heureux, sans doute ! répondit Améthyste. Notre grand'mère a tant de bontés pour nous et nous l'aimons tant ! Rien ne nous manque, à la vérité, mais nous nous ennuyons souvent.

— Vous vous ennuyez ! s'écria le vieillard avec les marques du plus vif étonnement. Qui a jamais entendu dire qu'on s'ennuyât à votre âge, avec de la fortune et de l'esprit ? L'ennui est la maladie des gens inutiles, des paresseux et des sots. Quiconque s'ennuie est un être à charge à la société comme à lui-même, qui ne mérite que le mépris. Mais ce n'est pas tout d'être doué par la Providence d'un excellent naturel comme le vôtre, si on ne le cultive pas par le travail. Vous ne travaillez donc pas ?

— Travailler ! répliqua Saphir un peu piqué. Nous sommes riches, et ce château le fait assez voir.

— Prenez garde, reprit le vieillard en laissant échapper à regret un sourire amer. La foudre qui se tait à peine auroit pu le consumer en passant.

— Ma grand'mère a plus d'or qu'il n'en faut pour suffire au luxe de sa maison.

— Les voleurs pourroient le prendre.

— Si vous venez du côté que vous nous avez dit, continua Saphir d'un ton assuré, vous avez dû traverser une plaine de dix lieues d'étendue, toute chargée de vergers et de moissons. La montagne qui la domine, du côté de l'occident, est couronnée d'un palais immense qui fut celui de mes ancêtres, et où ils avoient amassé à grands frais toutes les richesses de dix générations.

— Hélas! dit l'inconnu, pourquoi me forcez-vous à payer une si douce hospitalité par une mauvaise nouvelle? Le temps, qui n'épargne rien, n'a pas épargné la plus solide de vos espérances. J'ai côtoyé longtemps la plaine dont vous parlez. Elle a été remplacée par un lac. J'ai voulu visiter le palais de vos aïeux. Je n'en ai trouvé que les ruines, qui servent tout au plus d'asile aujourd'hui à quelques oiseaux nocturnes et à quelques bêtes de proie. Les loutres se disputent la moitié de votre héritage, et l'autre appartient aux hiboux. C'est si peu, mes amis, que l'opulence des hommes.

Les enfants se regardèrent.

— Il n'y a qu'un bien, poursuivit le vieillard comme s'il ne les avoit pas remarqués, qui mette la vie à l'abri de ces dures vicissitudes, et on ne se le procure que par l'étude et le travail. Oh! contre celui-là, c'est en vain que les eaux se débordent, et que la terre se soulève, et que le ciel épuise ses fléaux. Pour qui possède celui-là, il n'y a point de revers qui puisse démonter son courage, tant qu'il lui reste une faculté dans l'âme ou un métier dans la main. L'aimable science des arts est la plus belle dot des fiancés. L'aptitude aux soins domestiques est la couronne des femmes. L'homme qui possède une industrie utile ou des connoissances d'une application commune, est plus réellement riche que les riches, ou plutôt il n'y a que lui de riche et indépendant sur la terre. Toute autre fortune est trompeuse et passagère. Elle vaut moins et dure peu.

Améthyste et Saphir n'avoient jamais entendu ce langage. Ils se regardèrent encore et ne répondirent pas. Pendant qu'ils gardoient le silence, le vieillard se transfiguroit. Ses traits décrépits reprenoient les grâces du bel âge, et ses membres cassés, l'attitude saine et robuste de la force. Ce pauvre homme étoit un génie bienfaisant avec lequel je vous ai déjà fait faire connoissance. Nos jeunes gens ne s'en étoient guère doutés, ni vous non plus.

— « Je ne vous quitterai pas, ajouta-t-il en souriant, sans vous laisser un foible gage de ma reconnoissance, pour les soins dont vous m'avez comblé. Puisque l'ennui seul a jusqu'ici troublé le bonheur que la nature vous dispensoit d'une manière si libérale, recevez de moi ces deux anneaux, qui sont de puissants talismans. En poussant le ressort qui en ouvre le chaton, vous trouverez toujours dans l'enseignement qui y est caché un remède infaillible contre cette triste maladie du cœur et de l'esprit. Si cependant l'art divin qui les a fabriqués trompoit une fois mes espérances, nous nous reverrons dans un an, et nous aviserons alors à d'autres moyens. En attendant, les petits cadeaux entretiennent l'amitié, et je n'attache à celui-ci que deux conditions faciles à remplir : la première, c'est de ne pas consulter l'oracle de l'anneau sans nécessité, c'est-à-dire avant que l'ennui vous gagne. La seconde, c'est d'exécuter ponctuellement tout ce qu'il vous prescrira. »

En achevant ces paroles, le génie BONHOMME s'en alla, et un auteur doué d'une imagination plus poétique vous diroit probablement qu'il disparut. C'est la manière dont les génies prenoient congé.

Améthyste et Saphir ne s'ennuyèrent pas cette nuit-là, et j'imagine cependant qu'ils dormirent peu. Ils pensèrent probablement à leur fortune perdue, à leurs années d'aptitude et d'intelligence plus irréparablement perdues encore. Ils regrettèrent tant d'heures passées dans de vaines dissipations, et qui auroient pu devenir profitables et fécondes s'ils avoient su les

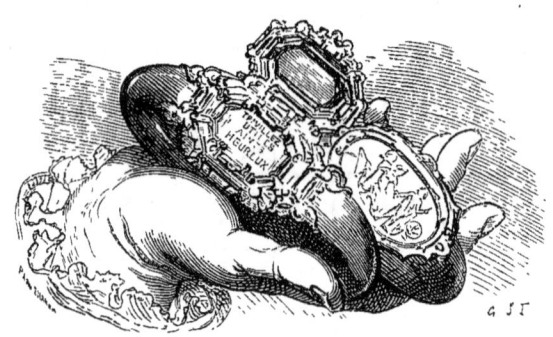

employer. Ils se levèrent tristement, se cherchèrent en craignant de se rencontrer, et s'embrassèrent à la hâte en se cachant une larme. Au bout d'un moment d'embarras, la force de l'habitude l'emporta pourtant encore une fois. Ils retournèrent à leurs amusements accoutumés et s'amusèrent moins que de coutume.

— Je crois que tu t'ennuies, dit Améthyste.

— J'allois t'adresser la même question, répondit

Saphir ; mais j'ai eu peur que l'ennui ne servît de prétexte à la curiosité.

— Je te jure, reprit Améthyste en poussant le ressort du chaton, que je m'ennuie à la mort !

Et au même instant elle lut, artistement gravée sur la plaque intérieure, cette inscription que Saphir lisoit déjà de son côté :

> TRAVAILLEZ
> POUR VOUS RENDRE UTILES.
> RENDEZ-VOUS UTILES
> POUR ÊTRE AIMÉS.
> SOYEZ AIMÉS
> POUR ÊTRE HEUREUX.

— Ce n'est pas tout, observa gravement Saphir. Ce que l'oracle de l'anneau nous prescrit, il faut l'exécuter ponctuellement. Essayons, si tu m'en crois. Le travail n'est peut-être pas plus ennuyeux que l'oisiveté.

— Oh! pour cela, je l'en défie, répliqua la petite fille. Et puis l'anneau nous réserve certainement quelque autre ressource contre l'ennui. Essayons, comme tu dis. Un mauvais jour est bientôt passé.

Sans être absolument mauvais, comme le craignoit Améthyste, ce jour n'eut rien d'agréable. On avoit fait venir les maîtres, si souvent repoussés, et ces gens-là parlent une langue qui paroît maussade parce qu'elle est inconnue, mais à laquelle on finit par trouver quelque charme quand on en a pris l'habitude.

Le frère et la sœur n'en étoient pas là. Vingt fois, pendant chaque leçon, le chaton s'étoit entr'ouvert au mouvement du ressort, et vingt fois l'inscription obstinée s'étoit montrée à la même place. Il n'y avoit pas un mot de changé.

Ce fut toujours la même chose pendant une longue semaine; ce fut encore la même chose pendant la semaine qui la suivit. SAPHIR ne se sentoit pas d'impatience. — On a bien raison de dire, murmuroit-il en griffonnant un *pensum,* que les génies de ce temps-ci se répètent! Et puis, ajoutoit-il, on en conviendra, c'est un étrange moyen pour guérir les gens de l'ennui, que de les ennuyer à outrance!

Au bout de quinze jours, ils s'ennuyèrent moins. parce que leur amour-propre commençoit à s'intéresser à la poursuite de leurs études. Au bout d'un mois, ils s'ennuyèrent à peine, parce qu'ils avoient déjà semé assez pour recueillir. Ils se divertissoient à lire à la récréation, et même dans le travail, des livres fort instructifs, et cependant fort amusants, en italien, en anglois, en allemand ; ils ne prenoient point de part directe à la conversation des personnes éclairées, mais ils en faisoient leur profit, depuis que leurs études les mettoient à portée de la comprendre. Ils pensoient

enfin ; et cette vie de l'âme que l'oisiveté détruit, cette vie nouvelle pour eux leur sembloit plus douce que l'autre, car ils avoient beaucoup d'esprit naturel. Leur grand'mère étoit d'ailleurs si heureuse de les voir étudier sans y être contraints et jouissoit si délicieusement de leurs succès ! Je me rappelle fort bien que le plaisir qu'ils procurent à leurs parents est la plus pure joie des enfants.

Le ressort joua cependant bien des fois durant la première moitié de l'année ; le septième, le huitième, le neuvième mois, on l'exerçoit encore de temps à autre. Le douzième, il étoit rouillé.

Ce fut alors que le génie revint au château, comme

il s'y étoit engagé. Les génies de cette époque étoient fort ponctuels dans leurs promesses. Pour cette nouvelle visite, il avoit déployé un peu plus de pompe, celle d'un sage qui use de sa fortune sans l'étaler en vain appareil, parce qu'il sait le moyen d'en faire un meilleur usage. Il sauta au cou de ses jeunes amis, qui ne se formoient pas encore une idée bien distincte du bonheur dont ils lui étoient redevables. Ils l'accueillirent avec tendresse, avant d'avoir récapitulé dans leur esprit ce qu'il avoit fait pour eux. La bonne reconnoissance est comme la bienfaisance : elle ne compte pas.

— Eh bien! enfants, leur dit-il gaiement, vous m'en avez beaucoup voulu, car la science est aussi de l'ennui. Je l'ai entendu dire souvent, et il y a des savants par le monde qui m'ont disposé à le croire. Aujourd'hui, plus d'études, plus de science, plus de travaux sérieux! Du plaisir, s'il y en a, des jouets, des spectacles, des fêtes! SAPHIR, vous m'enseignerez le pas le plus à la mode. Mademoiselle, j'ai l'honneur de vous retenir pour la première contredanse. Je me suis réservé de vous apprendre que vous étiez plus riches que jamais. Ce maudit lac s'est retiré, et le séjour de ces conquérants importuns décuple la fertilité des terres. On a déblayé les ruines du palais, et on a trouvé dans les fondations un trésor qui a dix fois plus de valeur.

— Les voleurs pourroient le prendre, dit Améthyste.

— Le lac regagnera peut-être le terrain qu'il a perdu! dit Saphir.

Le génie avoit perdu leurs dernières paroles, ou il en avoit l'air. Il étoit dans le salon.

— Ce brave homme est bien frivole pour un vieillard, dit Saphir.

— Et bien bête pour un génie, dit Améthyste. Il croit peut-être que je ne finirai pas le vase de fleurs que je peins pour la fête de grand'maman. Mon maître dit qu'il voudroit l'avoir fait, et qu'on n'a jamais approché de plus près du fameux monsieur Rabel.

— Je serois fâché, bonne petite sœur, reprit Saphir, d'avoir quelque avantage sur toi ce jour-là; mais j'espère qu'elle aura autant de joie qu'on peut en avoir sans mourir, en comptant mes six couronnes.

— Encore faudra-t-il travailler pour cela, répartit Améthyste, car tes cours ne sont pas finis.

— Aussi faudra-t-il travailler pour finir ton vase de fleurs, répliqua Saphir, car il n'est pas fini non plus.

— Tu travailleras donc? dit Améthyste d'une voix caressante, comme si elle avoit voulu implorer de l'indulgence pour elle-même.

— Je le crois bien, dit Saphir, et je ne vois aucune raison pour ne pas travailler, tant que je ne saurai pas tout.

— Nous en avons pour longtemps, s'écria sa sœur en bondissant de plaisir.

Et en parlant ainsi, les jeunes gens arrivèrent auprès de Tropbonne, qui étoit alors trop heureuse. Saphir s'avança le premier comme le plus déterminé, pour prier sa grand'mère de leur permettre le travail, au moins pour deux ou trois années encore. Le génie, qui essayoit les entrechats et les ronds de jambe, en attendant sa première leçon de danse, partit d'un éclat de rire presque inextinguible, auquel succédèrent pourtant quelques douces larmes.

— Travaillez, aimables enfants, leur dit-il, votre bonne aïeule le permet, et vous pouvez reconnoître à son émotion le plaisir qu'elle éprouve à vous contenter. Travaillez avec modération, car un travail excessif brise les meilleurs esprits, comme une culture trop exigeante épuise le sol le plus productif. Amusez-vous quelquefois, et même souvent, car les exercices du corps sont nécessaires à votre âge, et tout ce qui délasse la pensée d'un travail suspendu à propos la rend plus capable de le reprendre sans effort. Revenez au travail avant que le plaisir vous ennuie; les plaisirs poussés jusqu'à l'ennui dégoûtent du plaisir. Rendez-vous utiles, enfin, pour vous rendre dignes d'être aimés, et, comme disoit le talisman, SOYEZ AIMÉS POUR ÊTRE HEUREUX. S'il existe un autre bonheur sur la terre, je n'en sais pas le secret.

SÉRAPHINE

SÉRAPHINE

E plus doux privilége que la nature ait accordé à l'homme qui vieillit, c'est celui de se ressaisir avec une extrême facilité des impressions de l'enfance. A cet âge de repos, le cours de la vie ressemble à celui d'un ruisseau que sa pente rapproche, à travers mille détours, des environs de sa source, et qui libre enfin de tous les obstacles qui ont embarrassé son voyage inutile, vainqueur des rochers qui l'ont brisé à son passage, pur de l'écume des torrents qui a troublé ses eaux, se déroule et s'aplanit tout à coup pour répéter une fois encore, avant de disparoître, les premiers ombrages qui se soient mirés à ses bords. A le voir ainsi, calme et transparent, réfléchir à sa surface immobile les mêmes arbres et les mêmes rivages, on se demanderoit volontiers de quel côté il commence et de quel côté il finit. Il faut qu'un rameau de saule, dont l'orage de la veille lui a confié les débris, flotte un moment sous vos yeux, pour vous faire reconnoître l'endroit vers lequel son penchant l'entraîne. Demain le fleuve qui l'attend à quelques pas l'aura emporté avec lui, et ce sera pour jamais.

Tous les intermédiaires s'effacent ainsi dans les souvenirs de la vieillesse, reposée des passions orageuses et des espérances déçues, quand les longs voyages de la pensée ramènent l'homme, de circuits en circuits, parmi la verdure et les fleurs de son riant berceau. Cette volupté, j'en suis témoin, est une des plus vives de l'âme, mais elle dure peu, et c'est la seule d'ailleurs que puissent envier à ceux qui ont eu le malheur de vivre longtemps ceux qui ont le bonheur de mourir jeunes.

A l'âge de douze ans, j'avois achevé les études superficielles des enfants, et par conséquent je ne savois rien ; mais j'avois heureusement appris ce qu'on apprend rarement au collége : c'est que je ne savois rien, et que la plupart des savants eux-mêmes ne savoient pas grand'chose. J'étois si avide d'instruction, qu'il m'est souvent arrivé d'épeler avec effort l'alphabet d'une langue inconnue, pour me mettre en état de lire des livres que je ne comprenois pas[1] ; et dans d'autres circonstances que celles où j'ai vécu, cette vague et stérile curiosité seroit devenue peut-être une aptitude. Mais de tous les alphabets écrits ou rationnels que j'essayois de déchiffrer, il n'y en avoit point qui m'inspirât autant de ferveur que celui de la nature. Il me sembloit déjà, car je n'ai pas changé d'opinion, que l'étude approfondie des faits de la création étoit plus digne qu'aucune autre d'exercer une saine intelligence, et que le reste n'étoit guère bon qu'à occuper les loisirs futiles ou extravagants des peuples dégénérés. Un

---

1. Cette précocité de Nodier, cette passion d'enfant pour la lecture, sont attestées par les témoignages de toutes les personnes qui l'ont connu. « La première fois que je le vis, dit M. Weiss, il avait huit ans, et portait sous son bras un volume de Montaigne. »

(*Note de l'Éditeur.*)

séjour de quelques semaines chez un bon ministre de Vindenheim en Alsace, fort amateur de papillons, m'avoit aidé à soulever le voile le plus grossier de cette belle Isis dont les secrets délicieux devoient mêler tant de charmes, quelques années après, aux misères de mon exil. J'étois rentré dans mes montagnes ; le filet de gaze à la main, la boîte de fer-blanc doublée de liége dans la poche, la loupe et la pelote en sautoir, riche et fier de quelques lambeaux d'une nomenclature hasardée qui m'initioit du moins au langage d'un autre univers, où je pourrois marcher le cœur libre, la tête haute et les coudées franches, avec plus d'indépendance que ne m'en promettoit le monde factice des hommes. Quand on n'est pas organisé de manière à vivre avec eux, on en reçoit la révélation de bonne heure, et quiconque a reçu cette révélation sans lui obéir ne doit s'en prendre qu'à lui de ses infortunes. Il a été le seul artisan de sa mauvaise destinée.

Il y avoit alors dans ma ville natale un homme d'une quarantaine d'années qui s'appeloit M. de C...[1],

---

1. M. de Chantrans. Voici ce que dit à ce sujet M. Mérimée : « Parmi les hommes qui exercèrent sur l'enfance de Charles Nodier la plus grande et la plus utile influence, je ne dois point oublier un vieux gentilhomme, officier du génie, homme d'esprit, de savoir,

et qu'au temps dont je parle on appeloit plus communément le citoyen Justin, du nom de son patron, parce que la révolution lui avoit ôté celui de son père. C'étoit un ancien officier du génie, qui avoit passé sa vie en études scientifiques, et qui dépensoit sa fortune en bonnes œuvres. Simple et austère dans ses mœurs, doux et affectueux dans ses relations, inflexible dans ses principes, mais tolérant par caractère, bienveillant pour tout le monde; capable de tout ce qui est bon, digne de tout ce qui est grand, et modeste jusqu'à la timidité au milieu des trésors de savoir qu'avoit amassés sa patience ou devinés son génie; discutant peu, ne pérorant pas, ne contestant jamais; toujours prêt à éclairer l'ignorance, à ménager l'erreur, à respecter la

véritable philosophe pratique à la manière de Xénophon. A Besançon encore, on ne parle de lui qu'avec attendrissement. M. de Chantrans, c'était son nom, avait remarqué les dispositions singulières du jeune Charles, et prenait plaisir à les cultiver. Il lui prêtait des livres, il satisfaisait à son inquiète curiosité, et, dans de longues promenades, il développait chez l'enfant le talent inné de l'observation, en lui inspirant un goût précoce pour l'étude de l'histoire naturelle. M. Nodier a fait dans *Séraphine* un portrait délicieux de ce sage, qu'il chérit toute sa vie, portrait d'une ressemblance achevée, et le seul, m'a-t-on dit, qu'il n'ait pu embellir. »

(Disc. de M Mérimée à l'Académie, le 6 fév. 1845, p. 6 et 7.)

(*Note de l'Éditeur.*)

conviction, à compatir à la folie, il vous auroit rappelé Platon, Fénelon ou Malesherbes; mais je ne le compare à personne : les comparaisons lui feroient tort. Le vulgaire soupçonnoit qu'il étoit fort versé dans la médecine, parce qu'on le voyoit le premier et le dernier au chevet des pauvres malades, et qu'il étoit à son aise, parce qu'il fournissoit les remèdes; mais on le croyoit aussi un peu bizarre, parce qu'il étoit, avec moi, le seul du pays qui se promenât dans la campagne armé d'un filet de gaze, et qui en fauchât légèrement la cime des hautes herbes sans les endommager, pour leur ravir quelques mouches aux écailles dorées, dont personne ne pouvoit s'expliquer l'usage. Cette analogie de goûts rapprocha bientôt nos âges si éloignés. Le hasard vouloit qu'il eût été l'ami de mon père, et je ne tardai pas à trouver en lui un autre père dont le mien fut un moment jaloux; mais ils s'entendirent mieux pour mon bonheur que les deux mères du jugement de Salomon. Ils se partagèrent ma vie pour l'embellir tous les deux. — Il le falloit. Il arriva une terrible loi, de je ne sais plus quel jour de floréal, qui exiloit les nobles des villes de guerre, et le plus sage des sages avoit le tort irréparable d'être noble. Depuis que cette funeste nouvelle s'étoit répandue, je ne vivois

plus; je n'embrassois plus mon pauvre père sans le
noyer de mes larmes, parce que mon ami s'en alloit.
« Console-toi, me dit-il un jour; il ne va pas loin. J'ai
obtenu qu'il ne se retirât qu'à trois lieues, j'ai consenti
à te laisser partir avec lui, et, avec tes jambes de cerf,
tu pourras venir m'embrasser sans pleurer une ou deux
fois la semaine. » Je crus que je mourrois de joie, car
il me sembloit comme cela ne les quitter ni l'un ni
l'autre. Nous partîmes donc; le peuple murmuroit sur
notre passage : Voilà encore des nobles qui s'en vont!
— Et c'est l'unique fois de ma vie que j'ai pris plaisir
à entendre dire que j'étois noble. Nous allâmes habiter
un joli village éparpillé sur les deux bords d'une petite
rivière qu'on appeloit le *Biez*, suivant l'usage du pays,
et qui étoit garnie de côté et d'autre d'un rang pressé
de jeunes peupliers. Ils doivent avoir bien grandi!
Notre maison étoit, dans sa simplicité, la plus magnifique de la commune, et l'appartement que nous occupions au premier et dernier étage auroit fait envie à
dix rois que j'ai rencontrés depuis dans les plus
méchantes auberges de l'Europe. Il se composoit de
deux chambres enduites d'un plâtre blanc et poli, dont
la propreté charmoit la vue. Celle du citoyen Justin,
qui étoit la plus grande, comme de raison, ne man-

quoit pas d'un certain luxe d'ameublement, quoique le principal s'y réduisit à une couchette de paille (il

n'avoit jamais d'autre lit, et je me suis fort bien trouvé dès lors d'avoir contracté près de lui cette habitude), à deux fortes chaises de bois de noyer, et à deux grandes tables de la même matière et du même travail, cirées comme des parquets et luisantes comme des miroirs. La première, qui avoit au moins cinq pieds de diamètre, occupoit de sa vaste circonférence le milieu du superbe salon dont je commence la description avec un sentiment si vif et si présent des localités, que j'en reconnoîtrois tous les détails à tâtons, si j'y étois transporté de nuit par la baguette d'une bonne fée, quoiqu'il y ait aujourd'hui, 12 octobre 1831, trente-sept ans, jour pour jour, que j'y ai laissé, à peu de chose près, la petite part de bonheur sans mélange qui devoit m'échoir sur la terre. Celle-là portoit tous nos ustensiles de travail et d'observation journalière, les presses, les pinces, les scalpels, les ciseaux, les poinçons, les loupes, les lentilles, les microscopes, les étoupes, les yeux d'émail, le fil de fer, les épingles, les goupilles, le papier gris, les acides et les briquets, pièces indispensables, s'il en fut jamais, d'un équipage de naturaliste; c'est là qu'on analysoit, qu'on disséquoit, qu'on empailloit les animaux; c'est là que l'on comptoit les articles du tarse ou les parties de la bouche d'un insecte imperceptible à l'œil nu, les étamines ou les divisions du stigmate d'un végétal, nain de l'empire de Flore; c'est là qu'après les avoir desséchées, on étendoit les plantes avec une minutieuse précaution sur les blancs feuillets où elles devoient revivre pour la science, et qu'on assujettissoit leurs pédoncules et leurs rameaux sous de légères bandelettes fixées à la gomme arabique, en prenant garde de faire valoir leurs parties le mieux caractérisées, et de ne pas altérer leur port et leur physionomie; c'est là qu'on essayoit les pierres au contact des houppes nerveuses les plus développées de notre organisme, au choc du fer, aux sympathies de l'aimant, au jeu sensible des affinités, à l'effervescence et aux décompositions que produisent les réactifs : c'étoit le modeste laboratoire où venoient se révéler l'un après l'autre tous les secrets de la nature.

Sur la paroi du fond, car je suis bien décidé à ne vous faire grâce d'aucun détail, étoit la couchette dont je vous ai parlé, flanquée de nos deux fauteuils de cérémonie, terminée au pied par le mobilier exigu d'une toilette philosophique, et appuyée sur l'arsenal de nos grandes expéditions, freloches de toutes les dimensions, de toutes les formes et de toutes les couleurs, outils à fouir, outils à saper, pieux à sauter des ravins, gaules à frapper les ramées. Il n'y manquoit qu'un fusil, mais c'étoit une arme interdite aux naturalistes suspects, et les nôtres n'inspiroient déjà que trop de défiance dans les mains d'un philosophe et d'un enfant. Dessous gisoient le marteau à rompre le roc et la pointe à déchausser les racines. Deux bâtons légers mais noueux, contre les loups et les serpents, complétoient ce formidable appareil de guerre. Je puis vous assurer que cela étoit terrible à voir.

La muraille de la droite ouvroit son unique fenêtre sur une source murmurante qui alloit mourir dans le Biez, en bondissant sur les cailloux, et dont je crois entendre encore le fracas mélodieux. Dans la partie de l'appartement qui précédoit cette croisée, nous avions assis sur des consoles trois gracieuses tablettes, dont la première ou l'inférieure supportoit les boîtes de chenilles et de chrysalides, fermées de fins réseaux, qui étoient confiées à mes soins particuliers, et la seconde, les planchettes polies où nous étalions nos papillons, sous des plaques de verre qui contenoient leurs ailes sans les froisser. La dernière étoit garnie de flacons bouchés à l'émeri, qui renfermoient le camphre destiné à saupoudrer tous les soirs nos boîtes de chasse, l'alcali volatil contre la piqûre des frelons et la morsure des vipères, et l'esprit-de-vin conservateur des reptiles et des petits ovipares. Une armoire pratiquée tout auprès, et dont le citoyen Justin portoit toujours la clef, étoit réservée pour les trésors cent fois plus précieux de la pharmacie domestique.

L'autre côté de la croisée étoit occupé par notre seconde table, dont je n'ai encore rien dit, quoiqu'elle en valût bien la peine; mais j'ai cru devoir sacrifier l'ordre logique à l'ordre descriptif dans cette topographie vraiment spéciale qu'on ne refera pas après moi, car je suis le seul qui m'en souvienne sur la terre, à moins que M. de C... n'ait conservé à quatre-vingts ans quelque mémoire de ces jours d'exil qui furent pour moi des jours d'ineffables délices. Je ne savois pas même qu'il souffroit, et son attentive bonté me dissimuloit, sous une humeur douce et riante, des chagrins qui auroient empoisonné mon bonheur ! — Cette table étoit bien longue, à l'idée que je m'en fais aujourd'hui. Toutes nos académies détruites par un vandalisme brutal mais naïf, et qui avoit au moins cette excuse de l'inexpérience qu'il n'aura plus, y siégeoient à mes yeux dans une seule personne. Un homme de génie écrivoit là ces pages admirables, dont quelques rares amis ont reçu la confidence, tirées à dix ou douze exemplaires, et qu'ignorera la postérité, qui ne pourroit plus les entendre. Devant lui, ses livres favoris étoient amassés sur trois rayons, dont le premier avoit peine à contenir nos auteurs usuels; le *Systema naturæ*, le grave Fabricius, le bon Geoffroy, l'ingénieux Bergmann, Lavoisier, Fourcroy, Berthollet, Macquer l'éclectique, et Bernardin de Saint-Pierre le poëte. Au-dessus étoient rangés une bonne édition d'Horace, un gros Sénèque le philosophe, que je ne lus pas alors, les *Essais* de Montaigne, que je lus deux fois de suite, et quelques volumes dépareillés du Plutarque d'Amyot, que je lisois toujours. Plus haut, il y avoit une grande *Gerusalemme liberata*, dont je n'ai jamais trop fatigué les marges somptueuses; un *Ariosto*, qui me fit aimer l'italien; un *Don Quichotte* espagnol, que je devinois à défaut de comprendre, et cinq ou six tragédies de Shakspeare, qui me transportoient d'enthousiasme, quand le citoyen Justin me les traduisoit, au courant de sa lecture, dans nos moments de récréation. — Je n'oublierai pas qu'il avoit profité d'un espace vide pour y glisser son carton de dessins, et qu'à l'extérieur il avoit suspendu son violon.

En face du lit de mon ami étoit pratiquée notre seconde croisée, qui avoit jour sur le Biez, et d'où l'on suivoit au loin ses détours, entre des fabriques charmantes et des îlots de verdure, jusqu'aux lieux où son cours aboutissoit à un point brillant qui trembloit longtemps comme un météore, et finissoit par s'éteindre sous les rayons du soleil. — Mais c'étoit à la cloison de gauche que nous avions rassemblé peu à peu toutes les merveilles de notre exhibition, les oiseaux perchés sur leurs baguettes, dans la vivacité de leurs attitudes naturelles, et auxquels il ne manquoit qu'un ramage pour figurer une volière vivante; les papillons, déployés dans de beaux cadres d'or que nous avions apportés de la ville, et dont l'éclat de leurs ailes effaçoit la splendeur; le serpent à la bouche béante, qui défendoit notre porte comme le dragon des Hespérides, et les chauves-souris, qui plongeoient leurs regards pétrifiants comme celui des Gorgones, du haut de son chambranle de sapin. Le musée de ce village, quand j'y pense, auroit fait envie à plus d'une ville; mais ce qu'il y a de plus certain, c'est que son Aristote méritoit un autre Alexandre.

Notre journée d'investigations commençoit régulièrement à midi, après le repas du matin, et duroit jusqu'à la nuit; car nous étions d'intrépides marcheurs. Nous allions et nous revenions en courant, moi, questionnant sur tout ce qui se rencontroit; lui, répondant toujours et à tout par des solutions claires, ingénieuses et faciles à retenir. Il n'y avoit pas un fait naturel qui ne fournît matière à une leçon, pas une leçon qui ne fît sur moi l'effet d'un plaisir nouveau et inattendu. C'étoit un cours d'études encyclopédiques mis en action, et je suis sûr maintenant que tout autre que moi en auroit

tiré grand profit; mais mon imagination étoit trop mobile pour n'être pas oublieuse. Arrivés aux champs ou aux forêts, nous entrions en chasse, et comme mes collections se commençoient à peine, chaque pas me procuroit une découverte ; je marchois en pays conquis.

Il n'y a point d'expressions pour rendre la joie de ces innocentes usurpations de la science sur la nature rebelle et mystérieuse, et ceux qui ne l'ont pas goûtée auront peut-être quelque peine à la concevoir. Encore aujourd'hui, je me prends quelquefois à frémir d'un voluptueux saisissement en me rappelant la vue du premier *carabus auronitens* qui me soit apparu dans l'ombre humide que portoit le tronc d'un vieux chêne renversé, sous lequel il reposoit éblouissant comme une escarboucle tombée de l'aigrette du Mogol. Prenez garde à son nom, s'il vous plaît : c'étoit le *carabus auronitens* lui-même! Je me souviens qu'il me fascina un moment de sa lumière, et que ma main trembloit d'une telle émotion, qu'il fallut m'y prendre à plusieurs fois pour m'en emparer. Que les enfants sont heureux, et que les hommes sont à plaindre, quand il ne leur reste pas assez de sagesse pour se refaire enfants! Il n'en est pas de même des autres joies de la vie, lorsqu'elle a péniblement acquis la douloureuse expérience de leur instabilité. J'en ai beaucoup cherché depuis l'âge de vingt ans; j'en ai goûté beaucoup qui faisoient envie aux plus fortunés : pas une seule cependant que ma bouche n'accueillît d'un sourire amer, et qui ne pénétrât mon cœur d'une angoisse de désespoir. Que de larmes brûlantes j'ai versées dans les extases du bonheur, qui ont été comptées pour des larmes de ravissement, parce qu'elles n'étoient pas comprises ! Faites comprendre, si vous le pouvez, à une âme éperdue d'amour, qu'il est un moment de vos jours passés dont sa tendresse ne peut combler le vide éternel, et que cette minute, dont la rivalité impérieuse et triomphante éclipse tous vos plaisirs, est celle où vous avez trouvé le *carabus auronitens !* Il n'y a pourtant rien de plus vrai.

Les jours de pluie ou de neige, car en 1794 il y eut dans nos montagnes de la neige à la fin de mai, nous passions le temps à régler la disposition du riche mobilier dont je viens de dresser l'inventaire, ou bien nous lisions alternativement ; et, dans nos leçons comme dans nos promenades, chaque fait avoit son instruction. Chaque heure avoit aussi son emploi ; et rien n'est plus propre à enlever au travail sa physionomie sévère que la variété des études. Les mathématiques nous délassoient de la chimie, et les beaux-arts des sciences. Je m'entretenois avec facilité dans le souvenir tout récent de mes études latines par la lecture assidue et passionnée de nos méthodistes, qui avoit pris tant d'empire sur mes pensées, que je n'en concevois pas une seule sans qu'elle vînt à se formuler subitement en phrases concises et descriptives, hérissées d'ablatifs, comme celles de Linné; et si je m'étois reconnu depuis ce don caractéristique du talent qu'on appelle le style, je n'aurois pas été embarrassé à en expliquer les qualités et les défauts par ces premières habitudes de ma laborieuse enfance. Il seroit peut-être plein, précis, pittoresque, propre à faire valoir les idées par leurs aspects saillants, mais trop chargé de termes techniques et de figures verbales; abondant en épithètes justes, mais qui n'expriment souvent que des nuances; étranglé comme une proposition arithmétique, toutes les fois que j'essaye d'y faire entrer l'expression sous une forme puissante; complexe et diffus comme une amplification, quand je sens le besoin de l'étendre et de le développer; obscur pour être court ou pâle pour être clair, mais rappelant partout l'aphorisme dans le tour, et le latinisme dans la parole; un mauvais style, enfin, si c'étoit un style; et il n'y a pas dix hommes par siècle qui aient un style à eux; mais un style sorti, tel qu'il est, de ma singulière éducation, et que les circonstances ne m'ont pas permis de modifier depuis. Cela, c'est le dernier instrument d'une existence qui n'a pas eu le choix; et je le jette au rebut sans regret, quoique je n'aie plus ni le temps ni la force d'en changer.

Les matinées étoient à moi. C'est le temps où le citoyen Justin alloit vaquer à l'arpentage de la commune, visiter ses pauvres, soigner ses malades, ou prêter aux cultivateurs des environs le secours de ses lumières agronomiques. Il lui restoit à peine une heure avant midi pour reconnoître les espèces qu'il avoit recueillies la veille, observer sous la lentille du microscope l'économie intérieure de ces républiques d'animalcules inconnus jusqu'à lui, qu'il avoit découvertes dans les *conferves* et les *byssus*, ou ajouter quelques lignes à sa correspondance hebdomadaire avec la société Philomathique de Paris, seule dépositaire alors de toutes ces brillantes acquisitions des sciences physiques dont l'Institut a recueilli l'héritage. Mon ministère particulier se bornoit à pousser des reconnoissances autour du village, sur tous les points où quelque accident favorable à de certains développements nous promettoit une abondante récolte de genres nouveaux. Je savois à ne pas m'y tromper le petit bouquet d'aunes ou de bouleaux qui balançoit à ses feuilles tremblantes des *eumolpes* bleus comme le saphir et des *chrysomèles* vertes comme l'émeraude; la jolie coudraie qu'affectionnoient ces élégants *attelabes* d'un rouge de laque, si semblables aux graines d'Amérique dont les sauvages font des colliers ; la plantation de jeunes saules où le grand *capricorne* musqué venoit déployer les richesses de son armure d'aventurine, et répandre ses parfums d'ambre et de rose ; la flaque d'eau voilée de nénuphars aux larges tulipes et de petites renoncules aux boutons d'argent, où nageoit le *ditique* aplati comme un bac, et du fond de laquelle l'*hydrophile* s'élevoit sur son dos arrondi comme une carène, tandis qu'une peuplade entière de *donacies* faisoient jouer les reflets de tous les métaux sur leurs étuis resplendissants, à travers les feuilles des iris et des ménianthes. Je savois le chêne où les *cerfs-volants* vivoient en tribu, et le hêtre, à l'écorce d'un blanc soyeux, où gravissoient lourdement les *priones* géants. Il y a quelque chose de merveilleusement doux dans cette étude de la nature, qui attache un nom à tous les êtres, une pensée à tous les noms, une affection et des souvenirs à toutes les pensées ; et l'homme qui n'a pas pénétré dans la grâce de ces mystères a peut-être manqué d'un sens pour goûter la vie. Les nomenclatures elles-mêmes, œuvre d'un génie tout poétique, et qui sont probablement la dernière poésie du genre humain, ont un charme inexprimable à cet âge d'imagination où la fable et l'histoire n'ont pas encore perdu leur prestige.

Voyez-vous ces brillantes familles de papillons qui ne sont que des papillons pour le vulgaire? C'est une féerie complète d'enchantements et de métempsycoses pour l'enfant d'un esprit un peu cultivé, qui les poursuit de son léger réseau. Ceux-là sont les *chevaliers grecs* et *troyens*. A sa cotte de mailles échiquetée de jaune et de noir, vous reconnoissez le prudent *Machaon*, fils presque divin du divin Esculape, et fidèle, comme autrefois, au culte des plantes qui recèlent de précieux spécifiques pour les maladies et les blessures : il ne manquera pas de s'arrêter sur le fenouil. Si vous descendez aux pacages, ne vous étonnez pas de la simplicité de leurs habitants. Ces papillons sont des *bergers*, et la nature n'a fait pour eux que les frais d'un vêtement rustique. C'est *Tytire*, c'est *Myrtil*, c'est *Corydon*. Un seul se distingue parmi eux à l'éclat de son manteau d'azur, sous lequel rayonnent des yeux innombrables comme les astres de la nuit dans un ciel étoilé; mais c'est le roi des pâturages, c'est *Argus*, qui veille toujours à la garde des troupeaux. Avez-vous franchi d'un pas curieux la lisière des bois, défendue par *Silène* et les *satyres :* voici la bande des *sylvains*, qui s'égarent au milieu des solitudes, et les *nymphes*, encore plus légères, qui se jouent de votre poursuite, laissent bientôt un ruisseau entre elles et vous, et disparoissent, comme Lycoris, sans redouter d'être vues, derrière les arbrisseaux du rivage opposé. Tentez-vous le sommet des montagnes les plus élevées : vous n'aurez pas de peine à vous y rappeler l'Olympe et le Parnasse, car vous y trouverez les *héliconiens* et les *dieux : Mars,* qui se distingue à sa cuirasse d'acier bruni, frappée par le soleil de glacis transparents et variés; *Vulcain,* flamboyant de lingots d'un rouge ardent comme le fer dans la fournaise, ou bien *Apollon* dans son plus superbe appareil, livrant aux airs sa robe d'un blanc de neige, relevée de bandelettes de pourpre. Je jouissois avec un enthousiasme que je ne pourrois plus exprimer de toutes ces ravissantes harmonies, mais je ne jouissois de rien au monde autant que de ma propre existence. On a peint toutes les voluptés intimes de l'âme; je regrette qu'on n'ait pas décrit la volupté immense qui saisit un cœur de douze ans, formé par un peu d'instruction et par beaucoup de sensibilité à la connoissance du monde vivant, et s'emparant de lui comme d'un apanage, dans une belle matinée de printemps. C'est ainsi qu'Adam dut voir le monde fait pour lui, quand il s'éveilla d'un sommeil d'enfant au souffle de son Créateur. Oh! que la terre me paroissoit belle! oh! comme je suspendois mon haleine pour écouter l'air des bois et les bruits du ruisseau! Que j'aimois le pépiment des oiseaux sous la feuillée et le bourdonnement des abeilles autour des fleurs! et j'étois là, comme une autre abeille, caressant du regard toutes les fleurs qu'elles caressoient, et je

nommois toutes ces fleurs, car je les connoissois toutes par leur nom, soit qu'elles s'arrondissent en ombelles tremblantes, soit qu'elles s'épanouissent en coupes ou retombassent en grelots, soit qu'elles émaillassent le gazon, comme de petites étoiles tombées du firmament. Les cheveux abandonnés au vent, je courois pour me convaincre de ma vie et de ma liberté; je perçois les buissons, je franchissois les fossés, j'escaladois les talus, je bondissois, je criois, je riois, je pleurois de joie, et puis je tombois d'une fatigue pleine de délices, je me roulois sur les pelouses élastiques et embaumées, je m'enivrois de leurs émanations, et, couché, j'embrassois l'horizon bleu d'un regard sans envie, en lui disant avec une conviction qui ne se retrouve jamais : « Tu n'es pas plus pur et plus paisible que moi !... » C'étoit pourtant moi qui pensois cela!...

Dieu tout-puissant! que vous ai-je fait pour ne pas me rendre, au prix de ce qui me reste de vie, une de ces minutes de mon enfance! Hélas! tout homme qui a éprouvé comme moi l'illusion du premier bonheur et des premières espérances a subi, sans l'avoir mérité, le châtiment du premier coupable. Nous aussi nous avons perdu un paradis!

Le dimanche, c'étoit autre chose. Tout en chassant, tout en herborisant, tout en devisant, nous allions visiter nos voisins, causer histoire avec un vieux rentier goutteux qui s'étoit sagement réfugié au village contre les tempêtes de la ville, et qui savoit sur l'ongle toutes les alliances de toutes les familles princières, depuis Robert le Fort et Gontran le Riche; causer botanique et matière médicale avec un brave chirurgien qui estropioit intrépidement la langue des sciences naturelles (heureux ses malades s'il n'avoit estropié que cela!); causer économie politique avec un gros fermier qui avoit fait une fortune considérable aux affaires, et qui étoit tout fier, dans son patriotisme de publicain, de frayer de temps en temps avec le patriciat tombé en roture. Je me souviens que celui-ci avoit une fille de vingt ans, d'une beauté remarquable, élevée aux beaux-arts et au beau monde, nourrie de toute la belle prose et de toute la belle poésie de l'an II de la République, et si romanesque, si sentimentale, si nerveuse, que je l'ai regardée longtemps comme une exception. Cinq ou six ans après, je m'aperçus que l'exception n'étoit pas là : elle étoit déjà dans les cœurs naturels et simples qui sentent plus qu'ils ne peuvent exprimer, et qui ne font pas étalage de leurs émotions.

Mais nos visites de prédilection étoient pour un vieux château éloigné tout au plus d'une lieue du village que nous habitions, et qui se trouvoit, par un heureux hasard, sur la route de nos excursions familières. Il est vrai qu'au bout de quelque temps ce hasard étoit devenu si infaillible et si régulier, qu'on auroit pu y voir l'effet d'un plan prémédité. Le voyage en valoit la peine. Là résidoient trois aimables sœurs, exilées, comme M. de C..., pour le crime de leur naissance, et qui composoient, avec un vieux domestique et une petite négresse fort éveillée, toute la population du vénérable manoir. Je ne parlerai pas des deux aînées, qui m'occupoient très-peu, quoiqu'elles fussent charmantes, et que je n'occupois pas du tout. La plus jeune s'appeloit Séraphine; elle avoit près de quatorze ans, ce qui suffisoit pour lui donner sur moi tout l'ascendant d'une grande fille sur un petit garçon; mais la nature avoit pourvu à la compensation de nos âges par la délicatesse de sa constitution fragile et par le développement prématuré de mon organisation déjà presque adolescente. L'habitude d'un exercice actif et stimulant, qui fortifioit tous les jours mon enfance robuste; la pratique des rudes travaux de la marche, de la course et de l'escalade, par vaux, par monts et par rochers; l'assiduité des études obstinées, qui imprime à la pensée un caractère viril dont les facultés physiques subissent l'influence, m'avoient donné sur les enfants mêmes de la campagne, ordinairement si supérieurs à nous, un avantage prononcé de vigueur, d'adresse et d'audace. Je n'étois pas redouté; cette triste gloire empoisonneroit tous les souvenirs de ma vie; mais on s'appuyoit volontiers de mon amitié, parce que la foiblesse et la timidité sont portées d'une affection d'instinct vers le courage et la force. Comme je ne manquois pas de vanité, et je m'aperçois, à la complaisance avec laquelle je reviens sur ces détails, que je ne suis pas complétement guéri de cette honteuse infirmité de l'esprit, je prenois plaisir à multiplier, surtout devant les femmes, et sans savoir pourquoi, les aventureux exploits de mon habileté gymnastique. Elles aiment la témérité. Quand on les étonne, on les intéresse, et quand on les intéresse on est bien près de leur plaire. J'ai compris tout cela depuis.

Les liaisons de cet âge sont bientôt faites; il est sans défiance parce qu'il est sans expérience. Il faut avoir surpris quelque mauvaise pensée dans son cœur pour en soupçonner dans celui des autres. Après nous être vus deux fois, Séraphine et moi, nous aurions voulu ne plus nous quitter. Nos plaisirs nous étoient si purs, nos entretiens étoient si doux, nous pleurions ensemble avec tant d'abandon, et il est si doux de pleurer! C'est qu'elle avoit bien du chagrin! Sa mère étoit en prison à dix lieues, son père en prison à cinquante : de ses quatre frères, il y en avoit trois proscrits, errants, sans ressources, en trois pays différents de l'Europe; l'autre étoit détenu à Paris, sous le couteau du tribunal qui avoit égorgé dix de ses parents; et autour d'elle rugissoit chaque jour une populace armée de piques et de brandons d'incendie, qui la menaçoit elle-même, pauvre fille craintive et sans défense, dont les grâces touchantes auroient apprivoisé des panthères affamées! — Va, va, lui disois-je, console-toi, le règne des assassins ne sera pas long. Ma famille est républicaine, mais je me ferai aristocrate pour te venger! Je ne suis pas loin du moment de manier, comme un autre, une épée ou un poignard, et, puisqu'il faut du sang, je verserai sans pitié le sang de tes ennemis! — Ne parle pas comme cela, me répondoit Séraphine; je serois plus malheureuse encore si je craignois de te voir devenir méchant. Les méchants sont plus à plaindre que nous! Continue à bien acquérir du savoir et de la réputation, et quand tu seras assez grand pour te faire écouter de ces messieurs les patriotes, fais ce que tu pourras pour empêcher qu'on ne nous tue, car si on me tue aussi, quelle est la femme qui t'aimera jamais autant que moi?

Ce besoin d'être ensemble étoit devenu si vif, qu'il absorboit toutes nos pensées. C'étoit l'objet, le but, la vie de notre vie, et jamais l'un de nous deux n'arrivoit jusqu'à l'autre sans trouver l'autre qui le cherchât. Quand je descendois de la montagne, j'étais sûr de voir de loin son voile blanc qui flottoit à l'air, ou son chapeau de paille qui voloit au hasard, sans qu'elle s'arrêtât pour reconnoître l'endroit où il iroit tomber, pendant

qu'elle couroit à ma rencontre. Mais que je lui épargnois de détours en me précipitant au-devant d'elle, fendant les terres labourées, sautant les haies, écartant les broussailles, débusquant d'un taillis au moment où elle me cherchoit encore derrière! et je n'aurois pas allongé ma course d'un pas pour éviter un fossé de dix

pieds de largeur. La terre élastique obéissoit à mon
essor comme la raquette au volant, et j'arrivois, si
preste et si joyeux, les bras autour de son cou et les
lèvres sur sa joue, qu'elle n'avoit pas le temps de s'effrayer. Le temps se passoit trop vite, hélas! de mon
côté en lutineries innocentes, du sien, en causeries
tendres et sérieuses. Mon expansion étourdie se con-
traignoit alors, parce que je me rappelois que Séraphine étoit triste, et qu'elle ne pouvoit s'associer sans
effort aux turbulentes saillies de ma joie et de mon
bonheur sans souci. Mes idées, si riantes et si frivoles,
se façonnoient peu à peu, au contraire, aux habitudes
de sa mélancolie, et de ces deux éléments incompa-
tibles en apparence il se formoit en moi une combinaison
étrange de caractère, qui a tour à tour assombri ma
jeunesse de sympathies douloureuses, et égayé mon âge
mûr des instincts et des goûts d'un enfant. Tous les
développements de mon âme datent de ces jours éloignés. Je n'ai rien acquis ni rien perdu; mais si j'étois
mort en ce temps-là, ma vie n'auroit pas été moins complète. La vie est complète quand on a aimé une fois.

Il faut cependant que je m'explique sur cet amour,
auquel le perfectionnement de notre langue et de nos
mœurs n'a pas encore donné un nom. Rien ne ressemble

moins à l'amour comme les hommes le comprennent, et c'est cependant un sentiment très-distinct des affections de la famille et des amitiés de collége. Cette différence, je la sentois sans l'expliquer. Je l'avouerai, comme si j'écrivois sous l'empire de mes idées de douze ans, je m'étois fait une singulière opinion de l'amour des romanciers et des poëtes, que j'avois lus avec avidité, dans la ferme persuasion que les passions qu'ils décrivoient si bien étoient des fictions comme leurs sujets et leurs fables. Je le prenois pour une image fantastique des émotions simples de deux époux qui s'étoient aimés enfants, comme j'aimois Séraphine et comme j'en étois aimé, qui se trouvoient heureux de passer leur vie ensemble, et auxquels le mariage accordoit le délicieux privilége de prolonger le charme de cette douce intimité jusque dans les mystères de la nuit et la solitude du sommeil. J'admirois comment, de cette effusion de tendresse qui confondoit en un seul deux êtres bien assortis, résultoit l'existence d'un être nouveau, éclos sous des caresses et des baisers, fruit d'harmonie et d'amour; et je voyois dans ce phénomène moral, qui entretenoit à jamais la reproduction d'une espèce vierge, le signe le plus évident de la supériorité de l'homme sur les animaux. Je n'ai pas la prétention d'avoir inventé en ce temps-là une *conjugalité* plus solennelle que celle de Dieu, mais c'est celle que je m'étois faite, et les bonheurs de la jeunesse ne m'ont rien appris qui me consolât d'en avoir perdu l'illusion. Que dis-je? le regret de mon erreur a survécu à ces fiévreuses réalités du plaisir qui enivrent les sens aux dépens de l'âme, et qui la précipitent des hauteurs du ciel dans les misères de la volupté. Que de fois ai-je redouté d'être heureux comme les autres dans l'accomplissement de mes désirs, heureux que j'étois dans l'enchantement de mes espérances! Aujourd'hui même, il n'y a pas une de mes larmes d'amant qui ne m'ait laissé de meilleurs souvenirs que tous ces ravissements d'un bonheur sans lendemain, sur lesquels retombent les tristes convictions de la vie, comme le rideau d'un spectacle fini, comme l'obscurité de la nuit sur un feu d'artifice éteint. C'est probablement dans ce sens qu'on a dit que la première inclination étoit la meilleure. Son charme est dans son ignorance [1].

---

[1]. On peut rapprocher de ce passage, si plein de grâce et de fraîcheur, le remarquable morceau de Nodier: *De l'amour et de son influence comme sentiment sur la société actuelle*. Les sentiments du poëte seront de la sorte élucidés et complétés par la délicate analyse du penseur.

(*Note de l'Éditeur.*)

J'aimois ainsi Séraphine avec la naïveté d'une impression tout idéale, toute poétique, et dont l'innocence devoit avoir quelque chose de l'amour des anges. Aussi pure que moi, je suppose que Séraphine étoit un peu plus savante, et on vient de voir que cela n'étoit pas difficile. Elle étoit mon aînée de près de deux ans,

elle étoit femme, elle vivoit depuis le berceau dans le monde que je n'avois fait qu'entrevoir. Sa conversation ingénue me laissoit souvent des doutes vagues à travers lesquels j'avois peine à retrouver le fil égaré de ma doctrine. Je méditois seul sur ce que je n'avois pas compris; mais je ne méditois pas longtemps, parce que je n'étois pas curieux, parce que je croyois fermement dans mes idées, et surtout parce que j'aimois mieux penser à elle que de perdre le temps à me bâtir des systèmes inutiles. Elle étoit partout avec moi ; je savois la faire entrer dans tous mes entretiens, la lier en souvenir ou en projet à toutes mes actions, la ramener dans tous mes songes. Rêver toujours, et ne rêver que d'elle, c'étoit un bienfait de mon sommeil, une faculté que j'avois, que j'ai conservée longtemps, et qui m'a dédommagé de bien des douleurs ! J'étois parvenu à fixer dans mon esprit une des scènes les plus communes de nos jolies matinées : celle-là m'est aussi présente que si j'y étais encore. Après m'être fatigué deux heures à la chercher où elle n'étoit pas, je tombois ordinairement de lassitude sur le canapé du salon, et je feignois de dormir pour la piquer de mon indifférence ou ne pas la contrarier dans sa malice. Elle arrivoit alors, légèrement soulevée sur la pointe des pieds, allongeant ses pas suspendus avec précaution, frissonnant au bruit du parquet avant qu'il eût gémi, et une corbeille au bras, ses cheveux s'échappant de toutes parts en ondes dorées sous le chapeau de paille mal attaché qui ne les contenoit plus, la tête un peu penchée sur l'épaule, l'œil fixe et craintif, la bouche entr'ouverte, le bras étendu pour gagner de l'espace, elle promenoit doucement sur mes lèvres un bouquet de cerises moins vermeilles que les siennes. Je la voyois toujours ainsi, blanche mais animée, charmante de ses grâces et de son émotion d'enfant, arrêtant sur moi ses rondes prunelles d'un bleu transparent comme le

cristal, qui plongeoient des regards de feu à travers mes paupières demi-closes pour surprendre à propos le moment de mon réveil, et me caressant tout près de son haleine de fleurs comme pour me défier de l'embrasser : c'étoit là que je l'attendois, et, quand elle pensoit à fuir, elle étoit prise. Alors, c'étoient des cris, des gémissements, des bouderies à n'en pas finir;

c'étoient les sœurs qui arrivoient au secours ; c'étoit
Lila, sa petite Africaine, qui m'arrachoit les cheveux
et qui me menaçoit les yeux. Un baiser de plus payoit
les frais de sa rançon; mais elle me détestoit pendant
une heure au moins ; et je m'en allois, je revenois, je
pleurois, je demandois pardon, je ne l'obtenois pas, je
repartois encore en courant vers le canal pour m'y
précipiter dans un abîme de dix pouces de profondeur,
jusqu'au moment où une petite voix, qui vibroit comme
un timbre d'argent, daignoit enchaîner mon désespoir,
et j'avois été malheureux d'un malheur affreux, d'un
malheur pire que la mort, d'un malheur qu'on voudroit
goûter, aujourd'hui, au prix de l'incendie d'un royaume !
— J'étois loin d'imaginer sous quel aspect m'apparoî-
troient avant peu ces angoisses du premier amour. Je
n'avois pas vingt ans que je résolus de mettre un clou
à ma roue, comme dit Montaigne, et de ne plus vieillir
d'un moment. Je m'en suis assez bien trouvé, mais
j'aurois mieux fait de m'arrêter à douze.

J'ai dit que ma petite amie étoit d'une santé délicate. Je ne me doutois guère que toutes les jeunes filles
fussent plus ou moins malades vers l'âge de quatorze
ans. Ce mystère passoit la portée de ma science. —
Séraphine était sujette à des maux de tête, à des

éblouissements, à des hallucinations subites, à des mouvements de fièvre. Un soir, je l'avois laissée souffrante; je souffrois de son mal, que mes craintes exagéroient. Je me couchai tout habillé; je ne dormis pas; je me tournois sur mon lit de paille comme sur les pointes d'acier de Régulus ou les charbons de Guatimozin. Je me levai pour me promener dans ma chambre; je la trouvai trop étroite : j'ouvris ma fenêtre; le ciel aussi me parut trop étroit. On ne voyoit pas le château. Je mesurai la hauteur de ma croisée : une quinzaine de pieds tout au plus, si je m'en souviens. J'étois bien loin; je ne sais si je courois ou si la terre fuyoit derrière moi; mais je ne mis peut-être pas un quart d'heure à gagner la grille du parc.

Ce n'étoit pas tout. Le seul endroit où la clôture fut accessible, étoit défendu par un bassin revêtu de larges dalles, où aboutissaient les eaux du canal, après avoir arrosé le jardin. Là elles dormoient à fleur de terre dans l'abreuvoir, puis se perdoient un moment sous la route, et alloient resurgir à quelques pas, mais libres et capricieuses, entre les saules de la prairie. Nous appelions cela le *bassin des salamandres,* parce qu'on y en voyoit un grand nombre frapper l'eau immobile de leur queue en rame, ou se traîner sur le pavé, en livrant de temps en temps aux caprices de la lumière leurs marbrures d'un jaune brillant; mais on ne les voyoit pas à l'heure dont je vous parle; on ne voyoit rien du tout. La nuit étoit calme et tiède, mais obscure, et je ne pouvois apprécier que de mémoire la largeur du réservoir qu'il falloit franchir. J'étois seulement bien sûr qu'il n'avoit pas plus d'un pied de rebord du côté où j'allois tomber, et que je courois risque, selon la portée de mon élan, de me rompre la tête contre le mur, si je m'y abandonnois à l'étourdie, ou, si je le modérois trop, d'épouvanter de la chute d'un nouveau Phaéton le peuple des salamandres endormies. Dieu, l'amour où l'adresse aidant, je descendis au but comme si j'y avois été porté par les ailes d'un oiseau. J'atteignis d'un bond la hauteur de la muraille, je gagnai d'un saut le niveau du jardin. Il restoit encore une haie de troënes, forte et serrée comme une palissade, mais sur laquelle j'appuyois facilement la main en me dressant un peu, et je ne la touchai pas d'une autre partie de mon corps pour la laisser derrière moi. J'étois dans la grande allée de marronniers, qui se terminoit tout juste au pied de la tourelle où couchoit Séraphine; mais sa fenêtre, élevée d'un étage au-dessus de la terrasse, m'étoit cachée par l'épaisseur du feuillage; et le temps que je fus obligé de mettre à chercher la clarté qui en jaillit enfin par rayons épars, entre les dernières branches, me parut plus long que tout le reste du voyage. Alors je m'arrêtai contre un marronnier pour reprendre haleine,

car j'étois déjà tranquille. Cette lumière étoit celle d'une bougie dont la blanche flamme trembloit contre les vitres, à côté de l'endroit où Séraphine suspendoit le petit miroir qui servoit à sa toilette de nuit. Elle y étoit debout, légèrement vêtue, souriant à sa gentillesse, roulant ses cheveux avec une grâce coquette, et puis, prenant plaisir à les dérouler pour les voir ondoyer encore. Je restai là tant que la bougie ne s'éteignit point, et je ne sais si ce fut une minute ou une heure; mais je sais que cela vaut toute la vie, et qu'il n'y auroit que l'espoir d'y retrouver quelques instants pareils qui pût me décider à la recommencer.

Je mis plus de temps au retour. Le jour étoit tout près de se lever, quand je m'aperçus que l'accès de ma chambre étoit infiniment plus difficile que la descente. L'extérieur de la maison ressembloit à l'intérieur. Il étoit si propre, si uni, si soigneusement recrépi, que les mouches avoient peine à y fixer leurs crochets. Pas une pierre saillante, pas une fissure dans le plâtre, pas un interstice à glisser les doigts, qui pût servir à me hisser jusqu'à la banquette! et ajoutez à cela que le Biez couloit trop près derrière mes talons pour me permettre de prendre du champ. Un train de charrue au rebut, qu'il fallut amener de loin, me servit enfin d'échelle. J'arrivai, je dormis comme on dort à douze ans, quand on n'a point de chagrin, et je dormois encore quand M. de C... m'avertit pour la troisième fois qu'il étoit temps d'aller s'informer de la santé de

Séraphine, dont j'étais si inquiet la veille. — Bon, bon! dis-je en me frottant les yeux et en étendant les bras, cela n'est pas dangereux! — M. de C... me regarda d'un air étonné. C'étoit la première fois, je m'en flatte, qu'il m'avoit trouvé si insoucieux sur mes amitiés; et ma tendresse de troubadour ou de paladin, qui prêtoit à des plaisanteries de tous les jours, rendoit cette indifférence inexplicable. Sa méprise m'égaya; et, comme je n'aurois pas osé faire connaître à mon ami les motifs de ma sécurité, je trouvai piquant de l'accompagner, en me divertissant à toutes les bagatelles du chemin, et sans lui parler de Séraphine, jusqu'à l'angle d'un hallier bien fourré, où elle nous attendoit d'habitude, pour nous surprendre d'une espièglerie ou nous effrayer d'un cri. Elle y étoit, et j'avois, comme on sait, mes raisons pour n'en pas douter. Elle tomba dans mes bras, retomba dans les siens, revint à moi, fit sauter mon chapeau, se sauva pour être attrapée, et finit par se laisser prendre, en criant de dépit et de joie.

— Vous aviez raison tout à l'heure, quand je vous tirai d'un si bon sommeil, me dit M. de C... en riant. Cela n'étoit pas dangereux.

Je vous demande si ce fut là un grand sujet de colère, mais de colère morne, silencieuse et méprisante!

Séraphine prit l'avance avec dignité, en se donnant ces manières dédaigneuses que les jeunes filles nobles apprennent je crois, en naissant; et quand nous fûmes parvenus à l'allée des marronniers, elle s'assit sur notre passage, au bout du long banc de pierre sur lequel nous causions presque tous les jours. J'allai l'y rejoindre, elle courut à l'autre extrémité; je l'y suivis, elle reprit sa première place, et moi aussi; mais je l'y fixai d'un bras sur lequel je l'avois soulevée cent fois, et dont elle connoissoit la puissance!

— Halte-là, grondeuse! lui dis-je en feignant d'être sérieusement fâché. Mademoiselle, pourquoi boudez-vous?

— Moi, monsieur, bouder? Et à quel propos, s'il vous plaît? On ne boude que ceux qu'on aime et dont on est aimé. Je ne vous boude pas, parce que vous ne m'aimez pas, parce que je ne vous aime pas. C'est naturel. On n'est pas forcé d'aimer quelqu'un.

— Ah! je ne t'aime pas, et tu ne m'aimes pas, Séraphine? C'est très-joli!...

—Non certainement, je ne vous aime pas, puisque je vous déteste, puisque je vous ai en exécration, monsieur! Et je voudrois bien savoir, par exemple, pourquoi vous prenez la liberté de me tutoyer! Je vous le défends!... Mais voyez donc, ajouta-t-elle en s'efforçant de rire, ne faudroit-il pas bouder monsieur, qui dort si bien quand on est malade à la mort, et qui s'excuse en disant que *cela n'est pas dangereux?* Si vous aviez été malade, vous, je n'aurois pas été si tranquille! Mais, lâchez-moi, je vous en prie! lâchez-moi tout de suite, ou je ferai du bruit! j'appellerai Lila... je vais pleurer!...

— Non vraiment, tu ne pleureras pas, laide et méchante que tu es! et je voudrois bien voir qu'on s'avisât de pleurer!...

— Qu'on s'avisât de pleurer! Comme vous dites, c'est fort joli, c'est de très-bon ton! d'ailleurs, je suis une laide maintenant! et qu'est-ce que cela vous fait qu'une laide pleure quand elle veut pleurer? M'empêcherez-vous de pleurer et de crier, si cela me fait plaisir? Vous ne me permettrez pas de pleurer, peut-être, quand vous m'étouffez! Vous êtes bien avantageux!...

Avantageux étoit un de ces mots de salon qui me déconcertoient toujours. Je passai l'autre bras autour d'elle, et je me hâtai de m'expliquer...

— As-tu pu croire, Séraphine, que j'aurois dormi sans m'assurer que *cela n'étoit pas dangereux,* et que tu te portois bien? Mais écoute-moi un instant, et n'essaye pas de te sauver, cela ne te réussiroit pas! Crois-tu que l'état de ma douce et belle Séraphine étoit bien *dangereux*, quand elle venoit à minuit, derrière la fenêtre de la tourelle, tresser autour de ces jolis petits doigts, que je baiserai tout à l'heure, ces longues mèches de blonds cheveux que je baise maintenant malgré toi — ou malgré vous; — quand elle ouvroit sa croisée et s'appuyoit en silence, pour écouter le rossignol, qui n'avoit garde de chanter, parce que je l'avois effrayé, et quand elle le défioit des cadences tendres et perlées de sa romance favorite :

> Amour, on doit bénir tes chaînes,
> Quant deux amants ont à souffrir...

— Quelle horreur! s'écria Séraphine; vous m'épiez, monsieur?...

— Tu appelleras cela comme tu voudras; mais, quand tu es malade, j'ai peur, et, quand j'ai peur pour toi, je ne sais plus ce que je fais.

Elle réfléchit un moment. Je sentis que je n'avois plus besoin de la retenir. A quoi devine-t-on cela? Mes bras s'étoient relâchés. Elle dégagea les siens, les étendit un peu pour les dégourdir, et les jeta autour de mon cou.

— Pauvre ami que j'accuse et que j'inquiète! reprit-elle en appuyant sont front sur mon épaule... Il ne me le pardonnera peut-être pas! Avec cela que vous êtes bien capable, étourdi comme je vous connois, d'avoir passé par le *trou du hibou?*...

— Le chemin n'est pas beau, mais c'est le plus court, et j'étois trop pressé pour prendre l'autre.

— C'est à faire trembler, à ce que l'on dit! un sentier taillé dans le rocher sur un précipice épouvantable!...

— Un sentier large comme la petite allée du potager, sur un précipice profond comme la terrasse, depuis la mansarde de ton pavillon.

— Eh bien, n'est-ce pas rassurant! il y arrive tous les ans des malheurs en plein jour! et si tu rencontrois le hibou?...

— Je l'emporterois dans ma freloche comme un papillon de nuit. Oh! je voudrois bien que ce fût seulement un *moyen-duc!* il y a trois mois que je l'aurois empaillé; mais un méchant hibou de son espèce n'est bon qu'à déployer comme un épouvantail sur la porte du château.

— Attendez, attendez, dit-elle en composant tout à coup sa jolie figure pour prendre un air solennel, et en s'éloignant d'un pouce ou deux, avec une admirable dignité. Ce n'est pas tout, monsieur, ce n'est rien! ce qu'il y a d'inexcusable dans votre conduite, c'est que vous n'avez pas pensé au danger de me compromettre!

Compromettre étoit bien autre chose qu'*avantageux*, ma foi! *compromettre* me foudroya.

— Te *compromettre*, Séraphine! Je serois au désespoir de te *compromettre*; mais... je ne sais pas au juste ce que c'est.

Elle laissa tomber sur moi le sourire d'une supériorité indulgente.

— Il suffit, monsieur, continua-t-elle, que je ne veux pas absolument qu'on se permette d'être de nuit dans le parc. Aujourd'hui je vous fais grâce, ajouta Séraphine en me tendant sa main à baiser, parce que je sais que votre cœur est pur; mais que cela n'arrive plus jamais! le monde est si pervers!

Il faut noter que *pervers* avoit un pied et demi dans la bouche de Séraphine. C'étoit le *verbum sesquipedale* de mon Horace.

— Eh! que m'importe le monde pervers! qu'a-t-il à dire à ma tendresse et à mes inquiétudes? Il lui siéroit bien, au monde pervers, de trouver mauvais que je fusse en peine de Séraphine, quand Séraphine est malade ! Craindre pour ta vie, et ne pas tout entreprendre, ne pas tout braver pour te voir ! certainement, je ne promettrai pas cela !

— Bien, bien, dit-elle en prenant ma main, si j'étois vraiment en danger ! Crois-tu que je voudrois, moi, mourir sans te revoir ? Ce seroit pis que la mort !

Au même instant ses sœurs et mon ami nous rejoignoient et nous nous embrassâmes devant eux pour la première fois de la journée.

Les moments dont je parle étoient si doux, qu'il n'est pas surprenant que je m'abandonne au plaisir de les raconter longuement. Cela dura quatre ou cinq mois, et puis cela finit à toujours.

Au commencement d'octobre, je ne sais plus quel jour c'étoit de brumaire, nous vîmes arriver Chapuis, un ancien domestique de M. de C.... vieillard honnête, fidèle, et même affectueux, mais dont la figure sévère et rébarbative ne m'avoit jamais paru propre qu'à porter de mauvaises nouvelles. Celles qui me concernoient alors étoient accablantes. Mes parents, enchantés de quelques progrès qu'ils croyoient remarquer dans mes études, étoient convenus de m'en témoigner leur satisfaction en me faisant passer un hiver à Paris sous les yeux d'un homme aimable et sage, dont ils avoient éprouvé l'attachement. Le 9 thermidor venoit de mettre un terme aux sacrifices sanglants des druides de la révolution. La France, enivrée de son affranchissement, commençoit à se reposer des convulsions de la terreur dans une atmosphère plus pure. Elle renaissoit aux sciences, aux beaux-arts, aux loisirs des peuples civilisés. Elle renaissoit presque au bonheur; car tout pouvoit sembler bonheur le lendemain de l'anarchie. Je ne connoissois de la terre tout entière que la nature agreste et simple de nos solitudes. Il s'agissoit de me faire voir les collections, les bibliothèques, les monuments, les hommes, le monde enfin dans lequel l'imagination du meilleur des pères m'assignoit en espérance une position agréable, et peut-être distinguée. Tout cela m'auroit souri comme à lui dans des circonstances où ce voyage n'auroit rien coûté à mon cœur; mais l'exil des nobles subsistoit toujours, et je me sentois défaillir à l'idée de quitter pour si longtemps mon ami, car la longueur d'un hiver est quelque chose d'incommensurable aux enfants. Je ne sais s'il vous en souvient. Je ne disois pas tout cependant ; mais la pensée de m'éveiller vingt-cinq fois par une matinée de dimanche, sans pouvoir me promettre de voir Séraphine et de finir la journée auprès d'elle, me navroit si cruellement, que je ne m'accoutumois à la supporter que sous la condition d'en mourir. Vingt-cinq dimanches, hélas! j'étois bien loin de mon compte!

Il falloit pourtant se soumettre. M. de C..., qui mesuroit mieux le temps, et qui savoit mieux ce qu'il vaut, me parloit de ces longs mois d'absence comme d'un jour que j'allois passer en plaisirs. Nous devions seulement des visites à tous nos voisins, avant l'époque qui étoit fixée pour mon départ, et dont je ne m'informois point, parce que je tremblois de le savoir. Ce projet de visites me consoloit un peu; il devoit me ramener au château, et je me démontrois bien à part moi que cinq heures de l'amitié, des regrets et des caresses de Séraphine dédommageroient assez ma vie de cinq mois de douleurs. Je m'aperçus dès le lendemain que nos lentes promenades m'éloignoient de plus en plus de l'unique objet de mes pensées, mais je ne m'affligeai point. Je sus au contraire un gré infini à M. de C... d'avoir donné cette direction à notre cérémonieux itinéraire.

— Tant mieux, disois-je tout bas, c'est par elle que nous finirons!. son baiser d'adieu sera le dernier que j'emporterai sur mes lèvres, et je l'y conserverai avec tant de soin, qu'il en sera de ce voyage comme si je ne l'avois pas quittée!...

Il y avoit six jours que nous courions ainsi le pays, presque sans nous parler. M. de C... paroissoit amèrement triste, et, si je ramenois, selon mon usage, le nom de Séraphine au travers de nos courts entretiens, il se hâtoit d'en détourner la conversation comme d'une idée inquiétante et fâcheuse. Je me perdois à chercher le motif de cette réticence nouvelle entre nous; car il aimoit Séraphine presque autant qu'il m'aimoit, et j'aurois trouvé tout naturel qu'il l'aimât davantage.

Comme nous occupions le seul logement dont on pût disposer dans la maison, nous avions établi Chapuis dans ma chambre, où il dressoit tous les soirs son pliant au devant de ma croisée. Le jour dont il est question, Chapuis me trouva comme à l'ordinaire occupé à tenir note sur mon journal des espèces que j'avois ramassées en chemin, et il se crut obligé de m'interrompre pour m'engager à dormir. Cette précaution inaccoutumée me surprit.

— C'est, voyez-vous, dit-il, que nous partons

demain, à six heures précises, pour nous trouver au relais de la diligence de Paris, et, quoique j'aie déjà emballé toutes vos petites hardes dans la voiture, il est possible qu'il vous reste quelque chose à faire avant d'y monter. Vous n'avez donc que le temps de vous reposer un peu en attendant que je vous réveille.

— Demain à six heures ! m'écriai-je. Cela n'est pas possible ! je ne partirai certainement point sans avoir vu Séraphine !...

— Il le faut bien cependant, repartit Chapuis, car la diligence n'attend pas ; et, quand vous resteriez, pensez-vous que M. de C... vous permette de voir mademoiselle Séraphine dans l'état où est la pauvre enfant ! Il craindroit trop pour vous les effets de la contagion, comme on l'appelle. Il n'a pas eu d'autre raison pour vous éloigner d'ici toute la semaine.

— Séraphine est malade, et je ne le savois pas ! Expliquez-vous, mon ami, je vous en supplie !

— Malade, malade ! répondit Chapuis en hochant la tête. On m'avoit défendu de vous le dire, mais il faut bien que vous l'appreniez un jour ou l'autre ; c'est que les nouvelles d'aujourd'hui n'étoient pas bonnes ! Heureusement, la providence de Dieu est grande, surtout pour les jeunes gens, et, si elle le permet, vous retrouverez au printemps mademoiselle Séraphine plus vive et plus gentille que jamais. Et puis, on ne manquera pas de vous écrire sa guérison à Paris, et vous en aurez la consolation sans avoir eu le chagrin de la quitter malade.

Pendant qu'il parloit ainsi, Chapuis tourna la clef, la retira de la serrure, la mit dans sa poche, ferma la fenêtre, et se glissa dans son lit sans se déshabiller, pour être plus tôt prêt le matin.

— Que faites-vous, Chapuis? Vous fermez cette fenêtre, et vous savez que je ne puis me passer d'air! Je vous l'ai dit assez souvent!

— Bon, bon, reprit-il en s'enfonçant sous sa couverture, les voyageurs ne doivent-ils pas s'accoutumer à tout? Vous serez bien plus à l'étroit dans la voiture, ma foi! Vous imaginez-vous, mon cher jeune homme, que vous aurez toujours vos aises? On vous en donnera, dans votre pension, des fenêtres ouvertes en octobre! D'ailleurs, monsieur est trop bon pour ne pas avoir égard à mon rhumatisme, par le froid qu'il fait maintenant; c'est une vraie soirée d'hiver!

Je n'avois point d'ojections contre ce dernier raisonnement. Ma situation étoit horrible. J'éteignis ma lumière et je ne me couchai pas. J'attendois qu'il dormît pour tenter de tourner l'espagnolette, et tomber d'un bond dans la rue par-dessus le pliant maudit, au risque de me rompre le cou. Le moment que j'espérois ne tarda pas ; mais le sommeil de Chapuis étoit aussi léger que soudain, et, au moindre mouvement, j'étois averti par un *qui-vive* brutal de la vigilance de mon inexorable sentinelle. Je revins dix fois aux approches, et dix fois je fus dépisté. Pendant ce temps-là, Séraphine m'appeloit peut-être ! Ce fut une épouvantable nuit.

Enfin la pendule sonna quatre heures (c'étoit plus que je ne me croyois capable d'en compter encore), et le carillon du réveil m'avertit que Chapuis avoit choisi cette heure-là pour aller faire les préparatifs du départ. Je me roulai comme en sursaut sur ma paille bruyante, pour lui donner acte de ma présence pendant qu'il battoit méthodiquement le briquet, et qu'il éclairoit sa lanterne sourde. Je crus qu'il n'en finiroit pas. Qu'il me parut long dans ses opérations, et que je maudis la maladresse et les lenteurs de la vieillesse ! Il sortit cependant, et j'entendis la clef retourner sur moi à l'extérieur. Je ne m'en souciois guère. Son dernir cri couvrit fort à propos le bruit de la croisée qui s'ouvroit.

Avant que le prudent Chapuis fût à l'écurie, j'étois, moi, de l'autre côté du village.

Il ne falloit rien moins que mon habitude du pays pour me diriger dans les ténèbres de cette rigoureuse matinée. Il n'y avoit pas dans toute la nature un atome de lumière. Les objets les plus opaques et les plus obscurs ne dessinoient pas le plus foible contour sur l'horizon obscur comme eux. Il ne tomboit pas de pluie, mais l'atmosphère étoit inondée d'une brume noire, épaisse, presque palpable, qui pénétroit mes vêtements et enveloppoit mes membres comme un bain glacé. Je n'avois rien vu, rien deviné, rien imaginé jusqu'alors qui me donnât une idée aussi effrayante de l'Érèbe et du chaos. Je trébuchois contre tous les obstacles, je tombois, je me relevois, je sondois la route du pied et la nuit du regard. Je n'étois orienté que par ma mémoire ou par mon cœur; je disois : Ce doit être là et j'allois toujours.

Quand j'arrivai au *trou du hibou*, je ne le reconnus qu'aux saillies du roc, qui surplomboit dans de certains endroits de manière à m'obliger de baisser la tête, et que je suivois en tâtonnant pour ne pas m'exposer à perdre un pas hors du sentier; car il y alloit de ma vie. Ce sentier étoit effectivement assez large, comme je l'avois dit à Séraphine, pour donner place, dans les passages les plus étroits, à deux paires de pieds comme les miens; mais il étoit coupé dans la pierre vive, et le suintement des eaux qui l'humectoient sans cesse avoit sensiblement incliné sa pente et dégradé son bord exté-

rieur, dont je rencontrois à tout moment les inégalités, quand j'essayois de prendre un peu de terrain pour me délasser de ma contrainte. La bruine se congeloit d'ailleurs en cachant sa surface froide et polie, et le tapissoit d'un verglas glissant, où je n'assurois ma marche qu'avec d'incroyables efforts, en introduisant mes doigts dans toutes les anfractuosités du rocher, en me cramponnant de temps en temps à celles qui étoient assez profondes pour me soutenir, pendant que je reprenois, à la pensée de Séraphine, quelque force et quelque courage. — Tout à coup, j'entendis un bruit singulier, et mes joues furent battues d'un lourd frémissement d'ailes, deux circonstances qui, dans la disposition de mon esprit, n'étoient pas propres à diminuer ma terreur; mais je pensai à l'instant que ce devoit être le hibou, dont mes tracasseries nocturnes avoient troublé la solitude, et bientôt je n'en doutai plus. Il alla s'abattre pesamment à quelques pas de moi, en fixant sur l'usurpateur de ses périlleux domaines des yeux ronds et lumineux.

— Je te remercie, lui dis-je, de venir prêter deux flambeaux à mon voyage; mais je ne m'y fierai qu'autant qu'il le faut pour ne pas te donner l'impitoyable joie de m'entraîner dans les fossés de ta maison de plaisance. Je sais que tu es un hôte insidieux, et je connois, grâce au ciel, pour les avoir toisées de l'œil plus d'une fois, les profondeurs qui nous séparent.

Il me précéda ainsi pendant longtemps encore, voletant, caracolant, miaulant comme un chat, sifflant comme une couleuvre, s'abattant d'espace en espace à des intervalles mesurés, avec un gémissement lamentable, qui auroit figé le sang dans les veines d'une femme. — Je ne craignois plus rien. La route s'étoit élargie. Je courois, je sautois, j'espérois, j'étois content, j'allois la revoir. — Et toutefois, je me promettois bien de revenir par une route plus sûre. J'arrivai à l'allée des marronniers.

La feuillée s'étoit éclaircie depuis mon dernier voyage, et je vis de plus loin vaciller entre les rameaux la foible et pâle lueur qui venoit d'une certaine croisée de la tourelle. Du feu chez Séraphine! pensai-je. Elle est donc malade encore! Je ne m'arrêtai point, je parcourus la terrasse, je cherchai, je trouvai la porte qui s'ouvroit de ce côté; elle céda sous ma main : elle étoit entr'ouverte; cela m'étonna. Je gagnai le corridor; j'atteignis l'entrée du petit escalier en volute qui conduisoit chez Séraphine. Cet escalier étoit aussi éclairé, contre l'usage. Après deux ou trois tours de spirale, je vis que cette clarté provenoit d'une bougie posée sur une marche au-dessus de ma tête, celle de Lila, de la pauvre Lila, qui étoit assise à côté, les coudes sur ses genoux, la tête dans ses mains noires, et qui paroissoit dormir, sans doute parce qu'elle avoit veillé, et que la fatigue venoit de la surprendre en descendant. Je passai près d'elle à petit bruit pour ne pas la déranger de son sommeil. Une lumière encore blanchissoit le palier; elle sortoit de la chambre de Séraphine. Les deux battants

de la porte étoient appuyés aux murailles. La lampe étoit par terre; derrière elle, je discernai deux vieilles femmes que j'avois vues souvent demander l'aumône au château; elles se tenoient accroupies, muettes, occupées, et au mouvement de leurs bras il me sembla qu'elles cousoient quelque chose. Je m'élançai. Elles ne levèrent pas la tête. Je courus à l'alcôve; le lit de Séraphine étoit défait, l'oreiller renversé, les couvertures pendantes : il étoit vide.

Assailli d'idées vagues, confuses, impénétrables, je me retournai vers l'endroit où j'avois vu ces vieilles femmes, pour prendre d'elles des informations sur Séraphine et sur le motif qui l'avoit fait changer de lit; mais il ne me resta plus de forces pour entendre leur réponse. Leur réponse, je la savois déjà. Ce qu'elles cousoient, c'étoit un drap blanc, et ce qu'elles cousoient dans ce drap, c'étoit Séraphine.

On m'a souvent demandé depuis pourquoi j'étois triste.

JEAN-FRANÇOIS

LES-BAS-BLEUS

AN-FRANÇOIS-LES-BAS-BLEUS

En 1793, il y avoit à Besançon un idiot, un monomane, un fou, dont tous ceux de mes compatriotes qui ont eu le bonheur ou le malheur de vivre autant que moi se souviennent comme moi. Il s'appeloit Jean-François Touvet, mais beaucoup plus communément, dans le langage inso- de la canaille et des écoliers, Jean-François *les*

Bas-Bleus, parce qu'il n'en portoit jamais d'une autre couleur. C'étoit un jeune homme de vingt-quatre à vingt-cinq ans, si je ne me trompe, d'une taille haute et bien prise, et de la plus noble physionomie qu'il soit possible d'imaginer. Ses cheveux noirs et touffus sans poudre, qu'il relevoit sur son front, ses sourcils épais, épanouis et fort mobiles, ses grands yeux, pleins d'une douceur et d'une tendresse d'expression que tempéroit seule une certaine habitude de gravité, la régularité de ses beaux traits, la bienveillance presque céleste de son sourire, composoient un ensemble propre à pénétrer d'affection et de respect jusqu'à cette populace grossière qui poursuit de stupides risées la plus touchante des infirmités de l'homme : « C'est Jean-François *les Bas-Bleus*, disoit-on en se poussant du coude, qui appartient à une honnête famille de vieux Comtois, qui n'a jamais dit ni fait de mal à personne, et qui est, dit-on, devenu fou à force d'être savant. Il faut le laisser passer tranquille pour ne pas le rendre plus malade. »

Et Jean-François *les Bas-Bleus* passoit en effet sans avoir pris garde à rien; car cet œil que je ne saurois peindre n'étoit jamais arrêté à l'horizon, mais incessamment tourné vers le ciel, avec lequel l'homme dont je vous parle (c'étoit un visionnaire) paraissoit entretenir une communication cachée, qui ne se faisoit connoître qu'au mouvement perpétuel de ses lèvres.

Le costume de ce pauvre diable étoit cependant de nature à égayer les passants et surtout les étrangers. Jean-François étoit le fils d'un digne tailleur de la rue d'Anvers, qui n'avoit rien épargné pour son éducation, à cause des grandes espérances qu'il donnoit, et parce qu'on s'étoit flatté d'en faire un prêtre, que l'éclat de ses prédications devoit mener un jour à l'épiscopat. Il avoit été en effet le lauréat de toutes ses classes, et le savant abbé Barbélenet, le sage Quintilien de nos pères, s'informoit souvent dans son émigration de ce qu'étoit devenu son élève favori; mais on ne pouvoit le contenter, parce qu'il n'apparoissoit plus rien de l'homme de génie dans l'état de déchéance et de mépris où Jean-François *les Bas-Bleus* étoit tombé. Le vieux tailleur, qui avoit beaucoup d'autres enfants, s'étoit donc nécessairement retranché sur les dépenses de Jean-François, et bien qu'il l'entretînt toujours dans une exacte propreté, il ne l'habilloit plus que de quelques vêtements de rencontre que son état lui donnoit occasion d'acquérir à bon marché, ou des *mise-bas* de ses frères cadets, réparées pour cet usage. Ce genre d'accoutrement, si mal approprié à sa grande taille, qui l'étriquoit dans une sorte de fourreau prêt à éclater, et qui laissoit sortir des manches étroites de son frac vert plus de la moitié de l'avant-bras, avoit quelque chose de tristement burlesque. Son haut-de-chausse, collé strictement à la cuisse, et soigneusement, mais inutilement tendu, rejoignoit à grand'peine aux genoux les bas bleus dont Jean-François tiroit son surnom populaire. Quant à son chapeau à trois cornes, coiffure fort ridicule pour tout le monde, la forme qu'il avoit reçue de l'artisan, et l'air dont Jean-François le portoit, en faisoient sur cette tête si poétique et si majestueuse un absurde contre-sens. Je vivrois mille ans que je n'oublierois ni la tournure grotesque ni la pose singulière du petit chapeau à trois cornes de Jean-François *les Bas-Bleus*.

Une des particularités les plus remarquables de la folie de ce bon jeune homme, c'est qu'elle n'étoit sensible que dans les conversations sans importance, où l'esprit s'exerce sur des choses familières. Si on l'abordoit pour lui parler de la pluie, du beau temps, du spectacle, du journal, des causeries de la ville, des affaires du pays, il écoutoit avec attention et répondoit avec politesse ; mais les paroles qui affluoient sur ses lèvres se pressoient si tumultueusement qu'elles se confondoient, avant la fin de la première période, en je ne sais quel galimatias inextricable, dont il ne pouvoit débrouiller sa pensée. Il continuoit cependant, de plus en plus inintelligible, et substituant de plus en plus à la phrase naturelle et logique de l'homme simple le babillage de l'enfant qui ne sait pas la valeur des mots, ou le radotage du vieillard qui l'a oubliée.

Et alors on rioit; et Jean-François se taisoit sans colère, et peut-être sans attention, en relevant au ciel ses beaux et grands yeux noirs, comme pour chercher des inspirations plus dignes de lui dans la région où il avoit fixé toutes ses idées et tous ses sentimens.

Il n'en étoit pas de même quand l'entretien se résumoit avec précision en une question morale et scientifique de quelque intérêt. Alors les rayons si divergents, si éparpillés de cette intelligence malade se resserroient tout à coup en faisceau, comme ceux du soleil dans la lentille d'Archimède, et prêtoient tant d'éclat à ses discours, qu'il est permis de douter que Jean-François eût jamais été plus savant, plus clair et plus persuasif dans l'entière jouissance de sa raison. Les problèmes les plus difficiles des sciences exactes, dont il avoit fait une étude particulière, n'étoient pour lui qu'un jeu, et la solution s'en élançoit si vite de son esprit à sa bouche, qu'on l'auroit prise bien moins pour le résultat de la réflexion et du calcul, que pour celui d'une opération mécanique, assujettie à l'impulsion d'une touche ou à l'action d'un ressort. Il sembloit à ceux qui l'écoutoient alors, et qui étoient dignes de l'entendre, qu'une si haute faculté n'étoit pas payée trop cher au prix de l'avantage commun d'énoncer facilement des idées vulgaires en vulgaire langage; mais c'est le vulgaire qui juge, et l'homme en question n'étoit pour lui qu'un idiot en bas bleus, incapable de soutenir la conversation même du peuple. Cela étoit vrai.

Comme la rue d'Anvers aboutit presque au collége, il n'y avoit pas de jours où je n'y passasse quatre fois pour aller et pour revenir; mais ce n'étoit qu'aux heures intermédiaires, et par les jours tièdes de l'année qu'éclairoit un peu de soleil, que j'étois sûr d'y trouver Jean-François, assis sur un petit escabeau, devant la porte de son père, et déjà le plus souvent enfermé dans un cercle de sots écoliers, qui s'amusoient du dévergondage de ses phrases hétéroclites. J'étois d'assez loin averti de cette scène par les éclats de rire de ses auditeurs, et quand j'arrivois, mes dictionnaires liés sous le bras, j'avois quelquefois peine à me faire jour jusqu'à lui; mais j'y éprouvois toujours un plaisir nouveau, parce que je

croyois avoir surpris, tout enfant que j'étois, le secret
de sa double vie, et que je me promettois de me confirmer encore dans cette idée à chaque nouvelle expérience.

Un soir du commencement de l'automne qu'il faisoit
sombre, et que le temps se disposoit à l'orage, la rue
d'Anvers, qui est d'ailleurs peu fréquentée, paroissoit
tout à fait déserte, à un seul homme près. C'étoit Jean-
François assis, sans mouvement et les yeux au ciel,
comme d'habitude. On n'avoit pas encore retiré son
escabeau. Je m'approchai doucement pour ne pas le distraire; et, me penchant vers son oreille, quand il me
sembla qu'il m'avoit entendu : — Comme te voilà seul!
lui dis-je sans y penser; car je ne l'abordois ordinairement qu'au nom de l'aoriste ou du logarithme, de
l'hypoténuse ou du trope, et de quelques autres difficultés pareilles de ma double étude. Et puis, je me mordis les lèvres en pensant que cette réflexion niaise, qui
le faisoit retomber de l'empyrée sur la terre, le rendoit
à son fatras accoutumé, que je n'entendois jamais sans
un violent serrement de cœur.

— Seul! me répondit Jean-François en me saisissant par le bras. Il n'y a que l'insensé qui soit seul, et
il n'y a que l'aveugle qui ne voie pas, et il n'y a que

le paralytique dont les jambes défaillantes ne puissent pas s'appuyer et s'affermir sur le sol ..

Nous y voilà, dis-je en moi-même, pendant qu'il continuoit à parler en phrases obscures, que je voudrois bien me rappeler, parce qu'elles avoient peut-être plus de sens que je ne l'imaginois alors. Le pauvre Jean-François est parti, mais je l'arrêterai bien. Je connois la baguette qui le tire de ses enchantements.

— Il est possible, en effet, m'écriai-je, que les planètes soient habitées, comme l'a pensé M. de Fontenelle, et que tu entretiennes un secret commerce avec leurs habitants, comme M. le comte de Gabalis. Je m'interrompis avec fierté après avoir déployé une si magnifique érudition.

Jean-François sourit, me regarda de son doux regard, et me dit : — Sais-tu ce que c'est qu'une planète?

— Je suppose que c'est un monde qui ressemble plus ou moins au nôtre.

— Et ce que c'est qu'un monde, le sais-tu?

— Un grand corps qui accomplit régulièrement de certaines révolutions dans l'espace.

— Et l'espace, t'es-tu douté de ce que ce peut être?

— Attends, attends, repris-je, il faut que je me

rappelle nos définitions... L'espace? un milieu subtil et infini, où se meuvent les astres et les mondes.

— Je le veux bien. Et que sont les astres et les mondes relativement à l'espace?

— Probablement de misérables atomes, qui s'y perdent comme la poussière dans les airs.

— Et la matière des astres et des mondes, que penses-tu qu'elle soit auprès de la matière subtile qui remplit l'espace?

— Que veux-tu que je te réponde?... Il n'y a point d'expression possible pour comparer des corps si grossiers à un élément si pur.

— A la bonne heure! Et tu comprendrois, enfant, que le Dieu créateur de toutes choses, qui a donné à ces corps grossiers des habitants imparfaits sans doute, mais cependant animés, comme nous le sommes tous deux, du besoin d'une vie meilleure, eût laissé l'espace inhabité?...

— Je ne le comprendrois pas! répliquai-je avec élan. Et je pense même qu'ainsi que nous l'emportons de beaucoup en subtilité d'organisation sur la matière à laquelle nous sommes liés, ses habitants doivent l'emporter également sur la subtile matière qui les enveloppe. Mais comment pourrois-je les connoître?

— En apprenant à les voir, répondit Jean-François, qui me repoussoit de la main avec une extrême douceur.

Au même instant, sa tête retomba sur le dos de son escabelle à trois marches ; ses regards reprirent leur fixité, et ses lèvres leur mouvement.

Je m'éloignai par discrétion. J'étois à peine à quelques pas quand j'entendis derrière moi son père et sa mère qui le pressoient de rentrer, parce que le ciel devenoit mauvais. Il se soumettoit comme d'habitude à leurs moindres instances ; mais son retour au monde réel étoit toujours accompagné de ce débordement de paroles sans suite qui fournissoit aux manants du quartier l'objet de leur divertissement accoutumé.

Je passai outre en me demandant s'il ne seroit pas possible que Jean-François eût deux âmes, l'une qui appartenoit au monde grossier où nous vivons, et l'autre qui s'épuroit dans le subtil espace où il croyoit pénétrer par la pensée. Je m'embarrassai un peu dans cette théorie, et je m'y embarrasserois encore.

J'arrivai ainsi auprès de mon père, plus préoccupé, et surtout autrement préoccupé que si la corde de mon cerf-volant s'étoit rompue dans mes mains, ou que ma paume lancée à outrance fût tombée de la rue des Cor-

deliers dans le jardin de M. de Grobois. Mon père
m'interrogea sur mon émotion, et je ne lui ai jamais
menti.

— Je croyois, dit-il, que toutes ces rêveries (car
je lui avois raconté sans oublier un mot ma conversation avec Jean-François *les Bas-Bleus*) étoient ensevelies pour jamais avec les livres de Swedenborg et de
Saint-Martin dans la fosse de mon vieil ami Cazotte ;
mais il paroît que ce jeune homme, qui a passé quelques
jours à Paris, s'y est imbu des mêmes folies. Au reste,
il y a une certaine finesse d'observation dans les idées
que son double langage t'a suggérées, et l'explication
que tu t'en es faite ne demande qu'à être réduite à sa
véritable expression. Les facultés de l'intelligence ne
sont pas tellement indivisibles qu'une infirmité du corps
et de l'esprit ne puisse les atteindre séparément. Ainsi
l'altération d'esprit que le pauvre Jean-François manifeste dans les opérations les plus communes de son
jugement peut bien ne s'être pas étendue aux propriétés de sa mémoire, et c'est pourquoi il répond avec justesse quand on l'interroge sur les choses qu'il a lentement apprises et difficilement retenues, tandis qu'il
déraisonne sur toutes celles qui tombent inopinément
sous ses sens, et à l'égard desquelles il n'a jamais eu

besoin de se prémunir d'une formule exacte. Je serois bien étonné si cela ne s'observoit pas dans la plupart des fous; mais je ne sais si tu m'as compris.

— Je crois vous avoir compris, mon père, et je rapporterois dans quarante ans vos propres paroles.

— C'est plus que je ne veux de toi, reprit-il en m'embrassant. Dans quelques années d'ici, tu seras assez prévenu par des études plus graves contre des illusions qui ne prennent d'empire que sur de foibles âmes ou des intelligences malades. Rappelle-toi seulement, puisque tu es si sûr de tes souvenirs, qu'il n'y a rien de plus simple que les notions qui se rapprochent du vrai, et rien de plus spécieux que celles qui s'en éloignent.

— Il est vrai, pensai-je en me retirant de bonne heure, que les *Mille et Une Nuits* sont incomparablement plus aimables que le premier volume de Bezout; et qui a jamais pu croire aux *Mille et Une Nuits?*

L'orage grondoit toujours. Cela étoit si beau que je ne pus m'empêcher d'ouvrir ma jolie croisée sur la rue Neuve, en face de cette gracieuse fontaine dont mon grand-père l'architecte avoit orné la ville, et qu'enrichit une sirène de bronze, qui a souvent, au gré de mon imagination charmée, confondu des chants poétiques avec le murmure de ses eaux. Je m'obstinai à suivre de l'œil dans les nues tous ces météores de feu qui se heurtoient les uns contre les autres, de manière à ébranler tous les mondes. — Et quelquefois le rideau enflammé se déchirant sous un coup de tonnerre, ma vue plus rapide que les éclairs plongeoit dans le ciel infini qui s'ouvroit au-dessus, et qui me paroissoit plus pur et plus tranquille qu'un beau ciel de printemps.

Oh! me disois-je alors, si les vastes plaines de cet espace avoient pourtant des habitants, qu'il seroit agréable de s'y reposer avec eux de toutes les tempêtes de la terre! Quelle paix sans mélange à goûter dans cette région limpide qui n'est jamais agitée, qui n'est jamais privée du jour du soleil, et qui rit, lumineuse et paisible, au-dessus de nos ouragans comme au-dessus de nos misères! Non, délicieuses vallées du ciel, m'écriai-je en pleurant abondamment, Dieu ne vous a pas créées pour rester désertes, et je vous parcourrai un jour, les bras enlacés à ceux de mon père!

La conversation de Jean-François m'avoit laissé une impression dont je m'épouvantois de temps en temps; la nature s'animoit pourtant sur mon passage, comme si ma sympathie pour elle avoit fait jaillir des êtres les plus insensibles quelque étincelle de divinité. Si j'avois été plus savant, j'aurois compris le panthéisme. Je l'inventois.

Mais j'obéissois aux conseils de mon père; j'évitois même la conversation de Jean-François *les Bas-Bleus,* ou je ne m'approchois de lui que lorsqu'il s'alambiquoit dans une de ces phrases éternelles qui sembloient n'avoir pour objet que d'épouvanter la logique et d'épuiser le dictionnaire. Quant à Jean-François *les Bas-Bleus,* il ne me reconnoissoit pas, ou ne me témoignoit en aucune manière qu'il me distinguât des autres écoliers de mon âge, quoique j'eusse été le seul à le ramener, quand cela me convenoit, aux conversations suivies et aux définitions sensées.

Il s'étoit à peine passé un mois depuis que j'avois eu cet entretien avec le visionnaire, et, pour cette fois, je suis parfaitement sûr de la date. C'étoit le jour même où recommençoit l'année scolaire, après six semaines de vacances qui couroient depuis le 1er septembre, et par conséquent le 16 octobre 1793. Il étoit près de midi, et je revenois du collége plus gaiement que je n'y étois rentré, avec deux de mes camarades qui suivoient la même route pour retourner chez leurs parents, et qui pratiquoient à peu près les mêmes études que moi, mais qui m'ont laissé fort en arrière. Ils sont vivants tous deux, et je les nommerois sans craindre d'en être désavoüé, si leurs noms, que décore une juste illustration, pouvoient être hasardés sans inconvenance dans un récit duquel on n'exige sans doute que la vraisemblance requise aux contes bleus, et qu'en dernière analyse je ne donne pas moi-même pour autre chose.

En arrivant à un certain carrefour où nous nous séparions pour prendre des directions différentes, nous fûmes frappés à la fois de l'attitude contemplative de Jean-François *les Bas-Bleus*, qui étoit arrêté comme un terme au plus juste milieu de cette place, immobile, les bras croisés, l'air tristement pensif, et les yeux imperturbablement fixés sur un point élevé de l'horizon occidental. Quelques passants s'étoient peu à peu groupés autour de lui, et cherchoient vainement l'objet extraordinaire qui sembloit absorber son attention.

— Que regarde-il donc là-haut? se demandoient-ils entre eux. Le passage d'une volée d'oiseaux rares, ou l'ascension d'un ballon?

— Je vais vous le dire, répondis-je pendant que je me faisois un chemin dans la foule, en l'écartant du coude à droite et à gauche. — Apprends-nous cela, Jean-François, continuai-je; qu'as-tu remarqué de nouveau ce matin dans la matière subtile de l'espace où se meuvent tous les mondes?...

— Ne le sais-tu pas comme moi? répondit-il en déployant le bras, et en décrivant du bout du doigt une longue section de cercle depuis l'horizon jusqu'au

zénith. Suis des yeux ces traces de sang, et tu verras Marie-Antoinette, reine de France, qui va au ciel.

Alors les curieux se dissipèrent en haussant les épaules, parce qu'ils avoient conclu de sa réponse qu'il étoit fou, et je m'éloignai de mon côté, en m'étonnant seulement que Jean-François *les Bas-Bleus* fût tombé si juste sur le nom de la dernière de nos reines, cette particularité positive rentrant dans la catégorie des faits vrais dont il avoit perdu la connoissance.

Mon père réunissoit deux ou trois de ses amis à dîner le premier jour de chaque quinzaine. Un de ses convives, qui étoit étranger à la ville, se fit attendre assez longtemps.

— Excusez-moi, dit-il en prenant place; le bruit s'étoit répandu, d'après quelques lettres particulières, que l'infortunée Marie-Antoinette alloit être envoyée en jugement, et je me suis mis un peu en retard pour voir arriver le courrier du 13 octobre. Les gazettes n'en disent rien.

— Marie-Antoinette, reine de France, dis-je avec assurance, est morte ce matin sur l'échafaud peu de minutes avant midi, comme je revenois du collége.

— Ah! mon Dieu! s'écria mon père, qui a pu te dire cela?

Je me troublai, je rougis, j'avois trop parlé pour me taire.

Je répondis en tremblant : C'est Jean-François *les Bas-Bleus*.

Je ne m'avisai pas de relever mes regards vers mon père. Son extrême indulgence pour moi ne me rassuroit pas sur le mécontentement que devoit lui inspirer mon étourderie.

— Jean-François *les Bas-Bleus?* dit-il en riant. Nous pouvons heureusement nous tranquilliser sur les nouvelles qui nous viennent de ce côté. Cette cruelle et inutile lâcheté ne sera pas commise.

— Quel est donc, reprit l'ami de mon père, ce Jean-François *les Bas-Bleus* qui annonce les événements à cent lieues de distance ; au moment où il suppose qu'ils doivent s'accomplir ? un somnambule, un convulsionnaire, un élève de Mesmer ou de Cagliostro ?

— Quelque chose de pareil, répliqua mon père, mais de plus digne d'intérêt ; un visionnaire de bonne foi, un maniaque inoffensif, un pauvre fou qui est plaint autant qu'il méritoit d'être aimé. Sorti d'une famille honorable, mais peu aisée, de braves artisans, il en étoit l'espérance et il promettoit beaucoup. La première année d'une petite magistrature que j'ai exercée ici étoit la dernière de ses études ; il fatigua mon bras à le couronner, et la variété de ses succès ajoutoit à leur valeur, car on auroit dit qu'il lui en coûtoit peu de s'ouvrir toutes les portes de l'intelligence humaine. La salle faillit crouler sous le bruit des applaudissements, quand il vint recevoir enfin un prix sans lequel tous les autres ne sont rien, celui de la bonne conduite et des vertus d'une jeunesse exemplaire. Il n'y avoit pas un père qui n'eût été fier de le compter parmi ses enfants, pas un riche, à ce qu'il sembloit, qui ne se fût réjoui de le nommer son gendre. Je ne parle pas des jeunes filles, que devoient occuper tout naturellement sa beauté d'ange et son heureux âge de dix-huit à vingt ans. Ce fut là ce qui le perdit; non que sa modestie se laissât tromper aux séductions d'un triomphe, mais par les justes résultats de l'impression qu'il avoit produite. Vous avez entendu parler de la belle madame de Saint-A... Elle étoit alors en Franche-Comté, où sa famille a laissé tant de souvenirs et où ses sœurs se sont fixées. Elle y cherchoit un précepteur pour son fils, tout au plus âgé de douze ans, et la gloire qui venoit de s'attacher à l'humble nom de Jean-François détermina son choix en sa faveur. C'étoit il y a quatre ou cinq ans, le commencement d'une carrière honorable pour un jeune homme qui avoit profité de ses études, et que n'égaroient pas de folles ambitions. Par malheur (mais à partir de là, je ne vous dirai plus rien que sur la foi de quelques renseignements imparfaits), la belle dame qui avoit ainsi récompensé le jeune talent de Jean-François étoit mère aussi d'une fille, et cette fille étoit charmante. Jean-François ne put la voir sans l'aimer ; cependant, pénétré de l'impossibilité de s'élever jusqu'à elle, il paroît avoir cherché à se distraire d'une passion invincible qui ne s'est trahie que dans les premiers moments de sa maladie, en se livrant à des études périlleuses pour la raison, aux rêves des sciences occultes et aux visions d'un spiritualisme exalté ; il devint complétement fou, et renvoyé de Corbeil, séjour de ses protecteurs, avec tous les soins que demandoit son état, aucune lueur n'a éclairci les ténèbres de son esprit depuis son retour dans sa famille. Vous voyez qu'il y a peu de fond à faire sur ses rapports, et que nous n'avons aucun motif de nous en alarmer.

Cependant on apprit le lendemain que la reine étoit en jugement, et deux jours après, qu'elle ne vivoit plus.

Mon père craignit l'impression que devoit me causer le rapprochement extraordinaire de cette catastrophe et de cette prédiction. Il n'épargna rien pour me convaincre que le hasard étoit fertile en pareilles rencontres, et il m'en cita vingt exemples, qui ne servent d'arguments qu'à la crédulité ignorante, la philosophie et la religion s'abstenant également d'en faire usage.

Je partis peu de semaines après pour Strasbourg.

où j'allois commencer de nouvelles études. L'époque étoit peu favorable aux doctrines des spiritualistes, et j'oubliai aisément Jean-François au milieu des émotions de tous les jours qui tourmentoient la société.

Les circonstances m'avoient ramené au printemps. Un matin (c'étoit, je crois, le 3 messidor), j'étois entré dans la chambre de mon père pour l'embrasser, selon mon usage, avant de commencer mon excursion journalière à la recherche des plantes et des papillons. — Ne plaignons plus le pauvre Jean-François d'avoir perdu la raison, dit-il en me montrant le journal. Il vaut mieux pour lui être fou que d'apprendre la mort tragique de sa bienfaitrice, de son élève, et de la jeune demoiselle qui passe pour avoir été la première cause du dérangement de son esprit. Ces innocentes créatures sont aussi tombées sous la main du bourreau.

— Seroit-il possible! m'écriai-je... — Hélas! je ne vous avois rien dit de Jean-François, parce que je sais que vous craignez pour moi l'influence de certaines idées mystérieuses dont il m'a entretenu... — Mais il est mort!

— Il est mort! reprit vivement mon père; et depuis quand?

— Depuis trois jours, le 29 prairial. Il avoit été

immobile, dès le matin, au milieu de la place, à l'endroit même où je le rencontrai, au moment de la mort de la reine. Beaucoup de monde l'entouroit à l'ordinaire, quoiqu'il gardât le plus profond silence, car sa préoccupation étoit trop grande pour qu'il pût en être distrait par aucune question. A quatre heures enfin son

attention parut redoubler. Quelques minutes après, il éleva les bras vers le ciel avec une étrange expression d'enthousiasme ou de douleur, fit quelques pas en prononçant les noms des personnes dont vous venez de parler, poussa un cri et tomba. On s'empressa autour de lui, on se hâta de le relever, mais ce fut inutilement. Il étoit mort.

— Le 29 prairial, à quatre heures et quelques minutes? dit mon père en consultant son journal. C'est bien l'heure et le jour!... — Écoute, continua-t-il après un moment de réflexion, et les yeux fixement arrêtés sur les miens, ne me refuse pas ce que je vais te demander! — Si jamais tu racontes cette histoire, quand tu seras homme, ne la donne pas pour vraie, parce qu'elle t'exposeroit au ridicule.

— Y a-t-il des raisons qui puissent dispenser un homme de publier hautement ce qu'il reconnoît pour la vérité? repartis-je avec respect.

— Il y en a une qui les vaut toutes, dit mon père en secouant la tête. La vérité est inutile.

LA NEUVAINE

DE LA CHANDELEUR

LA NEUVAINE

DE LA CHANDELEUR

A vie intime de la province a un charme dont on ne conçoit aucune idée à Paris, et qui se fait surtout sentir dans les premières années de la vie. On peut aimer le séjour de Paris dans l'âge de l'activité, des passions, du

besoin des émotions et des succès; mais c'est en province qu'il faut être enfant, qu'il faut être adolescent, qu'il faut goûter les sentiments d'une âme qui commence à se révéler et à se connoître. Ce n'est pas à Paris qu'on éprouvera jamais ces émotions incompréhensibles que réveillent au fond du cœur le son d'une certaine cloche, l'aspect d'un arbre, d'un buisson, le jeu d'un rayon du soleil sur la ferblanterie d'un petit toit solitaire. Ces doux mystères du souvenir n'appartiennent qu'au village. J'entendois l'autre jour une femme de beaucoup d'esprit se plaindre amèrement de n'avoir point de patrie : « Hélas! ajouta-t-elle en soupirant, je suis née sur la paroisse Saint-Roch. »

Dieu me garde de faire un reproche à Paris de cette légère imperfection. C'est moins un vice qu'un malheur, la grande métropole de la civilisation a d'ailleurs, pour se consoler, tout ce qu'il est possible d'imaginer de séductions et d'amusements : l'Opéra, le bal Musard, la Bourse, l'association des gens de lettres, l'homœopathie, la phrénologie, et le gouvernement représentatif. Je pense seulement que le lot de la province vaut mieux, mais je le pense avec mon esprit de tolérance accoutumé. Il ne faut pas disputer des goûts.

La réminiscence même de ces jeunes et tendres

impressions, qui ne se remplacent jamais, conserve encore une partie de sa puissance, même quand on s'est éloigné par infortune ou par choix des lieux où on les a reçues, et cela se remarque aisément dans les écrivains qui ont un style et une couleur. La prose de Rousseau se ressent de la majesté des Alpes et de la fraîcheur de leurs vallées. On devineroit que Bernardin de Saint-Pierre a vu le jour sur des rives toutes fleuries, et qu'il a été bercé au bruit des brises de l'Océan. Sous le langage magnifique de Chateaubriand, il y a souvent quelque chose de calme et de champêtre, comme le murmure de son lac et le doux frémissement de ses ombrages. J'ai quelquefois pensé que Virgile ne seroit peut-être pas Virgile, s'il n'étoit né dans un hameau.

A la province elle seule, à la petite ville, aux champs, ces charmantes impressions qui deviennent un jour la gracieuse consolation des ennuis de la vieillesse, et ces pures amours qui ont toute l'innocence des premières amours de l'homme dans son paradis natal, et ces chaudes amitiés qui valent presque l'amour! Avec un cœur sensible et une imagination mobile, on rêve tous ces biens à Paris[1]. On ne les y

---

[1] Il est facile de voir, par plusieurs passages de Ch. Nodier, que malgré ses goûts littéraires, il ne se laissa jamais prendre aux séduc-

goûte jamais. Le Dieu qui parloit à Adam a beau vous crier : « Où es-tu ? » il n'y a plus de voix dans le cœur de l'homme qui lui réponde.

tions de la vie artificielle de Paris, et que l'Institut ne lui faisait point oublier ses montagnes. Ce gracieux début de la *Neuvaine de la Chandeleur* nous rappelle une autre page, écrite dans un ton différent, mais qui se rattache au même ordre d'idées, et qui montre ce que notre auteur pensait des grandes villes. Cette page est comme perdue dans un article de journal sur la colonie de Sierra-Leone : nous croyons faire plaisir au lecteur en la transcrivant ici : « Les révolutions hâtent les siècles ; mais elles n'en tiennent pas tout à fait lieu, et le sceptre du monde social appartient encore, pour des siècles sans nombre, à l'heureux Paris. Qu'ils se consolent, les esprits chagrins que l'amour de la gloire nationale tourmente d'inquiétudes si ingénieuses sur notre suprématie politique. Cette suprématie, ce n'est jamais la force des armes qui la donne ; c'est bien moins encore la sagesse des institutions, la parfaite convenance des lois, la jouissance des idées religieuses et morales. Vingt gouvernements, dont l'histoire n'a pas conservé le nom, étoient contemporains de la ville de Tibère et de Caligula, dont la renommée plane sur les âges. Chaque fois qu'une ville immense rassemblera en elle toutes les aberrations de la raison humaine, toutes les folies de la fausse politique, le mépris des vérités saintes, la fureur des nouveautés spécieuses, l'égoïsme à découvert et plus de sophistes, de poëtes et de bateleurs qu'il n'en faudrait à dix générations corrompues, elle sera nécessairement sans rivales la reine des cités. Rome n'avait plus ni ses consuls, ni son sénat, ni ses orateurs, ni ses guerriers, lors des fréquentes irruptions du Nord. Elle n'opposait aux barbares que des mimes, des courtisanes, des gladiateurs, les restes hideux d'une civilisation excessive et dépravée qui sortait de tous les égouts, et Rome demeura la capitale du monde. »

(*Note de l'Éditeur.*)

En province tous les berceaux se touchent, comme des nids placés sur les mêmes rameaux, comme des fleurs écloses sur la même tige, quand, au premier

rayon du soleil, tous les gazouillements, tous les parfums se confondent. On naît sous les mêmes regards, on se développe sous les mêmes soins, on grandit ensemble, on se voit tous les jours, à tous les moments; on s'aime, on se le dit, et il n'y a point de raison pour qu'on finisse de s'aimer et de se le dire. La différence même des sexes, qui nous impose ici une réserve prudente et nécessaire, mais sévère et sérieuse, n'exclut que bien tard ces intimités ingénues, ces délicieuses sympathies qui n'ont pas encore changé d'objet. Ce sont les passions qui marquent cette différence, et l'enfant n'en a point. L'abandon familier des premiers rapports de la vie se prolonge sans danger jusques au delà de cet âge où le moindre abandon devient dangereux, où la moindre familiarité devient suspecte, entre les jeunes filles et les jeunes garçons des grandes villes. Les affections les plus ardentes continuent à se ressentir de la tendresse du frère et de la sœur, et celle-ci est mêlée de trop d'égards et de pudeur pour que les mœurs aient rien à en redouter. Bien plus, l'adolescent qui commence à deviner le secret de ses sens exerce encore une espèce de tutelle sur cette foible enfant qu'il aime, et que la nature et l'amour semblent confier à sa garde. Plus il apprend dans la funeste science des passions, plus il se rend attentif à protéger la douce et timide créature dans laquelle il met son bonheur ou ses espérances. Il ne se contente pas de la défendre contre des inspirations étrangères, il la défend contre lui-même, dans l'intérêt d'un avenir qui leur sera commun. Il la respecte, il la craint.

Et combien de voluptés impossibles à décrire cet amour délicat d'une âme qui vient de se connoître ne laisse-t-il pas à désirer à l'âge qui le suit! Oh! le premier signe de la préférence de cet ange de la pensée, le premier regard expressif que la petite amie adresse à son ami entre les deux battants d'une porte qui se ferme, la première articulation de sa voix pénétrante, qui s'est émue, qui s'est attendrie en passant entre ses lèvres, la première impression d'une main livrée à la main qui l'a saisie, la tiède moiteur de son toucher, le frais parfum de son haleine!... et, bien moins que cela, une fleur tombée de ses cheveux, une épingle tombée de son corset, le bruit, le seul bruit de la robe dont elle vous effleure en courant, c'est cela qui est l'amour, c'est cela qui est le bonheur! Je sais le reste, ou à peu près; mais c'est cela que je voudrois recommencer, si on recommençoit.

On ne recommence plus; mais se souvenir, c'est presque recommencer.

On goûte à Paris les doux loisirs de l'enfance; on y connoît la valeur de ses jeux; on y jouit de ces délicieuses soirées de rien faire qui suivent les jours laborieux de l'étude ; mais ce n'est qu'en province qu'une heureuse habitude prolonge ces innocents plaisirs, sous l'œil attentif des mères, jusque dans l'ardente saison de l'adolescence. On est homme déjà par la pensée, qu'on est encore enfant par les goûts ; on commence à éprouver d'étranges et turbulentes émotions, qu'on subit toujours, à certaines heures d'oubli, des sentiments pleins de grâce et de naïveté. On se demande quelquefois ce qu'il y a de vrai entre le passé que l'on quitte et l'avenir que l'on commence ; mais on devine, en y plongeant un regard inquiet, que l'avenir ne vaudra pas le passé. Il se trouve même des esprits simples et tendres qui seroient volontiers tentés de ne pas aller plus loin, et qui sacrifieroient sans hésiter les voluptés incertaines du lendemain aux pures jouissances de la veille. A dix-huit ans, j'aurois fait ce marché bizarre avec l'ange familier qui préside aux changeantes destinées de l'homme, s'il s'étoit communiqué à mes prières ; et nous y aurions gagné tous les deux, car j'imagine que mon émancipation insensée pourroit bien lui avoir donné quelque chagrin.

Le 24 janvier 1802, je n'en étois pas encore là. J'aimois ces belles jeunes filles, parmi lesquelles je passois les heures les plus douces de la journée, de toute la force d'un cœur accoutumé à les aimer, mais sans fièvre, sans inquiétude et presque sans préférence. Je me trouvois bien parmi elles; je me trouvois mieux tout seul, parce que mon imagination commençoit à se former, dans la solitude, un type qui ne ressembloit à aucune femme, et auquel une seule femme devoit complétement ressembler, quoique j'aie cru le retrouver cent fois. C'étoit mon rêve chéri, et, dans le vague immense où il m'étoit apparu, il me donnoit une idée plus distincte du bonheur que toutes les réalités de la vie. Cependant je ne faisois que l'entrevoir à travers mille formes douteuses; mais je le cherchois toujours, et le délicieux fantôme ne manquoit jamais à mes rêveries. Tantôt il venoit me tirer de ma mélancolie en frappant mon oreille de rires malins, et en balançant sur mon front les noirs anneaux de sa chevelure; tantôt il s'appuyoit sur le pied de ma couche d'écolier, en me regardant d'un œil triste, et en cachant sous une touffe de cheveux blonds une larme prête à couler; et mon cœur gonflé s'élançoit vers lui avec des battements à me rompre la poitrine; car je savois que toute ma félicité consistoit dans la possession de cette image insaisissable qui me refusoit jusqu'à son nom.

Le 24 janvier 1802, nous étions donc réunis, comme

à l'ordinaire, avant l'heure de souper, car on soupoit encore, et nous causions en tumulte autour de nos mères, qui causoient plus gravement de matières non moins frivoles : notre conversation rouloit sur le choix d'un jeu, question fort indifférente au fond, l'intérêt d'un jeu reposant tout entier dans la *pénitence;* et qui ne sait que la *pénitence* est l'accomplissement du devoir qui rachète un *gage?* C'est le moment des aveux, des reproches, des secrets dits à l'oreille, et surtout des baisers. C'est le moment de la soirée pour lequel on vit tout le jour, et celui de tous les moments de la vie qui laisse le moins d'amertume après lui, parce que les sentiments auxquels on commence à s'exercer ne sont pas encore pris au sérieux; quand on est sorti de là une fois avec une de ces idées orageuses qui tourmentent le cœur, c'est qu'on en est sorti pour la dernière fois; le plaisir n'y est plus.

— Nous ne serions pas si embarrassés, dit la brune Thérèse, si Claire étoit arrivée. Claire connoît tous les jeux qu'on a inventés, et, quand par hasard elle ne s'en rappelle aucun, elle en invente un sur-le-champ.

— Elle a bien assez d'imagination pour cela, remarqua Émilie en se mordant les lèvres et en baissant les yeux pour se donner l'air de circonspection dont elle accompagnoit toujours une petite médisance. On craint même qu'elle n'en ait trop, et j'ai entendu dire qu'elle donnoit de temps en temps des marques de folie. Ce seroit un grand malheur pour sa famille et pour ses amies.

— Claire ne viendra pas, s'écria Marianne d'un ton de voix pétulant qui annonçoit qu'elle ne répondoit qu'à sa propre pensée, et qu'elle n'avoit pas entendu l'observation désobligeante d'Émilie ; elle ne viendra pas, j'en suis sûre ! elle commence aujourd'hui la neuvaine de la Chandeleur.

— La neuvaine de la Chandeleur ! dis-je à mon tour ; et à quel propos ? je ne la savois pas si dévote.

— Ce n'est pas par dévotion, reprit Émilie avec une gravité méprisante ; c'est par superstition ou par ostentation.

J'avois oublié de dire qu'Émilie étoit philosophe. Tout le monde se mêloit alors de philosophie, jusqu'aux petites filles.

— Par superstition, répéta Marianne qui ne saisissoit jamais qu'un mot de la conversation la mieux suivie. Par superstition, en effet ; la superstition la plus capricieuse, la plus bizarre, la plus extraordinaire, la plus extravagante...

— Mais encore? interrompis-je en riant. Tu excites notre curiosité sans la satisfaire.

— Bon! répondit Marianne en me regardant avec une expression marquée d'ironie, cela est trop stupide pour un savant de votre espèce! Quant à ces demoiselles, elles n'ignorent pas, j'imagine, que la neuvaine de la Chandeleur est une dévotion particulière des jeunes personnes du peuple, qui a pour objet... Comment dirai-je cela?

— Qui a pour objet?... murmurèrent une douzaine de petites voix, pendant que douze jolies têtes se penchoient vers Marianne.

— Qui a pour objet, reprit Marianne, de connoître d'avance le mari qu'elles auront.

— Le mari qu'elles auront! répétèrent encore les douze voix sur le mode varié d'inflexions que devoient leur fournir douze organisations différentes. Et quel rapport le mari qu'on aura peut-il avoir avec un acte de dévotion comme la neuvaine de la Chandeleur?

— Voilà la question pensai-je tout bas, et je voudrois bien le savoir; mais si Marianne le sait, elle le dira.

— Vous sentez bien que je ne le crois pas, continua-t-elle, et, si je le croyois, je m'en soucierois pas davantage. Que m'importe, à moi, le mari que j'aurai, pourvu qu'il soit honnête homme, qu'il soit aristocrate et qu'il soit riche? Mes parents ne m'en donneront pas un autre. Beau ou laid, jeune ou vieux, aimable ou bourru d'ailleurs, il ne pourra pas se dispenser de me conduire dans les sociétés, dans les bals, dans les spectacles, et de fournir, selon ma fortune, aux dépenses de ma toilette. Le mariage, c'est cela, j'imagine? Et puis, je ne m'en inquiète pas de si loin.

— Ni moi non plus, dit Thérèse en rapprochant sa chaise de celle de Marianne. Mais le moyen?

L'impatience étoit à son comble, et celle de Marianne ne le cédoit pas à la nôtre, car elle prenoit plus de plaisir à parler vite et longtemps que personne au monde n'en prit jamais à écouter. Elle promena donc sur cet auditoire empressé un regard de satisfaction, qu'elle cherchoit à rendre modeste, et elle reprit la parole en ces termes :

— Vous saurez, dit-elle, qu'il n'y a point de dévotion plus agréable à la sainte Vierge que la neuvaine de la Chandeleur, et c'est pour cela qu'on s'est persuadé qu'elle récompensoit par une faveur singulière les personnes qui lui rendoient cet hommage. Quant à moi, je ne le crois pas, et je ne le croirai jamais ; mais Claire le croit fermement parce qu'elle croit tout ce qu'on veut. Elle est si bonne ! Seulement il y a beaucoup de cérémonies et de façon à cette expérience, et j'ai peur de m'embrouiller, si Émilie ne m'aide un peu. Elle étoit près de nous le jour où Claire m'en a parlé.

— Moi? repartit dédaigneusement Émilie. Je ne me mêle pas de vos conversations.

— Je ne dis pas que tu t'en mêles, poursuivit Marianne, mais tu les écoutes. — Il faut donc, ajouta-t-elle après avoir un peu rongé ses jolis doigts, commencer la neuvaine ce soir, à la prière de huit heures, dans la chapelle de la Sainte-Vierge. Il faut ensuite y entendre la première messe tous les jours, et y retourner à la prière tous les soirs jusqu'au 1er février, avec une piété qui ne se soit pas ralentie, avec une foi qui ne se soit pas ébranlée. C'est terriblement difficile. Et puis, le 1er février, c'est bien autre chose, vraiment. Il faut entendre toutes les messes de la chapelle, depuis la première jusqu'à la dernière; il faut entendre toutes les prières et toutes les instructions du soir sans en manquer une seule. Attendez, attendez! j'allois oublier qu'il faut aussi s'être confessée ce jour-là, et que si, par malheur, on n'avoit pas reçu l'absolution, tout le reste seroit peine perdue, car la condition essentielle du succès est de rentrer dans sa chambre en état de grâce. Alors...

— Alors on y trouve un mari ! s'écria Thérèse.

— Tu es bien pressée, répliqua froidement Marianne. Je n'en suis pas encore à la moitié de mes instructions. — Alors on recommence à prier; on s'enferme pour accomplir toutes les conditions d'une retraite sévère; on jeûne, et cependant on dispose tout pour un banquet, mais pour un banquet, à dire vrai, auquel la gourmandise n'a aucune part. La table doit être dressée pour deux personnes, et garnie de deux services complets, aux couteaux près, qu'il faut éviter avec grand soin. Ceci mérite une extrême attention, car il y a des exemples affreux des malheurs auxquels on s'expose en oubliant cette règle. Je vous les raconterai, si vous voulez, tout à l'heure. Je n'ai pas besoin de vous dire que ce couvert exige un linge parfaitement blanc, aussi propre, aussi fin, aussi neuf qu'on puisse se le procurer, et que le bon ordre et le bon goût du petit appartement ne sauroient trop répondre à la bonne mine du festin, car ce sont des choses qu'on a coutume d'observer quand on reçoit une personne de considération...

— Tu nous parles banquets et festins, interrompit

une des jeunes filles, et je n'ai pas encore vu le moindre préparatif de cuisine.

— Je ne peux pas tout dire à la fois, reprit Marianne. Je vous ai prévenues que le repas seroit fort simple. Il se compose de deux morceaux de pain bénit qu'on a rapportés du dernier office, et de deux doigts de vin pur répartis entre les deux couverts, qui occupent, comme de raison, les deux côtés de la table. Seulement, le milieu du service est garni d'un plat de porcelaine ou d'argent, s'il est possible...

— Nous y voilà donc enfin! dit la petite fille.

— Et qui renferme, continua Marianne, deux brins soigneusement bénits de myrte, de romarin ou de toute autre plante verte, le buis excepté, placés l'un à côté de l'autre, et non en croix. C'est encore un point qu'il est très-essentiel d'observer.

— Ensuite? demanda Thérèse.

Et le cercle tout entier répéta sa question comme un écho.

— Ensuite, répondit Marianne, on rouvre sa porte pour faire passage au convive attendu, on prend place à table, on se recommande bien dévotement à la sainte Vierge, et on s'endort en attendant les effets de sa protection, qui ne manquent jamais de se manifester, suivant la personne qui les implore. Alors commencent d'étranges et admirables visions. Celles pour qui le Seigneur a préparé sur la terre quelque sympathie

inconnue voient apparoître l'homme qui les aimera, s'il les trouve, qui les auroit aimées, du moins, s'il les avoit trouvées; le mari que l'on auroit, si des circonstances favorables le rapprochoient de nous; et heureuses celles qui le rencontrent! Ce qu'il y a de rassurant, c'est qu'on prétend qu'un privilége particulier de la neuvaine est de procurer le même rêve au jeune homme dont on rêve, et de lui inspirer la même impatience de se rejoindre à cette moitié de lui-même qu'un songe lui a fait connoître. C'est là le beau côté de l'expérience. Mais malheur aux jeunes filles curieuses dont le ciel ne s'est pas occupé dans la distribution des maris, car elles sont tourmentées par des pronostics effrayants. Les unes, destinées au couvent, voient, dit-on, défiler lentement une longue procession de religieuses, chantant les hymnes de l'Église; les autres, que la mort doit frapper avant le temps, et cela glace le sang dans les veines, assistent vivantes à leurs propres funérailles. Elles se réveillent en sursaut à la clarté des torches funèbres et au bruit des sanglots de leur mère et de leurs amies, qui pleurent sur un cercueil drapé de blanc.

— Je prends Dieu à témoin, dit Thérèse en se retirant un peu, que je ne m'exposerai jamais à de pareilles terreurs. On tremble seulement d'y penser.

— Tu pourrois cependant t'y exposer sans crainte, répliqua Émilie. Je suis caution que tu dormirois jusqu'au matin d'un bon sommeil, et qu'il faudroit t'éveiller, comme à l'ordinaire, pour prendre ta leçon d'italien.

— C'est mon avis, reprit Marianne, et je serois bien étonnée si ce n'étoit pas aussi celui de Maxime, qui paroît abîmé dans ses réflexions, comme s'il cherchoit à expliquer un passage difficile de quelque auteur grec ou latin.

— Je ne sais, répondis-je en revenant à moi, et vous me permettrez de ne pas me prononcer si vite sur une croyance appuyée du témoignage du peuple, qui se fonde presque toujours lui-même sur l'expérience. La question vaut bien, selon moi, la peine d'être étudiée; mais, pardonne, chère Marianne, continuai-je en lui adressant la parole, si les détails que tu viens de nous donner avec ta grâce accoutumée ont laissé quelque chose à désirer à mon esprit. Tu n'as mis en scène, dans ton récit, qu'une jeune fille inquiète de son avenir; et tu conviendras sans peine que le même doute peut tourmenter l'imagination d'un jeune homme. Penses-tu que la neuvaine de la Chandeleur ne produise son effet que pour les femmes, et que la sainte Vierge n'accorde pas les mêmes grâces aux prières des garçons?

— Nullement, s'écria Marianne, et je te demande pardon de ma distraction. La neuvaine de la Chandedeur, accomplie dans ce dessein, a la même efficacité pour toutes les personnes à marier, et le sexe n'y fait rien. Aurois-tu l'envie étrange de t'en assurer?...

— Vraiment, dit Émilie en relevant de côté ses lèvres pincées, il feroit beau voir un jeune homme raisonnable, qui recherche la société des gens éclairés, et dont le père étoit l'ami de M. de Voltaire, donner, comme Claire, comme un enfant honnête, mais sans instruction, dans ces honteuses folies !

Je ne répliquai pas, et je n'aurois pas eu beau jeu contre Émilie, qui n'avoit pas lu Voltaire, mais qui le citoit avec d'autant plus d'autorité que personne entre nous ne l'avoit lu. Je me levai doucement, sous l'apparence de quelque préoccupation subite; je me glissai peu à peu derrière le banc des mères, je m'emparai de mon chapeau, et je courus à la chapelle de la Sainte-Vierge, pour y commencer la neuvaine de la Chandeleur.

Je n'étois pas fort dévot; je ne pouvois l'être ni par habitude d'imitation, ni par l'effet d'une conviction raisonnée; mais je trouvois la religion belle, je la croyois bonne, je respectois ses pratiques sans les suivre, j'admirois ses dévouements sans les imiter; j'avois la foi du sentiment, qui est peut-être la plus sûre, et je professois dès lors une haine instinctive contre cet esprit d'examen qui a tout détruit, ou qui détruira infailliblement tout ce qu'il n'a pas détruit encore. Je ne connoissois, en vérité, aucune objection plausible contre la neuvaine de la Chandeleur.

— Pourquoi cela ne seroit-il pas ainsi? me demandai-je à moi-même quand j'eus fait quelques pas vers l'église. La nature a vingt mystères plus merveilleux que celui-là, et qu'il n'est jamais arrivé à personne de mettre en doute. Des corps grossiers, et insensibles en apparence, ont entre eux des affinités qui les appellent les uns vers les autres à travers un espace incalculable : l'aiguille aimantée, consultée sous l'équateur, sait de là reconnaître le pôle; un papillon qui vient d'éclore vole, sans se tromper, à sa femelle inconnue; le pollen du palmier se livre aux vents du désert, et va féconder sur leurs ailes une fleur solitaire qui l'attend. A l'homme seul, si privilégié d'ailleurs entre tous les êtres créés, il seroit interdit de pressentir sa destinée, et de se joindre à cette partie essentielle de lui-même que Dieu a mise en réserve pour lui dans les trésors de sa Providence! Ce seroit calomnier la puissance et la bonté du Père commun que de croire à cet oubli. Mais, si l'homme avoit perdu cet avantage par une faute dont l'expiation est

imposée à toute sa race ! repris-je avec inquiétude...
— Eh bien, l'intercession de Marie implorée avec confiance ne suffit-elle pas à le relever de sa condamnation? A qui appartient-il mieux qu'à la pure et douce Marie de protéger les chastes amours et les penchants vertueux? N'est-ce pas là sa plus belle mission dans le ciel? Oh! si le mythe merveilleux qui est caché sous cette croyance du peuple n'est pas vrai comme je le crois vrai, il faut convenir qu'il devroit l'être !

Les esprits froids, qui ne comprennent pas le charme de la dévotion pratique, m'ont toujours beaucoup étonné ; le dédain des œuvres pieuses me paroît encore plus incompréhensible dans ces âmes vives et passionnées pour lesquelles la vie positive n'a pas de sensations assez fortes, et qui sont obligées d'en demander incessamment de nouvelles à l'imagination et au sentiment. Que sont, grand Dieu! les hypothèses de la philosophie et des sciences, le prestige des arts et les inventions de la poésie, auprès de cette poésie du cœur qui s'éveille aux inspirations de la religion, et qui transporte la pensée dans une région d'idées sublimes où tout est prodige, et où cependant tout est vérité! Il faut croire, sans doute ; mais ce qu'il faut croire est mille fois plus probable, mille fois plus facile à croire, s'il est permis de comparer des choses si étrangères, que tout ce qu'il est nécessaire de croire dans les rapports communs de la vie sociale, pour la supporter sans

amertume et sans dégoût. Examinons, au bout de quelques années, les sensations dont nous avons joui avec le plus d'ivresse, et nous n'en trouverons peut-être pas une qui ne soit une erreur et un mensonge ; les illusions que nous avons goûtées, tout en les prenant pour des illusions, n'étoient pas plus fausses, hélas! que celles que nous avons prises pour des réalités. Et nous dédaignons la religion, si féconde en joies ineffables, en consolations, en espérances, la religion qui seroit encore le bonheur le plus pur et le plus complet de l'humanité, si elle n'étoit qu'une illusion! celle-là au moins n'auroit pas les angoisses du désabusement et du regret. On n'en est pas détrompé sur la terre!

J'avois donc rempli, avec une joie nouvelle pour moi, toutes les obligations de la neuvaine, et, comme si l'habitude de ces exercices avoit élevé ma raison elle-même à une hauteur qu'elle n'avoit jamais pu atteindre auparavant, je me faisois quelque reproche de m'y être livré dans le seul objet de satisfaire à une curiosité puérile. C'étoit, en effet, ma confiance aveugle pour de misérables contes d'enfants qui m'avoit inspiré tant d'actes de soumission et de foi dont une piété plus sincère et plus désintéressée se seroit fait un devoir, et dont j'osois attendre la récompense, comme si je ne l'avois pas trouvée dans la satisfaction de mon propre cœur. Ce remords me saisit surtout au moment où, mes préparatifs achevés et ma porte ouverte à l'apparition prochaine, je me disposois à proférer ma dernière prière. Il est probable que j'y exprimai plus de regrets que de vœux, et je ne sais si cette réparation fut agréée, mais je pus du moins m'en flatter, à la douce sérénité qui rentra dans mes sens, qui calma en un moment toutes les agitations de mon esprit; j'eus à peine regagné mon fauteuil, que j'y fus surpris du sommeil le plus profond.

Je ne sais combien il dura, ni comment s'éclaircirent les ténèbres dans lesquelles il m'avoit plongé; mais il me sembla tout à coup que j'avois cessé de dormir. Ma chambre reprit son aspect accoutumé, à la lueur vacillante de mes bougies. Je discernai tous les objets, j'entendis tous les bruits, ces bruits foibles, indéterminés, sans origine sensible, qui semblent ne s'élever un moment que pour rassurer l'âme contre l'envahissement du silence éternel. Le parquet extérieur ne crioit pas, mais il rendoit un petit murmure, comme s'il avoit été caressé d'une touffe de plume ou d'un bouquet de fleurs. Je tournai les yeux vers ma porte, et j'y vis une femme; je voulus m'élancer pour aller la recevoir, et une puissance invincible me retint à ma place. J'essayai de parler, et les paroles restèrent clouées à ma langue. Ma raison ne se perdit pas dans ce mystère; elle comprit que c'étoit un mystère, et que les prières de ma neuvaine étoient exaucées.

L'inconnue s'approcha lentement, sans m'aperce-

voir peut-être, comme si elle avoit obéi à une sorte

d'instinct, d'impulsion irrésistible. Elle arriva au fauteuil que je lui avois préparé, s'assit et resta ainsi exposée à ma curiosité, dont rien ne réprimoit l'impatience, car elle avoit toujours les yeux baissés. J'attachai sur elle des regards enhardis par son immobilité, par son silence. Je ne l'avois certainement jamais vue, et j'éprouvai cependant, au milieu de la conscience vague d'un songe, la conviction que cette existence, étrangère à tous mes souvenirs, n'en étoit pas moins réelle et vivante. L'imagination même de mon âme, épurée par le recueillement et par la prière, ne devoit rien produire qui approchât de ce rêve. Il appartenoit à un ordre d'inspirations auquel l'homme ne sauroit s'élever de lui-même, et que cette science délicate et choisie de la sensation qu'on appelle aujourd'hui l'esthétique est incapable de contrefaire. Ma métaphysique d'écolier philosophe veilloit encore dans mon sommeil, mais elle s'humilioit devant l'œuvre de la puissance de Dieu. Je comprenois qu'une création aussi pure et aussi parfaite ne pouvoit pas être mon ouvrage.

Je ne parlerai pas de la beauté de cette jeune fille; on ne fait pas de portraits avec des mots. J'ai douté quelquefois qu'on pût en faire avec des traits et avec des couleurs. Il y a dans l'ensemble de toutes les formes d'un être animé je ne sais quel jeu de passion et de vie qui ne se se reproduit guère mieux sous le pinceau que sous la plume, et ce qui n'est pas moins sûr, c'est que la signification de cet ensemble n'est pas également intelligible pour tout le monde. Chacun la lit selon son aptitude à en démêler les caractères, à en pénétrer le sens, à s'en approprier l'esprit. Quand elle est montée au ton d'une parfaite harmonie avec l'intelligence et la sensibilité de celui qui regarde, elle se sent mille fois mieux qu'elle ne s'analyse, et l'effet en est trop saisissant, trop simultané, pour laisser la moindre place à l'observation des détails. J'imagine qu'il faut être déjà un peu blasé sur les impressions de l'amour pour s'arrêter à l'effet piquant d'un pli de la lèvre ou du sourcil, d'une dent qui se soulève presque imperceptiblement sur son clavier d'émail, d'une petite boucle de cheveux rebelles, échappée à l'arrangement de la coiffure. Les sympathies puissantes qui décident de la vie tout entière procèdent d'une manière plus soudaine, et on se rappelle que l'apparition de la Chandeleur ne s'accomplit qu'en raison d'une sympathie complète et absolue entre les personnes qu'elle met en rapport. Je ne me demandai pas pourquoi j'aimois cette femme, je ne me demandai pas même si je l'aimois; je sus que je l'aimois. Je me dis ce que dut se dire Adam quand Dieu combla le bienfait de la création en lui donnant une épouse : J'achève d'être ; je suis !

L'étrangère paroissoit habillée, comme moi, pour un festin de fiançailles ; mais ses vêtements n'étoient pas familiers aux nouvelles mariées de ma province. Ils me rappeloient ceux que j'avois remarqués plusieurs fois, en pareille circonstance, dans une ville peu éloignée que l'invasion de nos armes et de nos doctrines venoit d'attacher à la République. C'étoit le costume piquant et gracieux de Montbelliard, que la société la plus élevée du pays conservoit encore par tradition dans certaines cérémonies solennelles, et qui est probablement abandonnée aujourd'hui par le peuple lui-même. Elle avoit déposé à côté d'elle, sur la table, un de ces petits sacs à mailles d'acier poli dans lesquels les jeunes femmes renfermoient alors ces légers chiffons qu'il leur plaisoit d'appeler leur ouvrage, et je n'avois pas tardé à m'apercevoir que sa plaque étoit décorée de deux lettres relevées en clouterie d'acier, qui devoient être les initiales des deux noms de ma future ; mais j'aurois mieux aimé les apprendre tout entiers de sa bouche. Malheureusement le charme qui m'avoit interdit la parole n'étoit pas rompu, et toutes les facultés, toutes les puissances de mon âme, avoient passé dans mes yeux, car ils venoient de rencontrer les siens. La fascination de ce regard céleste auroit suffi d'ailleurs pour me rendre muet. Je concevois à peine la possibilité d'en supporter l'expression sans mourir, et je ne devois sans doute la force de résister à une émotion si vive qu'au privilége de la neuvaine, dont mon esprit n'oublioit point le mystère. C'est que jamais le feu d'une tendresse innocente n'anima des yeux plus doux et ne révéla mieux ces secrets ineffables du pur amour, pour lesquels aucune voix humaine ne sauroit trouver des paroles. Cependant un nuage étrange obscurcit tout à coup ses paupières. Il sembla qu'une notion confuse de l'avenir qui venoit d'éclore dans sa pensée s'y manifestoit peu à peu sous une forme plus sensible, et l'accabloit d'une horrible certitude. Son sein palpita, ses cils s'humectèrent de quelques pleurs qu'elle cherchoit à retenir; elle repoussa doucement de la main le pain et le vin que j'avois placés devant elle, se saisit avec ardeur d'un des brins de myrte bénit, et le fit passer sous un des nœuds de son bouquet. Ensuite elle se leva et reprit le chemin par où elle étoit venue. Je triomphai alors de l'horrible contrainte qui m'enchaînoit à ma place, et je m'élançai sur ses pas pour en obtenir un mot de consolation et d'espérance. — Oh! qui que vous soyez, m'écriai-je, ne m'abandonnez pas à l'horrible regret de vous avoir vue et de ne pouvoir vous retrouver! Songez que mon avenir dépend de vous, et ne faites pas un malheur éternel du plus doux moment de ma vie! Apprenez-moi du moins si je pourrai presser une fois encore cette main que je couvre de larmes, si je pourrai vous voir encore une fois!...

— Une fois encore, répondit-elle, ou jamais!... Jamais! répéta-t-elle avec un cri douloureux.

En parlant ainsi, elle s'échappa. Je sentis mes forces me manquer et mes jambes défaillir. Je cherchai un point d'appui, je m'y fixai, je m'y abandonnai sans résistance. Le plus obscur des voiles du sommeil avoit remplacé sur mes yeux le voile transparent des songes. Je ne fus réveillé qu'au grand jour, par les éclats de rire d'un domestique qui enlevoit les apprêts de ma collation nocturne, et qui attribuoit cet appareil à des fantaisies de somnambule, auxquelles j'étois en effet sujet. Je ne m'en défendis pas, mais j'oubliai de m'assurer, dans mon trouble et dans ma confusion, si les deux brins de myrte avoient été retrouvés; c'étoit la seule circonstance qui pût donner à mon rêve une espèce de réalité positive, ou la lui faire perdre. Dans le doute, un esprit plus grave que le mien se seroit abstenu ; il auroit regardé l'étrange illusion de la nuit précédente comme l'effet d'une longue préoccupation,

de l'imagination, du jeûne, et on est libre de croire que ce n'étoit pas autre chose. Mais un amoureux de vingt ans, qui aime pour la première fois, n'est pas capable de tant de raisonnements. Et j'aimois de toute la puissance de mon cœur, et avec frénésie, cette jeune fille inconnue qui peut-être n'existoit pas.

Je n'étois pas d'un caractère qui se déprît facilement des idées dont il s'étoit fortement occupé une fois. Celle-là devint mon idée fixe, l'unique pensée de ma vie, le seul but de ma destinée. J'abandonnai tout à fait ce monde innocent et doux dans lequel s'étoient renfermés jusque-là mes habitudes et mes plaisirs; je cherchai la solitude, parce que la solitude étoit la seule manière d'être où je pusse m'entretenir librement avec moi-même de mes vœux et de mes espérances. A quelle docile amitié, à quelle crédulité complaisante aurois-je osé les confier? Il me sembloit, dans mon délire, qu'une circonstance prochaine, presque aussi imprévue que celle qui m'avoit montré ma fiancée imaginaire, ne tarderoit pas à la ramener sous mes yeux; je l'attendois, je croyois la rencontrer dans toutes les femmes inconnues que le hasard me faisoit apercevoir de loin, et partout elle m'échappoit comme dans le rêve où je l'avois vue. Cette succession perpétuelle d'illusions et de désabusements finit par prendre un ascendant funeste sur mon esprit; elle étoit devenue une manie assidue, invincible, inexorable. Ma raison et ma santé cédèrent à la fois, et la médecine, vainement appelée à mon lit de douleur, renonça en peu de jours à l'espoir de me guérir. La médecine ne pouvoit deviner la cause de mon mal, et une juste pudeur m'empêchoit de l'avouer.

Je n'avois cependant négligé aucun moyen de découvrir ma mystérieuse amie. Les initiales du sac en filet d'acier n'étoient pas sorties de ma mémoire, et je les avois fait connoître, sous la réserve d'un profond secret, à un de mes jeunes camarades d'étude qui habitoit Montbéliard, en y joignant le portrait le plus circonstancié de la jeune fille dont elles devoient exprimer le nom. La description ne pouvoit pas manquer de ressemblance : les traits, hélas ! en étoient trop profondément empreints dans mon cœur, où je sens qu'ils vivent encore. Quant au danger de l'exagération, rien n'étoit moins à craindre. Quelle expression, quel langage paroîtroit exagéré à ceux qui l'auroient vue?

La réponse avoit tardé longtemps. Elle vint tout à coup ranimer mon cœur dans un de ces moments d'angoisse extrême où mes forces épuisées ne sembloient plus capables de lutter avec la mort. L'être idéal que j'avois rêvé dans la nuit de la Chandeleur existoit réellement; la ressemblance étoit parfaite. On avoit reconnu la personne que je désignois avec tant de soin, à tous les traits de ce signalement fidèle, et même à un petit signe empreint derrière le cou, qu'elle m'avoit laissé apercevoir dans sa fuite. Elle s'appeloit Cécile Savernier, et ces noms commençoient par les deux lettres que je me souvenois si bien d'avoir lues sur le sac en mailles d'acier. Elle habitoit ordinairement, seule avec son père, une maison située à quelque distance de la ville, et c'étoit cette particularité qui avoit rendu les informations plus difficiles et plus lentes. Depuis quelque temps ils étoient rentrés à Montbéliard, où les grâces et la beauté de Cécile faisoient l'objet de toutes les conversations. Mon officieux condisciple, qui regardoit ces renseignements comme les préliminaires d'une demande en mariage dans laquelle j'avois consenti à servir d'intermédiaire, se croyoit obligé d'insister sur les qualités incomparables de mademoiselle Savernier ; mais il finissoit par ajouter, non sans exprimer quelque regret, qu'elle avoit peu de fortune. Cette circonstance ne me fut pas moins agréable que les autres ; car ma fortune ne me permettoit pas d'aspirer à un mariage opulent, et il n'y avoit d'ailleurs rien de plus éloigné de ma manière de comprendre le mariage.

Je n'avois plus rêvé. Mon illusion prenoit un corps, ma chimère devenoit une réalité. C'étoit Cécile Savernier que j'aimois, et Cécile n'étoit plus l'enfant capricieux de mes songes. Elle existoit à quelques lieues de moi ; je pouvois, je devois la trouver, et passer près d'elle, avec elle, une vie tout entière, douce comme la première pensée de l'amour. Ma langueur disparut avec mes inquiétudes ; ma santé se raffermit ; il ne me resta de mon mal qu'un peu de trouble et de foiblesse, et mon père, consolé, plus heureux de jour en jour, se réjouit enfin de l'espoir assuré de ma guérison. Un jour qu'il pressoit ma main avec tendresse, appuyé sur le lit que je n'avois pas encore quitté : — Dieu soit loué ! me dit-il, tu as su triompher de ta douleur, et tu me rendras mon fils ! je t'en remercie.

— Ma douleur, répondis-je, en me rapprochant de lui pour l'embrasser, croyez-vous en avoir le secret ?...

— Oh ! reprit-il en souriant, tous les chagrins de ton âge viennent de l'amour, je les ai connus comme toi. Je vois aujourd'hui d'assez loin ceux qui ont tourmenté ma jeunesse pour n'y penser qu'avec dédain ; mais je sais qu'ils peuvent être mortels. Aussi n'aurois-je pas hésité à voler au-devant de tes vœux s'ils avoient pu être remplis. Je te félicite d'avoir pris ton parti contre un malheur inévitable que l'avenir ne tardera pas à réparer, et que tu compteras gaîment un jour parmi les folles déceptions d'une imagination de dix-huit ans. Promets-moi seulement de me mettre le premier dans ta confidence, quand un nouveau sentiment surprendra ton cœur. Nous en parlerons sérieusement

ensemble, comme deux amis, dont l'un a sur l'autre l'avantage de l'expérience, et je m'engage, si tu persistes, à ne rien épargner pour te rendre heureux ! **Dis-moi** sincèrement, cher enfant, si cet arrangement te convient.

Je saisis la main de mon père, et je la portai à mes lèvres.

— Vous êtes le meilleur des pères, répliquai-je, et votre fils ne l'a pas oublié un moment; mais êtes-vous bien sûr de ne pas vous tromper sur la cause de ma maladie? Je ne comprendrois pas que vous l'eussiez devinée!...

— Cela n'étoit pas si difficile que tu te l'imagines, dit mon père avec un nouveau sourire. C'étoit l'amour, et tes regards ou ton silence me l'ont dix fois avoué. Il ne s'agissoit plus que d'en chercher l'objet parmi les jeunes filles qui font partie de notre société habituelle. Ce n'étoit pas Thérèse; elle est trop légère et d'un esprit trop superficiel pour t'occuper. Ce n'étoit pas Marianne, dont le babillage t'amuse, mais qui n'a ni solidité dans l'esprit, ni tendresse réfléchie dans l'âme, et qui n'est bonne que par instinct. Ce n'étoit pas Émilie, qui est froide, pincée, raisonneuse, et qui a appris à lire dans le baron d'Holbach. Ce ne pouvoit être que ta cousine Claire, qui est jolie, qui est simple, qui est modeste, et dont l'exaltation naïve s'accorde assez bien avec le tour de ton esprit. Crois-tu que je m'entende si mal à deviner?.

— Claire! m'écriai-je dans une sorte d'élan qui put

tromper mon père, car il étoit bien loin d'en connoître le sujet.

C'étoit précisément cette jeune fille qui avoit fait la neuvaine de la *Chandeleur* en même temps que moi, et dont l'exemple m'avoit suggéré cette idée.

— En vérité, continuai-je après un moment de réflexion, vous avez eu raison de supposer que je préférois Claire à toutes les autres. J'aime Claire comme amie, comme parente, comme une personne excellente qui sera, j'espère, une digne femme et une digne mère; mais je n'ai jamais pensé à la faire ma femme et la mère de mes enfants!... Croyez, je vous prie, à la sincérité de mes paroles.

Mon père me regarda d'un air étonné.

— Je n'ai aucune raison pour en douter, me dit-il; mais ta réponse a trompé mes conjectures. Ce n'est donc pas le mariage de Claire qui t'a réduit à cet état de mélancolie auquel je t'ai vu près de succomber, et qui m'a causé tant d'affreux soucis ?...

Claire se marie ? repartis-je en me soulevant sur mon lit... Claire se marie! dites-vous... Oh! rassurez-vous, mon ami! je ne vous ai pas trompé. Ce transport n'est que de la joie : puisse ce mariage être conforme aux intentions du ciel, et la combler d'un parfait bonheur!..

— Je le souhaite, reprit mon père, et j'aime à l'espérer, quoiqu'il ait quelque chose de fort extraordinaire. Claire avoit refusé cette année trois établissements très-avantageux, et sa mère la croyoit disposée à embrasser la vie religieuse, dont elle suivoit les pratiques avec une singulière ardeur, quand un jeune homme inconnu, presque arrivé de la veille, a obtenu son consentement dès le premier entretien. Les renseignements ont été favorables, et les deux familles se sont promptement trouvées d'accord. Claire se trouve heureuse de cette union, que la sainte Vierge lui prépare, dit-elle, depuis le jour de la *Chandeleur*. Tu reconnois là cette imagination mystique et romanesque à la fois, qui m'avoit fait croire à quelque sympathie entre vous.

— Je vous proteste, mon ami, que je comprends à merveille le mariage de Claire, et que je ne pense pas qu'elle en eût jamais pu faire un meilleur.

— A la bonne heure, répliqua-t-il en éclatant de rire, et cela dépend de votre manière de voir à tous deux. Mais nous ne parlons pas du tien?

— Pensez-vous qu'il soit déjà temps de s'en occuper? Je n'ai pas vingt ans!

— Entre nous, c'est une affaire qui te regarde; mais pourquoi pas? Je me suis marié trop tard, ou les années ont coulé trop vite, et je laisserois à goûter les plus douces joies de la vie si je mourois sans avoir été aimé d'une fille que tu m'aurois donnée, sans avoir joué avec des enfants, sans confier le souvenir de mes traits et celui de ma tendresse à la mémoire d'une génération nouvelle qui sera sortie de moi. C'est là, mon ami, l'immortalité matérielle de l'homme, la seule que la foiblesse de nos organes et de notre intelligence nous permette de pressentir clairement. L'autre est un grand mystère que la religion et la philosophie s'abstiennent prudemment d'expliquer. Ton mariage, à toi, est donc devenu l'objet principal de mes pensées, de mes espérances, et je te dirai franchement que je m'en suis beaucoup occupé depuis la *Chandeleur* dernière...

— Depuis la *Chandeleur*, mon père!...

— Depuis la *Chandeleur*, répliqua-t-il en témoignant un peu de surprise et en me regardant fixement. C'est le temps où les idées de mariage commencent à fermenter, avec la jeune saison, dans le cœur des jeunes gens, et viennent éveiller la sollicitude des pères, car il y a entre les uns et les autres de secrètes harmonies d'instinct et de prévoyance; mais je me rappelle que cette date a pu te remettre en mémoire la folle préoccupation de notre pauvre Claire. Ce qu'il y a de certain, c'est que j'ai conçu le même projet pour toi à la même époque, et selon toute apparence à l'insu de la sainte Vierge. Si j'ai négligé de t'en parler, tu en connois les raisons. Alors commençoit pour toi cette longue période de maladie dont tu es à peine sorti, et qui m'a fait craindre pour ta vie. Si l'amour n'est pour rien dans tes souffrances, nous sommes encore à temps aujourd'hui pour parler de mes vues, mais sans qu'elles puissent tirer à conséquence le moins du monde, au cas où elles auroient le malheur de contrarier les tiennes ; car j'entends expressément que ton choix et ton établissement restent libres, et je ne me départirai jamais de cette promesse.

— Vous me comblez de reconnoissance et de joie, m'écriai-je en m'asseyant sur mon lit et en rajustant mes habits, car je sentois mes forces se raffermir avec l'espoir de retrouver et d'obtenir Cécile. J'attends de votre tendresse que vous ne m'imposerez point un engagement auquel je ne puis souscrire, et que je ne saurois contracter sans violer les plus saintes obligations. Je vous jure de mon côté, mon unique et parfait ami, que je n'aurai jamais de secret pour votre cœur, et que je ne ferai entrer de ma vie dans votre maison une fille que vous n'aurez pas adoptée d'avance.

— Comme tu voudras, dit mon père; et cependant cette idée, dont il faut bien que je te fasse le sacrifice, étoit le plus doux des rêves de ma vieillesse. Laisse-moi du moins t'en parler pour la dernière fois. Je n'ai peut-être jamais prononcé devant toi le nom d'un de ces amis d'enfance dont le souvenir rappelle un jour les seules amitiés réelles que l'on ait goutées dans la vie, les amitiés sincères et désintéressées du collége. Celui-là n'étoit pourtant pas sorti de ma mémoire; mais une grande différence de vocation, d'habitudes et de domicile sembloit nous avoir séparés pour toujours. Il étoit devenu colonel d'artillerie; il émigra, et cette dernière circonstance rendit notre éloignement plus irrévocable : car j'avois suivi, comme tant d'autres, le mouvement de la révolution, quand j'étois loin d'en prévoir encore le but et les résultats. Heureusement cette direction passagère d'un esprit trompé par les apparences m'avoit valu un crédit politique que j'ai eu la consolation de voir quelquefois utile. Mon ami, désabusé à son tour d'un autre genre d'erreurs, regrettoit le séjour de la patrie, toujours si chère aux cœurs bien nés. Je parvins à obtenir sa radiation et à lui rendre ses foyers, le champ paternel et l'air natal. Nous ne nous sommes pas revus depuis; mais ses lettres ne cessent de me témoigner une tendre reconnoissance qui récompense bien doucement mes efforts. Des confidences réciproques nous ont mis au fait des plus petits détails de notre intérieur et de notre fortune. Mon vieil ami Gilbert sait que j'ai un fils sur lequel repose tout mon avenir, et que des rapports multipliés lui ont fait connoître, dit-il, sous le point de vue le plus avantageux; il a une fille de seize ans dont l'éloge est dans toutes les bouches, et qui fera certainement le bonheur de son mari comme elle a fait celui de son père. Je ne te cache point que nous avions vu dans cette union projetée un agréable moyen de nous réunir pour le reste de nos jours, chacun de nous deux étant bien décidé à ne pas quitter son unique enfant. C'étoit une vie d'élection que nous nous étions préparée dans notre folle confiance, tant il est vrai qu'on s'abuse à tout âge, et que la vieillesse mûrie par l'expérience des choses, ne se laisse pas moins entraîner à ses illusions que l'adolescence elle-même. Cette perspective étoit délicieuse, il faut y renoncer!

— Pardon, mon père, mille fois pardon! Pourquoi le ciel m'a-t-il condamné à si mal reconnoître votre tendresse?...

— Rassure-toi, me dit-il, j'oublierai facilement, quelque joie que je m'étois promise à voir mes espérances réalisées, pour ne plus penser qu'aux tiennes. Et c'est vraiment dommage, car Cécile Savernier passe pour la plus jolie fille d'un pays où on a le droit d'être difficile.

— Cécile Savernier! m'écriai-je en m'élançant de mon lit, Cécile Savernier! O mon père! vous ai-je bien entendu?...

— A merveille, répondit-il; Cécile Savernier, fille de Gilbert Savernier, ancien colonel d'artillerie, demeurant à Montbelliard, département du Mont-Terrible. C'est d'elle que je te parlois.

Je tombai aux pieds de mon père dans un état d'agitation impossible à décrire; je m'emparai de ses mains; je les couvris de mes baisers, de mes larmes; je restai longtemps sans retrouver la parole ni la voix. Mon père, inquiet, me releva, me pressa contre son cœur, m'interrogea dix fois avant que j'eusse la force de me faire entendre.

— Cécile Savernier! c'est elle, c'est elle, mon père! criai-je enfin d'une voix étouffée. C'est elle que je vous demandois à genoux!

— En vérité? répliqua-t-il. Alors tes vœux seront facilement exaucés, puisque l'affaire est presque toute faite; mais te crois-tu bien assuré de cette résolution?

Sur quoi est-elle fondée? Où peux-tu avoir vu Cécile? Où peut-elle t'avoir connu? Montbelliard est la seule ville de France où elle ait paru depuis son retour de l'étranger, et, quand tu traversois ce pays, il y a deux ans, je suis positivement certain qu'elle n'y étoit pas encore.

Je rougis. Cette question touchoit de trop près à un secret que je n'avois pas la force de révéler, et dans lequel mon père pouvoit ne voir qu'une illusion ou un mensonge.

— Croyez, lui répondis-je, que j'ai vu Cécile, et que je suis autorisé à penser qu'elle ne repoussera pas mon amour. Sur les circonstances ou l'événement qui nous ont rapprochés un instant, soyez assez bon, je vous prie, pour ne pas m'en demander davantage.

— Dieu m'en garde! reprit-il en m'embrassant. Je respecte trop ce genre de mystère pour t'enlever le mérite de la discrétion. *Il est des nœuds secrets, il est des sympathies* qui ne sont connues que des amants, et qu'on devine mal à mon âge. Celle-ci répond si bien à mes désirs, que je n'ai aucun intérêt à m'informer de son origine. Pourquoi, d'ailleurs, ajouta-t-il en riant, la sainte influence qui se fait sentir depuis quelque temps dans les affaires de ma famille n'y auroit-elle pas ménagé deux mariages au lieu d'un? Occupons-nous seulement du tien, qui s'accomplira sans remise aussitôt que tu seras gradué. — Ce délai paroît t'effrayer, mais il n'est pas si long que tu l'imagines. Tes succès dans les écoles font depuis plusieurs années mon bonheur et

ma gloire, et le temps que ta maladie t'a fait perdre sera promptement regagné. Tu conçois qu'il te conviendroit mal de te présenter à l'acte le plus solennel de la vie sans y porter en dot un titre honorable et sérieux. Ne t'alarme pas, au reste, des rigueurs d'une séparation dont j'éloigne un peu le terme, et qui rendra ta félicité plus parfaite; car le bonheur qu'on espère est le bonheur le plus sûr de la vie. Il est d'ailleurs tout à fait conforme aux bienséances que tu voies ta future et son père avant de pousser plus loin les choses, et que tu obtiennes un aveu plus positif encore que celui dont nous nous flattons tous les deux. Puisque voilà ta convalescence en bon train, j'espère qu'un mois de séjour à Montbelliard ne peut que l'affermir, et tu assisteras à la noce de Claire en passant, car elle se fait à moitié chemin, dans sa jolie maison du bois d'Arcey. Qu'en dis-tu? cet arrangement te convient-il?

Je me jetai dans ses bras; il me baisa sur le front, rentra dans son cabinet, et en sortit bientôt avec une lettre à l'adresse du colonel Savernier.

Je partis le lendemain pour Montbéliard, plus heureux qu'on ne peut le dire. —. Qu'est-ce, mon Dieu, que les joies de l'homme ?

II

J'ai dit que l'étrange illusion qui remplissoit toute ma vie, qui absorboit toutes mes pensées, depuis la nuit de la *Chandeleur,* étoit devenue équivalente pour moi aux vérités les plus positives. Le résultat de mes recherches lui avoit donné une extrême vraisemblance. Le concours inattendu des projets de mon père avec l'époque et les circonstances de mon rêve le faisoit sortir de la classe des rêves ordinaires. Ce n'étoit plus un rêve : c'étoit une révélation ; Dieu lui-même, touché de la soumission de mes prières, m'avoit choisi l'épouse que j'allois chercher. Cette idée augmentoit mon bonheur de toute la securité dont le bonheur passager des hommes a besoin pour être réellement quelque chose. Disposé par caractère à recevoir facilement l'impression du merveilleux, je m'abandonnai sans résistance à celle-là. Les cœurs qui ressemblent au mien n'auront pas de peine à me comprendre.

J'embrassois pour la première fois la pensée d'un bonheur dont rien ne paroissoit devoir troubler la sérénité ; je volois vers Cécile dans toute la confiance, dans tout l'abandon de mon cœur ; et, par une singulière rencontre qui me sembloit faite exprès pour moi, la fin de ce doux hiver avoit pris tout à coup les grâces et jusqu'à la parure du printemps. Les frimas avoient disparu de la base à la cime des montagnes ; un air tiède et embaumé circuloit à travers les massifs toujours verts des sapins ; les pousses précoces des autres arbres commençoient à se colorer de ces nuances d'un rouge vermeil qui peignent les bourgeons pressés d'éclore ; et de petites fleurs, inconnues de la saison, émailloient la mousse comme une semence de perles. Nous n'étions cependant qu'à la fin de janvier, et je fus frappé d'un étrange saisissement quand je remarquai que le jour de la noce de Claire étoit précisément le jour de la *Chandeleur*. J'arrivai à temps pour assister à la célébration : une joie modeste et religieuse, sans mélange d'aucune inquiétude, remplissoit tous les esprits ; la physionomie des mariés exprimoit un contentement parfait, mais céleste, car il étoit calme et recueilli. Le jeune homme étoit beau, plein de tendresse et de prévenances, et toutefois sérieux, de sorte qu'on l'auroit moins pris pour l'heureux fiancé de la veille que pour un ange envoyé, comme témoin, par le Seigneur, au mariage d'une chrétienne. Lorsque la cérémonie fut achevée, je m'approchai de ma cousine, et je lui dis doucement, en portant sa main à mes lèvres : — J'aime à croire, petite amie, que cet époux est celui qui t'a été annoncé dans la veillée de la *Chandeleur*. — Claire éleva les yeux sur moi en rougissant, avec un regard qui sembloit dire : — Comment savez-vous cela ?... — et puis elle me répondit en me pressant la main : « Je n'en aurois pas épousé un autre. » — Oh ! non, sans doute, car elle savoit bien que cette destinée de sa vie, c'étoit Dieu qui la lui avoit faite. Je me sentis agité d'une émotion délicieuse et impossible à décrire, en songeant qu'une pareille félicité m'étoit promise.

Pendant que les fêtes du mariage de Claire me retenoient au bois d'Arcey un peu plus longtemps que je n'aurois voulu, mon excellent père avoit prévenu le colonel Savernier sur ma visite, dont celui-ci, curieux de me connoître d'abord, n'avoit pas jugé à propos d'avertir Cécile. Lorsque j'eus présenté ma lettre au colonel, il se contenta d'y jeter un regard et un sourire, et venant à moi les bras ouverts : — Je n'ai pas besoin, me dit-il avec une tendre cordialité, de m'informer de ton nom ; tu ressembles tellement à l'ami de ma jeunesse, qu'il me semble le voir encore quand toutes les matinées rappeloient un de nous deux auprès de l'autre. Tu es seulement un peu plus grand. Sois le bienvenu, mon garçon, comme un ami, comme un fils, si ton cœur parvient à se faire entendre, ainsi que je l'espère, de celui de ma Cécile. Et puis, maintenant, assieds-toi et repose-toi, pendant que je lirai la lettre de ton père, et que je te considérerai plus à mon aise.

La douceur de cet accueil fit venir à mes paupières

quelques douces larmes, que je cherchai à réprimer en promenant ma vue sur l'intérieur de l'appartement : un chapeau de paille, garni d'un frais ruban bleu de ciel, étoit pendu à un clou ; c'étoit celui de Cécile. Une harpe

étoit placée dans un des angles du salon ; c'étoit la harpe de Cécile. Un sac à mailles d'acier avoit été abandonné négligemment sur un fauteuil voisin du mien, et j'y distinguois aisément le chiffre en clouterie qui m'avoit frappé dans la nuit de ma vision ; c'étoit le chiffre de Cécile..... — Et cependant, si ce n'avoit pas été Cécile!... Cette idée, qui ne m'étoit pas encore venue, surprit tout à coup mes esprits et me glaça de terreur. Je me trouvois engagé de la manière la plus sacrée, la plus irrévocable, par les vœux que j'avois exprimés à mon père, par la démarche que je faisois auprès de M. Savernier, et mon aveugle précipitation n'aboutiroit peut-être qu'à me séparer pour toujours de l'épouse qui m'étoit promise. Un frisson mortel parcouroit mes membres, quand j'aperçus loin de moi un portrait de jeune femme coiffée d'un chapeau de paille ; je recueillis toutes mes forces pour y courir, persuadé que la maladresse même d'un peintre de village ne seroit pas parvenue à me dissimuler entièrement des traits si bien empreints dans mon cœur. J'arrivai, je restai pétrifié de désespoir ; la foudre, tombée sur ma tête, ne m'auroit pas accablé d'un coup plus cruel. C'étoit le portrait d'une femme charmante, dont la physionomie avoit quelque rapport avec celle de ma Cécile imaginaire. Ce n'étoit pas elle.

Mes jambes fléchissoient sous moi, quand le bras de M. Savernier, passé autour de mon corps, me soutint. — Hélas ! me dit-il en essuyant une larme, tu ne verras plus celle-là ! c'est Lidy, ma belle et douce Lidy ! c'est la mère de notre Cécile ! Puisses-tu ne jamais éprouver comme moi l'horrible douleur de survivre à ce que tu aimes !...

Je me retournai vers lui, je m'appuyai sur son sein, et je baignai ses joues de mes pleurs, mais sans démêler, dans mon émotion, s'ils étoient produits par l'attendrissement ou par la joie. Il n'y avoit plus rien qui démentît mes espérances, il n'y avoit plus rien qui ne parût les confirmer. Mon effroi s'évanouit.

— Oui, tu seras mon fils, reprit M. Savernier d'un ton de résolution solennelle, tu seras mon fils, car tu as une âme ! Tu seras l'époux de Cécile, si elle y consent. Et pourquoi n'y consentiroit-elle pas ? ajouta-t-il en me regardant avec complaisance et en m'embrassant encore. Je n'avois réellement pas encore remarqué que tu fusses si bien.

Causons maintenant, continua-t-il en me faisant asseoir et en prenant ma main dans la sienne. Les bienséances ne permettoient pas que tu logeasses chez moi, mais nous nous y verrons tous les jours pendant le temps que tu as à passer à Montbelliard avant d'aller reprendre tes études. La douce intimité qui doit précéder un engagement sérieux et inviolable s'établira d'elle-même. Il ne faut pas procéder légèrement dans les affaires de la vie entière et de l'éternité. Cette époque d'épreuves a d'ailleurs un charme que le bonheur lui-même fait quelquefois regretter, et j'imagine que ton père te l'a dit comme moi ; et puis elles ne seront ni longues ni rigoureuses, car les vieillards ont encore de meilleures raisons que les jeunes gens pour se hâter d'être heureux. Je te parle en tout ceci comme si je n'avois point de doute à former sur un consentement réciproque entre la jeune fille et toi, et Dieu me garde de me tromper ! Mais j'y suis autorisé par les communications que ton père m'a faites, et dont il résulte, à mon grand étonnement, que tu aimes déjà ma Cécile. Ce qu'il y a de plus étrange, s'il est possible, c'est que son cœur naïf, qui ne m'a jamais rien caché, se sent entraîné vers toi du même penchant, quoique vous ne vous soyez jamais vus... à moins que ma vigilance n'ait été déjouée par quelqu'un de ces artifices que la jeunesse pratique d'instinct et que la vieillesse oublie. Ah ! je te le déclare, c'est là un point sur lequel je désire avec ardeur des éclaircissements, et ma bonne et franche amitié pour toi me donne quelque droit à les obtenir !...

Le colonel me regardoit fixement, et le trouble où sa question me plongeoit ne pouvoit pas lui échapper. Je baissai les yeux, j'hésitai, je cherchai une réponse, et je ne la trouvai pas.

— Je jure sur l'honneur, monsieur, répondis-je enfin, que je n'ai jamais vu Cécile, que je n'ai jamais vu son portrait, que je n'ai jamais eu l'audace de lui écrire, que son nom m'étoit connu depuis deux jours à peine, quand mon père l'a prononcé devant moi. Cependant je l'aime depuis près d'un an, je l'aime pour toute ma vie! Je l'aime plus encore que je ne me croyois capable d'aimer, du moment où vous avez daigné m'apprendre que nos âmes s'étoient entendues! Voilà la vérité, monsieur! Le reste est pour moi-même un incompréhensible mystère.

— Incompréhensible, en effet, reprit M. Savernier d'un air soucieux, tout à fait incompréhensible, car je ne suppose pas que tu puisses mentir!... Et cependant...

— Et cependant je ne vous ai rien déguisé : j'en prends à témoin la puissance inconnue qui m'a ménagé tant de félicités, et qui a jeté dans mon sein l'amour dont je viens demander le prix. N'est-il donc point d'exemple de ces sympathies qui s'emparent de nous à l'insu de nous-mêmes, et qui nous entraînent avec toute la véhémence d'une passion? La Providence, qui veille au bonheur à venir des familles, n'a-t-elle jamais préparé, dans le trésor de ses grâces, de semblables rapprochements? Ce qu'elle a fait pour tous les êtres créés, ne l'a-t-elle jamais fait pour l'homme? C'est ce que j'ignore profondément, et c'est pourtant ce qu'il faut que je croie, car je n'ai point d'autre explication à vous donner.

— Bon! bon! reprit le colonel. C'est qu'on jureroit qu'ils se sont concertés; ne faudra-t-il pas croire maintenant qu'ils se sont vus et aimés en rêve? Si le secret de ce genre de rendez-vous vient à se répandre, c'en est fait pour toujours de la surveillance paternelle. Je la mets bien au défi d'aller jusque-là. Qu'importe, au reste, ajouta-t-il, pourvu que vous vous aimiez, puisque je ne souhaite pas autre chose? Voilà ce que nous saurons tous avant peu d'une manière plus positive, car tu dîneras avec Cécile... demain.

— Demain! m'écriai-je.

Et je ne tardai pas à regretter cette expansion indiscrète; mais je m'étois flatté de l'espoir de la voir plus tôt.

— Demain, dit-il en souriant. C'est plus tard que tu ne voudrois, mais ce délai n'est pas assez long pour te causer une véritable affliction. Ce demain, si redoutable pour les amants, n'est l'éternité que pour les morts. Je n'avois pas voulu prévenir Cécile de ton arrivée ; je m'étois réservé le plaisir de découvrir, à votre première entrevue, quand je te connoîtrois déjà un peu, ce qu'il y a de réel dans votre sympathie, et j'ai saisi volontiers l'occasion de tenir ma fille éloignée à l'instant où je t'attendois. Une nombreuse famille catholique du pays dans laquelle Cécile ne compte pas moins de six amies, toutes sœurs, solennise aujourd'hui l'anniversaire de naissance d'une bonne aïeule qui est ma vieille amie, à moi. Comme les longues retraites de la *Chandeleur* sont finies, et que le temps qui nous reste à passer d'ici au carême est consacré, par un usage immémorial, à des divertissements plus ou moins innocents, mais que la piété même ne s'interdit pas, on dansera, on se réjouira, on se déguisera, je crois même qu'on sera masqué. Ne t'effraye pas, mon garçon : le programme de la fête n'admet que les femmes, et aucun homme n'y sera reçu, mari, père ou frère, avant l'heure où il convient que les douces brebis rentrent au bercail. En attendant, nous allons dîner tête à tête, car voilà Dorothée qui nous appelle...

Notre petit repas fut aussi agréable et aussi gai qu'il pouvait l'être sans Cécile, car **M.** Savernier étoit d'un caractère cordial et enjoué, comme la plupart des hommes d'un certain âge dont la vie a été bonne et honnête. Lorsque nous fûmes prêts de quitter la table :

— Sais-tu, me dit-il tout à coup, qu'il me vient une idée dont tu me sauras probablement quelque gré, car ton impatience s'est trahie tout à l'heure par un mouvement sur lequel je ne me suis pas mépris. Nous essayerons au moins de la tromper jusqu'à demain, puisque demain te paroît si loin, et en voici le moyen. J'ai dû te rassurer sur la composition de la petite société dont ma fille fait aujourd'hui partie, en t'affirmant que les parents seuls y sont reçus, et cela est exactement vrai ; mais cette règle n'est pas si rigoureuse que je ne puisse la faire fléchir en ta faveur. J'entrerois seul d'abord, et en quelques mots d'entretien j'aurois sans doute aplani toutes les difficultés. Un domestique, aposté d'avance, attendroit de moi le signal convenu pour t'introduire, et tu serois accueilli, sans autre éclaircissement, en ami de la maison. Il est bien convenu que nous jouerions notre rôle avec toute l'adresse dont nous sommes capables, et que nous aurions soin de paroître entièrement étrangers l'un à l'autre. De cette manière, je pourrai apprécier ce qu'il y a de réel dans ces merveilleuses sympathies dont tu me parlois tantôt ; car rien ne t'empêchera, sinon de voir Cécile, au moins de l'entretenir avec liberté, et j'espère que tu n'auras pas beaucoup de peine à la reconnoître sous son déguisement de fiancée de Montbelliard.

— Elle est déguisée en fiancée de Montbelliard, dites-vous? En fiancée de Montbelliard! seroit-il possible?

— Eh bien, oui, en fiancée de Montbelliard, continua-t-il sans prendre garde à mon agitation, dont il ne soupçonnoit pas le motif. Cela est de bon augure, n'est-il pas vrai? Mais ce costume est si gracieux, il a tant d'attrait pour les jeunes filles, que plus d'une de ses compagnes pourroit l'avoir choisi comme elle. Dans ce cas, tu la distingueras des autres à un petit rameau de myrte séparé de son bouquet qu'il lui a pris fantaisie d'attacher sur son sein, et auquel je dois la reconnoître moi-même.

Cette seconde circonstance, qui me rappeloit si vivement une des particularités de mon songe, me causa une nouvelle émotion; mais je parvins à m'en rendre maître, et je ne répondis à la proposition de M. Savernier que par les témoignages de la plus tendre reconnoissance. Une heure après, il avoit exécuté son projet dans tous ses points, et j'étois auprès de Cécile, que je distinguai aisément aux indices que son père m'avoit donnés. Il me sembla même que je l'aurois reconnue sans cela. De son côté, elle avoit manifesté quelque émotion à mon approche, et, quand j'eus obtenu la permission de prendre une place qui étoit restée libre auprès d'elle, je crus m'apercevoir qu'elle trembloit.

— Excusez, lui dis-je, une témérité que le masque et le déguisement expliquent au moins un peu. Étranger ici à tout le monde, je vous importune probablement du voisinage d'un inconnu, et je doute beaucoup que mes traits vous rappellent un de ces souvenirs qui donnent matière aux entretiens malicieux du bal masqué.

— Je ne comprends pas ce genre de plaisir, répondit-elle, et je n'imagine aucune circonstance qui puisse m'inspirer la fantaisie de m'y livrer. Dans tous les cas, vous n'auriez pas à redouter de moi ces petites contrariétés qui occupent ici tout le monde, et qu'on paroît trouver amusantes, car je ne crois pas, en effet, avoir jamais eu l'honneur de vous voir.

— Jamais, lui dis-je, en vérité?

— Jamais, interrompit-elle avec un rire forcé, si ce n'est peut-être en rêve; et vous pouvez croire à ma parole, car je suis incapable de feindre; je n'ai pas même entrepris de déguiser ma voix.

C'étoit sa voix, en effet, la voix que j'avois entendue plus d'une année auparavant, mais qui n'avoit cessé depuis de retentir dans mon cœur.

— Permettez-moi donc, répliquai-je avec chaleur, de chercher entre nous quelque motif de rapprochement qui puisse suppléer aux douces habitudes d'une connoissance déjà faite ; mon nom, ou plutôt celui de mon père, a dû être prononcé plus d'une fois devant vous par le vôtre, et je n'ignore point que c'est à la fille de M. Savernier que je parle. Ce nom seroit-il assez malheureux pour n'éveiller dans votre âme aucune espèce de sympathie ? Je m'appelle Maxime...

Et j'avois à peine prononcé deux syllabes de plus, que Cécile tressaillit en tournant sur moi des regards qui sembloient exprimer un mélange d'attendrissement et d'effroi.

— Oui, oui, s'écria-t-elle d'un son de voix altéré, votre nom m'est bien connu. Il est cher à mon père — et à moi aussi — parce qu'il nous rappelle des souvenirs qui ne s'effacent jamais d'un cœur honnête, ceux de la reconnoissance !... — Il est donc vrai, continua Cécile en s'entretenant avec elle-même, comme si elle avoit subitement oublié ma présence, mais de manière à ne pas me laisser perdre une de ses paroles ; — ce n'étoit point une illusion ! tout s'est accompli jusqu'ici ;

tout s'accomplira sans doute. — Que la volonté de Dieu soit faite !

Et elle tomba dans un sombre abattement où toutes ses idées parurent s'anéantir.

Une de ses mains touchoit presque à ma main. Je m'en emparai sans qu'elle fît le moindre effort pour me la dérober. Seulement elle me regarda d'un œil plus attentif.

— C'est lui ! dit-elle.

— Oh ! ma vue ne doit pas vous causer d'alarmes, repris-je en pressant sa main dans les miennes. Le sentiment qui m'a conduit auprès de vous est pur comme votre cœur, et il a l'aveu d'un père dont votre bonheur est l'unique pensée. Vous êtes libre, Cécile, et notre destinée à venir ne dépend que de vous.

— Notre destinée à venir ne dépend que de Dieu, répondit-elle en penchant sa tête sur son sein avec un soupir profond. — Mais vous avez parlé de mon père. Vous l'avez déjà vu sans doute. Il sait qu'à cette heure de la nuit j'éprouve depuis quelque temps un mal inexprimable qui m'étouffe et qui me tue. Je souhaitois si vivement d'en prévenir l'accès ! Comment mon père n'est-il pas venu ?

Quoique le colonel m'eût dit quelque chose de cet

accident qui n'inspiroit aucune crainte. l'expression de souffrance qui accompagnoit ces paroles me glaça le sang. Le père de Cécile s'étoit d'ailleurs arrêté devant

nous au moment même où elle paroissoit le chercher dans la salle d'un regard inquiet. Je m'étonnai qu'elle ne l'eût pas vu.

— Je suis près de toi, dit-il en l'enveloppant d'un bras qui la soutint, car elle alloit défaillir.

Elle s'appuya sur son sein et y passa un de ces instants d'angoisse qui sont si longs pour la douleur. Une de ses mains, que je n'avois pas abandonnée, s'étoit d'abord crispée sous mes doigts, et puis elle s'étoit relâchée et refroidie, comme si elle eût été gagnée par la mort. Je poussai un cri de terreur.

Les amies de Cécile s'étoient empressées autour d'elle ; et, dans les soins qu'elles lui prodiguoient, elles avoient dérangé son masque. Hélas ! tous mes doutes étoient dissipés ; mais une pâleur effrayante couvroit ces traits si chers à ma mémoire. Je sentois la vie près de m'échapper aussi, quand Cécile respira, releva son front et fixa ses regards sur les personnes qui l'entouroient.

— Ah ! dit-elle, c'est bien ; je suis mieux, je vis, je ne souffre plus. Je vous demande pardon à tous, et je vous remercie. Cette crise n'est jamais longue, mais j'aurois voulu vous en épargner le souci. Il falloit ne pas venir, ou partir plus tôt. — Et cependant, ajouta-t-elle en se tournant à demi de mon côté, — cependant je regretterois de n'être pas venue ou d'être trop tôt partie. Je n'interromps pas plus longtemps vos plaisirs ; l'air et la marche vont achever ma guérison.

Nous partîmes peu de temps après, et M. Savernier, rassuré, me confia le bras de sa fille. Elle étoit près de moi, près de mon cœur. Je communiquois librement avec sa pensée ; je respirois son haleine ; je possédois les dix minutes de vie pleine et heureuse que Dieu m'avoit réservées sur la terre, et j'en jouissois avec délices, car aucun souci n'en altéroit la pureté. Cécile ne souffroit plus ; elle l'avoit dit, elle le répétoit à chaque pas. Elle marchoit d'un pas sûr et léger ; elle paroissoit heureuse ; elle rioit en parlant de ce mal capricieux, qui ne la saisissoit que pour l'effrayer de l'incertitude et de la rapidité de nos plaisirs. Son père, un bras passé autour d'elle, se félicitoit de la trouver si bien, et de pouvoir attribuer le malaise passager qu'elle venoit d'éprouver aux fatigues de la danse, ou à quelque soudaine émotion dont il se refusoit gaiement de pénétrer le mystère. L'espace que nous avions à parcourir étoit fort court, et je ne savois pas si je devois désirer qu'il se prolongeât sans fin pour éterniser la pure félicité que je goûtois, ou que le terme en fût atteint plus vite pour rendre plus tôt à Cécile le repos dont elle avoit besoin. Nous étions arrivés ; la main de Cécile se dégageoit de la mienne, et je ne sais quoi me disoit que cette nuit seroit trop longue. Je ressaisis cette main qui m'échappoit, et je n'osai la porter à mes lèvres; mais je la pressai peut-être avec plus d'amour, et je crois que la main de Cécile me répondit... La porte s'étoit ouverte.

— A demain, dit le colonel, à demain ! Demain, le plus beau jour de notre vie à tous, si mes espérances ne sont pas trompées... Mais la nuit est à demi passée; ce beau demain doit déjà toucher à sa deuxième heure, et Cécile a besoin de dormir longtemps, car sa santé nous a un peu inquiétés aujourd'hui. A quatre heures du soir, continua-t-il en m'embrassant, et cette fois-là nous serons tous trois à table, en attendant mieux. Bien des occupations pourront abréger pour toi le temps qui nous reste à n'être pas ensemble : le sommeil, la toilette et l'espérance.

Ils entrèrent; la porte retourna lentement sur ses gonds, et Cécile me jeta d'une voix émue un adieu que j'entends encore.

Le sommeil que mon vieil ami m'avoit promis ne m'accorda pas ses douceurs, et je l'attendis inutilement jusqu'au lever du soleil, dans une insomnie inquiète et fiévreuse dont je ne m'expliquois point les alarmes. Il ne me surprit plus tard que pour me faire changer de supplice. Je voyois Cécile cependant, mais je la voyois comme elle m'étoit un moment apparue, pâle, défaillante, le front couvert des ombres de la mort; ou bien elle penchoit vers mon oreille sa tête voilée de cheveux épars, en me répétant cet adieu sinistre qu'elle m'avoit adressé quelques heures auparavant. Je me retournois alors de son côté pour la retenir, et mes mains ne sai-

sissoient qu'un vain fantôme. Quelquefois je sentois ma face comme effleurée par le vol d'un oiseau nocturne, et, quand je m'efforçois de suivre du regard l'objet inconnu de mes craintes, j'apercevois Cécile encore qui s'enfuyoit sur des ailes de feu en m'appelant à sa suite. « Ne viendras-tu pas? me crioit-elle avec un long gémissement. Pourquoi m'as-tu laissée partir la première? Que deviendrai-je dans ces déserts, si je n'y suis accompagnée de quelqu'un qui m'aime et qui me protége? — Me voilà! » répondis-je enfin; et l'éclat de ma voix me réveilla. Le jour étoit fort avancé. Cette nuit sans fin s'étoit prolongée de toutes les heures de la matinée. C'étoit un dimanche; on sonnoit le dernier office à la chapelle catholique.

Je m'étois déjà quelquefois vaguement reproché de n'avoir pas encore reconnu par un seul témoignage de piété le bienfait de ma divine protectrice. Je me hâtai de gagner l'église, et de m'y mêler au petit nombre des fidèles. J'arrivai au moment où le prêtre se rendoit à la chaire. C'étoit un homme à cheveux blancs, dont la noble figure portoit l'empreinte d'un chagrin profond, tempéré par la résignation et par la foi. Il s'arrêta un instant devant moi, et me regarda fixement, comme s'il avoit été surpris par l'aspect d'un chrétien étranger à son auditoire ordinaire, ou comme s'il eût été préoccupé, au moment de me voir, d'une impression que je venois retracer à son esprit. Il soupira, passa, monta à sa chaire, y donna quelques minutes à un acte d'adoration auquel je m'associai par de ferventes prières, se recueillit et parla. Son discours avoit pour objet les vaines espérances des hommes qui ont placé leur avenir dans les choses de la terre, et qui ont compté, pour régler leur vie, sans les décrets de la Providence. Il déploroit l'aveugle présomption de la créature, dont la foible intelligence ne peut comprendre ni les causes ni les motifs des événements les plus simples ; qui ne sait rien du passé, qui ne sait rien du futur, qui ne sait rien de ce qui touche à ses seuls intérêts véritables, aux intérêts de son âme immortelle, et qui se révolte jusqu'au désespoir contre de misérables déconvenues de cette vie fugitive, parce qu'elle est incapable de pénétrer dans les vues secrètes de Dieu. « Et cependant, ajoutoit-il, qu'est-ce donc que cette vie qui occupe toutes vos pensées, pour qu'on attache la moindre importance à ses plus sérieuses vicissitudes ? Qu'est-ce que la pauvreté ? qu'est-ce que le malheur ? qu'est-ce que la mort, sinon d'imperceptibles accidents de position et de forme dans l'immensité des siècles qui vous appartiennent ? Épreuves nécessaires d'une âme mal affermie, ou conditions irrévocables de l'ordre universel, ces accidents qui indignent votre orgueil et qui brisent votre constance doivent concourir peut-être, dans le plan sublime de la création, à l'ensemble de sa merveilleuse harmonie. Ce qui est, c'est ce qui doit être, puisque Dieu l'a permis. Vous ne savez pas pourquoi il l'a permis, et vous ne pouvez pas le savoir; mais ce que vous ne savez pas, Dieu le sait!... »

Le langage de ce prêtre vénérable étoit nouveau pour mon esprit. Les méditations dans lesquelles il m'avoit plongé absorbèrent tellement mes facultés, que je m'aperçus à peine de ma solitude au milieu de l'église, à l'instant où l'on éteignoit les dernières lumières du sanctuaire. C'étoit l'heure que m'avoit indiquée le colonel, l'heure si impatiemment attendue, l'heure si lente à venir où je devois enfin voir Cécile! — Cécile dont je pouvois me croire aimé, Cécile que j'adorois! — Je la nommai à haute voix, comme si elle pouvoit déjà m'entendre, et toutes mes idées, toutes les inexplicables inquiétudes dont j'étois tourmenté depuis la veille, vinrent s'anéantir dans le sentiment de mon bonheur. Il me sembloit si bien savoir qu'elle étoit à moi, et qu'elle étoit à moi pour toujours!

La rue que je parcourois, et que j'avois vue presque déserte la veille, étoit alors remplie de monde. J'attribuai d'abord cette différence à la solennité du dimanche; mais je ne pus pas m'expliquer pourquoi cette foule, que devoient appeler en des sens différents les loisirs d'un jour de fête, se tenoit au contraire immobile, ou se bornoit à se former çà et là en groupes silencieux. Comme j'avois hâte d'arriver, je me frayois rapidement un passage au travers de ces petits attroupements, et je n'y saisissois qu'au hasard quelques

paroles confuses, dont la plupart ne composoient point de sens suivi.

« Un anévrisme! disoit-on, on ne meurt point d'un anévrisme à cet âge. — On meurt quand l'heure de mourir est venue, » répondoit l'interlocuteur. Un peu plus loin c'étoit un jeune homme qui paroissoit me porter envie. « Que ne suis-je à la place de cet étranger, disoit-il : du moins il ne l'a pas connue! » — Plus loin encore, une petite fille parée et voilée, qu'une de ses compagnes écoutoit en pleurant : « A deux heures et demie, en sortant du bal... Elle avoit bien dit qu'elle ne seroit jamais fiancée! »

Une horrible lumière éclaira ma pensée. Je n'étois plus qu'à vingt pas de la maison ; je courus... — Mon Dieu! tant d'années écoulées n'ont pu affoiblir l'impression de cet affreux moment.

La porte étoit drapée de blanc ; dans l'allée il y avoit un cercueil drapé de blanc. Quelques flambeaux l'entouroient.

— Qui est mort? qui est mort dans cette maison? m'écriai-je en saisissant violemment par le bras un homme qui paroissoit veiller à cet appareil.

— Mademoiselle Cécile Savernier!

Je tombai sans connoissance sur le pavé, et. quand je revins à moi, par rares intervalles, ma raison m'avoit abandonné. Je ne sais combien de jours cela dura.

Cependant mes yeux se rouvrirent tout à fait à la lumière, mais je restai longtemps sans pensée, sans réflexion, sans souvenir. Je venois d'acquérir ou de retrouver le sentiment que j'étois, mais sans savoir encore ce que j'étois ; il faudroit rester comme cela.

Quelque mouvement qui se faisoit près de moi, le bruit d'un soupir, d'un sanglot peut-être, attira enfin mon attention. Debout à mon côté, je reconnus le vieux prêtre dont j'avois un jour entendu les puissantes et sévères paroles ; il me regardoit de l'air impassible d'un juge qui n'attendoit plus qu'un mot de ma bouche pour m'absoudre ou me condamner. Plus loin, vers le pied de mon lit, un autre vieillard venoit de se lever de sa place, et se précipitoit vers moi, en me tendant des bras tremblants.

— Mon père, m'écriai-je en cherchant ses mains pour les porter sur mes lèvres, mon père, est-ce vous?...

— Il m'a donc reconnu! dit-il ; vous voyez bien qu'il m'a reconnu! J'ai encore un fils. Mon fils est sauvé!...

Mes idées commençoient à s'éclaircir, le passé se dégageoit lentement de la nuit de mes songes.

— M. Savernier, dis-je à mon père, M. Savernier? où est-il?

— Il est parti, répondit mon père ; il est retourné aux extrémités de l'Europe ; mais le temps affoiblira peut-être sa résolution, et j'espère le revoir encore.

— Et Cécile, Cécile! repris-je avec exaltation. Cécile

est-elle partie aussi? Cécile, qu'en a-t-on fait? continuai-je en retenant mon père par la main. O mon ami! je vous en prie! répondez-moi sans déguisement, car je me sens du calme et de la force. Ne trompez pas mon cœur, que vous n'avez jamais trompé : il y avoit ici une jeune fille qu'on appeloit Cécile, je l'ai vue hier au bal, je lui ai parlé, j'ai pressé sa main de cette main qui presse la vôtre. — Seroit-il vrai qu'elle fût morte?...

Mon père se détourna en fondant en larmes, et alla se jeter dans un fauteuil à l'autre bout de la chambre.

— Elle est morte, dit le prêtre; le Seigneur n'a pas permis que l'union à laquelle vous aspiriez pût s'accomplir sur la terre. Il a voulu la rendre plus pure, plus douce, plus durable, immortelle comme lui-même, en la retardant de quelques minutes fugitives qui ne méritent pas de compter dans l'éternité. Votre fiancée vous attend au ciel.

— Eh quoi! repartis-je en le regardant fixement, vous croyez que le ciel n'est pas fermé à la tendresse des amants et des époux? Vous croyez que l'amour aussi ressuscitera pour un avenir sans fin, que deux âmes séparées par la mort pourront voler l'une vers l'autre devant le Dieu qui les avoit formées, sans offenser sa puissance, et je retrouverai Cécile?...

— Je crois fermement, répondit-il, que, dans la vie de l'homme, la mort ne met un terme qu'aux erreurs et aux misères de la vie; je crois que l'âme, c'est la bienveillance, la charité, l'amour; je crois que tous les sentiments tendres et vertueux que Dieu avoit placés dans nos cœurs participeront de notre immortalité, qu'ils en composeront le bonheur immuable et sans mélange, et qu'ils se confondront, sans se perdre, dans l'amour de Dieu, qui les embrasse tous.

— Oh! l'amour du Dieu que vous me faites comprendre, dis-je en mouillant ses mains de mes larmes, est le plus naturel des sentiments de la créature, comme le premier de ses devoirs. Mais pourquoi m'a-t-il enlevé Cécile?

— De quel droit, jeune homme, s'écria-t-il, demandez-vous compte à Dieu de ses volontés? Savez-vous si, dans le coup qui vous a frappé, il n'a pas eu en vue votre félicité même, et si sa prescience infaillible ne vous a pas ménagé un bonheur qui ne doit cesser jamais, au prix d'un bonheur bientôt écoulé? Connoissez-vous tous les écueils qui pouvoient briser vos espérances, tous les poisons qui pouvaient corrompre votre miel, tous les événements qui pouvoient relâcher ou dissoudre vos liens, s'il ne les avoit pas mis à l'abri des périls de cette vie passagère? A compter d'aujourd'hui seulement, la possession de Cécile vous est acquise sans inquiétude et sans trouble, car c'est Dieu qui vous la garde! Oserez-vous le blâmer d'avoir veillé sur vos intérêts plus attentivement que vous, et de s'être réservé votre avenir tout entier, pour vous le rendre en échange d'une foible et incertaine portion de cet avenir infini, qui vous auroit peut-être fait perdre le reste? Quand votre père exigea de vous qu'une année s'accomplît entre le moment où il accédoit à vos vœux et celui où la main de Cécile sembloit devoir les combler, ne vous rendîtes-vous pas sans efforts aux conseils de sa prudence? et pourtant une année est un long terme dans la vie de l'homme, un délai plus effrayant encore quand on le compare à la brièveté de la jeunesse, au cours presque insaisissable de cet âge que le temps emporte si vite. Voici maintenant qu'un autre père, qui est le père commun de tous, vous impose un délai de quelques années de plus, de quelques mois, de quelques jours peut-être, car la mesure de votre existence n'est connue que de lui; et ce ne sont pas des années, ce ne sont pas des mois et des jours qui payeront ce foible sacrifice; plus prodigue envers vous, parce qu'il est plus puissant, il vous donne tous les temps qui ne finiront pas. S'il ajourne un instant votre bonheur temporel, c'est pour le perpétuer à travers ces myriades de siècles qui sont à peine les minutes de l'éternité. Tel est le marché que vous venez de contracter, sans le savoir, avec la Providence, et dont une pieuse soumission à ses décrets doit un jour vous faire recueillir le fruit. — Subissez les jugements de Dieu, mon fils, et ne l'accusez pas !

— Je saurai me conformer à sa volonté, répondis-je d'une voix ferme, et j'en hâterai l'accomplissement par tous les moyens qu'il a laissés en mon pouvoir ! Oui, mon père, j'aime à penser que Dieu avoit béni ce mariage, et je crois l'avoir appris de Dieu lui-même ! je crois qu'il ne m'a séparé de Cécile que pour me la rendre, et qu'il ne nous a pas permis d'être heureux sur la terre, parce qu'il nous réservoit pour lui ! J'irai vers lui, mon père, j'irai tout à l'heure. Je lui demanderai Cécile, et il me la redonnera !...

— Que dis-tu, malheureux ? cria mon père en courant à moi ; n'es-tu pas aussi à ton père, et veux-tu le quitter ?...

J'avois, hélas ! oublié, dans mon égarement, que mon père étoit là !

— Calmez-vous, dit le vieux prêtre en l'éloignant

de la main. Ne craignez pas que sa pensée s'arrête à ces résolutions forcenées de l'athéisme et du crime. Le suicide, qui désespère de la bonté de Dieu, calomnie Dieu. Il fait plus que de le nier. Il proteste contre son âme en lui cherchant le néant pour refuge, et il ne trouvera pas le néant, car l'âme ne peut mourir. Tout

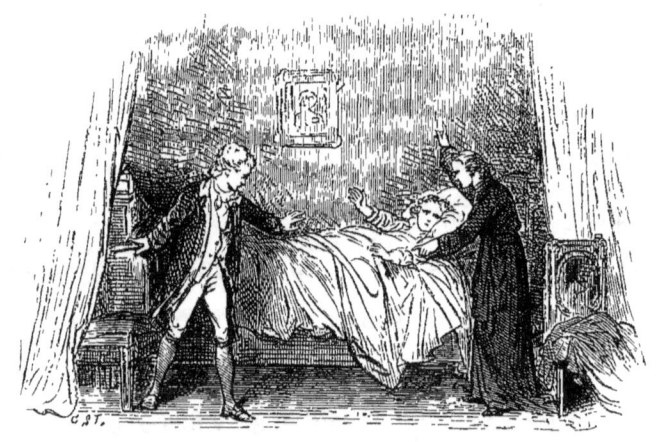

ce que Dieu a créé vivra toujours, et, si Dieu pouvoit lui-même rendre au néant l'être qu'il anima de son souffle, c'est le néant qui seroit le châtiment du suicide; mais le suicide en aura un autre : il saura ce qu'il perd, il comprendra les biens que la patience et la résignation lui auroient acquis, et il n'espérera plus. Les méchants, peut-être, attendront quelque rémission dans l'éternité ; il n'y aura point de rémission pour le suicide, il vivra toujours, toujours, dans un monde fermé qui n'aura plus d'avenir ; il a rompu avec l'avenir, et son pacte ne se résoudra jamais. Entre Cécile et l'époux que son père lui avoit donné, il n'y a qu'un petit nombre d'instants qui se succèdent et qui s'effacent l'un l'autre. Il y a l'infini entre Cécile et le suicide...

— Arrêtez, arrêtez, mon père ! m'écriai-je en m'appuyant sur son sein. Je vivrai, puisqu'il le faut !...

Et voilà pourquoi j'ai vécu.

LES
AVEUGLES DE CHAMOUNY

LES
AVEUGLES DE CHAMOUNY

E voyois pour la seconde fois cette belle et mélancolique vallée de Chamouny que je ne dois plus revoir !

J'avois parcouru avec un plaisir nouveau cette gracieuse forêt de sapins qui enveloppe le village des Bois. J'arrivois à cette petite esplanade, de jour en jour envahie par les glaciers, que dominent d'une manière si majestueuse les plus belles aiguilles des Alpes, et qui aboutit par une pente presque insensible à la source pittoresque de l'Arveyron. Je voulois contempler encore son portique de cristal azuré qui tous les ans change d'aspect, et demander quelques émotions à ces grandes scènes de la nature. Mon cœur fatigué en avoit besoin.

Je n'avois pas fait trente pas que je m'aperçus, non sans étonnement, que Puck n'étoit pas près de moi. — Hélas! vous ne l'auriez pas décidé à s'éloigner de son maître, au prix du macaron le plus friand, de la gimblette la plus délicate ; — il tarda même un peu à se rendre à mon appel, et je commençois à m'inquiéter, quand il revint, mon joli Puck, avec la contenance embarrassée de la crainte, et cependant avec la confiance caressante de l'amitié, le corps arrondi en demi-cerceau, le regard humide et suppliant, la tête si basse, si basse, que ses oreilles traînoient jusqu'à terre comme celles du chien de Zadig... Puck étoit aussi un épagneul.

Si vous aviez vu Puck dans cette posture, vous n'auriez pas eu la force de vous fâcher.

Je ne me fâchai point; mais il repartit, puis il

revint encore, et à mesure que ce jeu se renouveloit, je me rapprochois sur sa trace du point d'attraction qui l'appeloit, jusqu'à ce qu'également attiré par des sympathies parfaitement isogènes ou, si comme moi vous l'aimez mieux, par deux puissances tout à fait semblables, il resta immobile comme le battant aimanté entre deux timbres de fer placés à égale distance.

Sur le banc du rocher dont Puck me séparoit avec une précision si exacte que le compas infaillible de La Place n'auroit trouvé, ni d'un côté ni de l'autre, le moyen d'insérer un seul point géométrique, étoit assis un jeune homme de la figure la plus aimable, de la physionomie la plus touchante, vêtu d'une blouse bleu de ciel, en manière de tunique, et la main armée d'un long bâton de cytise recourbé par le haut, ajustement singulier qui lui donnoit quelque ressemblance avec les bergers antiques du Poussin. Des cheveux blonds et bouclés s'arrondissoient en larges anneaux autour de son cou nu, et flottoient sur ses épaules. Ses traits étoient graves sans austérité, tristes sans abattement; sa bouche exprimoit plus de déplaisir que d'amertume; ses yeux seuls avoient un caractère dont je ne pouvois me rendre compte. Ils étoient grands et limpides, mais fixes, éteints et muets. Aucune âme ne se mouvoit derrière eux.

Le bruit des brises avoit couvert celui de mes pas. Rien n'indiquoit que je fusse aperçu. Je pensai qu'il étoit aveugle.

Puck avoit étudié toutes mes impressions, et au premier sentiment de bienveillance qu'il vit jaillir de mes regards, il courut à ce nouvel ami. — Qui nous expliquera l'entraînement de l'être le plus généreux de la nature vers l'être le plus infortuné, du chien vers l'aveugle? O Providence! je suis donc le seul de vos enfants que vous ayez abandonné!...

Le jeune homme passa ses doigts dans les longues soies de Puck, en lui souriant avec candeur. — D'où me connois-tu, lui dit-il, toi qui n'es pas de la vallée? J'avois un chien aussi folâtre et peut-être aussi joli que toi; mais c'étoit un barbet à la laine crépue, — il m'a quitté comme les autres, mon dernier ami, mon pauvre Puck!...

— Hasard étrange! votre chien s'appeloit comme le mien...

— Ah! monsieur, me dit le jeune homme, en se soulevant penché sur son bâton de cytise, pardonnez à mon infirmité...

— Asseyez-vous, mon ami! Vous êtes aveugle?

— Aveugle depuis l'enfance.

— Vous n'avez jamais vu?

— J'ai vu, mais si peu! J'ai cependant quelque souvenir du soleil, et quand j'élève mes yeux vers la place qu'il doit occuper dans le ciel, j'y crois voir rouler un globe qui m'en rappelle la couleur. J'ai mémoire aussi du blanc de la neige et de l'aspect de nos montagnes.

— C'est donc un accident qui vous a privé de la lumière?

— Un accident qui fut, hélas! le moindre de mes malheurs! J'avois à peine deux ans qu'une avalanche descendue des hauteurs de la Flégère écrasa notre petite maison. Mon père, qui étoit guide dans ces montagnes, avoit passé la soirée au Prieuré. Jugez de son désespoir quand il trouva sa famille engloutie par l'horrible fléau! Secondé de ses camarades, il parvint à faire une trouée dans la neige et à pénétrer dans notre cabane, dont le toit se soutenoit encore sur ses frêles appuis. Le premier objet qui se présenta à lui fut mon berceau; il le mit d'abord à l'abri d'un péril qui s'augmentoit sans cesse, car les travaux mêmes des mineurs avoient favorisé l'éboulement de quelques masses nouvelles et augmenté l'ébranlement de notre fragile demeure. Il y rentra pour sauver ma mère évanouie, et on le vit un moment, à la lueur des torches qui brûloient à l'extérieur, la rapporter dans ses bras, — mais alors tout s'écroula. — Je fus orphelin, et on s'aperçut le lendemain qu'une goutte sereine avoit frappé mes yeux. J'étois aveugle.

— Pauvre enfant! ainsi vous restâtes seul absolument seul!

— Un malheureux n'est jamais absolument seul dans

notre vallée. Tous nos bons Chamouniers se réunirent pour adoucir ma misère. Balmat me donna l'abri, Simon Coutet la nourriture, Gabriel Payot le vêtement. Une bonne femme veuve, qui avoit perdu ses enfants, se chargea de me soigner et de me conduire. C'est elle qui me sert encore de mère, et qui m'amène à cette place tous les jours de l'été.

— Et voilà tous vos amis?

— J'en ai eu plusieurs, répondit le jeune homme en imposant un doigt sur ses lèvres d'un air mystérieux, mais ils sont partis.

— Pour ne pas revenir?

— Selon toute apparence. J'ai cru pendant quelques jours que Puck reviendroit et qu'il n'étoit qu'égaré... mais on ne s'égare pas impunément dans nos glaciers. Je ne le sentirai plus bondir à mes côtés... je ne l'entendrai plus japper à l'approche des voyageurs...

(L'aveugle essuya une larme.)

— Comment vous nommez-vous?

— Gervais.

— Écoutez, Gervais. — Ces amis que vous avez perdus... — expliquez-moi...

(Au même instant, je fis un mouvement pour m'asseoir auprès de lui, mais il s'élança vivement à la place vide.)

— Pas ici, monsieur, pas ici!... c'est la place d'Eulalie, et personne ne l'a occupée depuis son départ.

— Eulalie? repris-je en m'asseyant à la place qu'il venoit de quitter; parlez-moi de cette Eulalie et de vous. Votre histoire m'intéresse.

Gervais continua :

— Je vous ai dit, monsieur, que ma vie n'avoit pas manqué de quelque douceur, car le ciel a placé une douce compensation à l'infortune dans la pitié des bonnes âmes.

Je jouissois de cette heureuse ignorance des maux, quand la présence d'un nouvel hôte au village des Bois vint occuper toutes les conversations de la vallée. On ne le connoissoit que sous le nom de M. Robert, mais c'étoit, suivant l'opinion générale, un grand seigneur étranger que des pertes irréparables et de profondes douleurs avoient décidé à cacher ses dernières années dans une solitude ignorée de tous les hommes. Il avoit perdu bien loin, disoit-on, une épouse qui faisoit presque tout son bonheur, puisqu'il ne lui restoit de leur union qu'un sujet d'éternel chagrin, une fille aveuglenée. On vantoit cependant à l'égal des vertus de son père l'esprit, la bonté, les grâces d'Eulalie. Mes yeux n'ont pu juger de sa beauté; mais quelle perfection auroit ajouté en moi au charme de son souvenir? je la revois dans mon esprit plus charmante que ma mère!

— Elle est morte? m'écriai-je.

— Morte? reprit-il d'un accent où se confondoient l'expression de la terreur et celle de je ne sais quelle inconcevable joie. — Morte? qui vous l'a dit?

— Pardonnez, Gervais, je ne la connois point : je cherchois à m'expliquer le motif de votre séparation.

— Elle est vivante! dit-il en souriant amèrement. Et il garda un moment le silence. — Je ne sais si je vous ai dit, ajouta-t-il à demi-voix, qu'elle s'appeloit Eulalie. C'étoit Eulalie, et voici sa place.

Il s'interrompit encore. — Eulalie! répéta Gervais en déployant sa main sur le rocher comme pour la chercher à côté de lui.

Puck lui lécha les doigts, et, reculant d'un pas, il le regarda d'un air attendri. — Je n'aurais pas donné Puck pour un million!

— Remettez-vous, Gervais. Pardonnez-moi encore une fois d'avoir ébranlé dans votre cœur une fibre si vive et si douloureuse. Je devine presque tout le reste de votre histoire. L'étrange conformité du malheur d'Eulalie et du vôtre frappa le père de cette jeune fille. L'intérêt que vous inspirez si bien, pauvre Gervais, ne pouvoit manquer de se faire sentir sur une âme exercée à ce genre d'impressions. Vous devîntes pour lui un autre enfant.

— Un autre enfant, répondit Gervais, et notre Eulalie fut pour moi une sœur. Ma bonne mère adoptive et moi, nous allâmes loger dans cette maison neuve qu'on appelle *le château*. Les maîtres d'Eulalie furent les miens. Nous apprîmes ensemble ces arts divins de l'harmonie qui ravissent l'âme vers une vie céleste. Nous lûmes avec les doigts sur des pages imprimées en relief les sublimes pensées des philosophes et les charmantes inventions des poëtes. J'essayois de les imiter et de peindre comme eux ce que je ne voyois pas; car la nature du poëte est une seconde création dont les éléments sont mis en œuvre par son génie, et avec mes foibles réminiscences je parvenois quelquefois à me refaire un monde. Eulalie aimoit mes vers, et que me falloit-il davantage? Quand elle chantoit, on auroit cru qu'un ange étoit descendu de la cime des monts terribles pour charmer la vallée. Tous les jours de la belle saison, on nous amenoit à cette pierre, qu'on appelle ici *le rocher des aveugles,* et où le meilleur des pères nous suivoit de tous les soins de l'amitié. Il y avoit alors autour de nous des touffes de rhododendron, des tapis de violettes et de marguerites, et quand notre main avoit reconnu une de ces dernières fleurs à tige courte, à son disque velouté, à ses rayons soyeux, nous nous amu-

sions à en effeuiller les pétales, en répétant cent fois ce jeu qui sert d'interprète aux premiers aveux de l'amour. — Si la fleur menteuse se refusoit à l'expression de mon unique pensée, je savois bien le dissimuler à Eulalie par une tromperie innocente. Elle en faisoit peut-être autant de son côté. Et aujourd'hui, cependant, il ne me reste rien de tout cela.

En parlant ainsi, Gervais étoit devenu de plus en plus sombre. Son front si pur s'obscurcit d'un nuage de colère; il garda un morne silence, frappa du pied au hasard et alla briser une rose des Alpes depuis longtemps desséchée sur sa tige; je la recueillis sans qu'il s'en aperçût, et je la plaçai sur mon cœur.

Quelque temps s'écoula sans que j'osasse adresser la parole à Gervais, sans qu'il parût s'occuper de poursuivre son récit. Tout à coup il passa sa main sur ses yeux comme pour chasser une vision désagréable, et, se retournant de mon côté avec un rire plein de grâce :

— Ah! ah!... continua-t-il, prenez pitié, monsieur, des foiblesses d'un enfant qui n'a pas su commander jusqu'ici aux troubles involontaires de son cœur. Un jour viendra peut-être où la sagesse descendra dans mon esprit, mais je suis si jeune encore...

— Je crains, mon ami, lui dis-je en pressant sa main, que cette conversation ne vous fatigue. Ne demandez pas à votre mémoire des souvenirs qui la tourmentent. Je ne me pardonnerois jamais d'avoir troublé une de vos heures d'un regret que vous sentez si profondément !

— Ce n'est pas vous qui me le rappelez, répondit Gervais. Il ne m'a pas quitté un instant, et j'aimerois mieux que mon âme s'anéantît que de le perdre. Tout mon être, monsieur, c'est ma douleur. Ma douleur, c'est ma dernière amitié. Nous n'étions plus qu'elle et moi. Il a bien fallu nous accoutumer à vivre ensemble ; et je la trouve plus facile à supporter, quand un peu de bienveillance en allége, en m'écoutant, le poids si tristement solitaire. Ah! ah! reprit-il en riant encore, les aveugles sont causeurs, et on m'entend si rarement !

Je n'avois pas quitté la main de Gervais. Il comprit que je l'entendois.

— D'ailleurs, dit-il, tout n'est pas amertume dans mes souvenirs. Quelquefois ils me rendent tout à fait le passé : je m'imagine que mon malheur actuel n'est qu'un songe, et qu'il n'y a de vrai dans ma vie que le bonheur que j'ai perdu. Je rêve qu'elle est assise à cette place, un peu plus éloignée de moi qu'à l'ordinaire, et qu'elle se tait, parce qu'elle est plongée dans une méditation à laquelle notre amour n'est pas étranger. Oh! si l'éternité que Dieu réserve aux âmes bienveillantes n'est que la prolongation infinie du plus doux sentiment qui les ait émues, quel bonheur d'être surpris par la mort dans cette pensée et de s'endormir ainsi !

Un jour nous étions assis sur ce rocher, comme

tous les jours... et nous jouissions, dans une extase si douce, de la sérénité de l'air, du parfum de nos violettes, du chant de nos oiseaux, et surtout de celui de notre fauvette des Alpes, — car tous les oiseaux des

bois nous étoient connus et ils voloient souvent à notre voix, — nous prêtions l'oreille avec tant de charme au bruit de la glace détachée par la chaleur, qui glisse en sifflant le long des aiguilles, et au balancement des eaux de l'Arveyron qui venoient mourir presque à nos pieds, que je ne sais quel pressentiment confus de la rapidité et de l'incertitude du bonheur nous remplit en même temps d'inquiétude et d'effroi. Nous nous pressâmes vivement l'un contre l'autre, nous entrelaçâmes nos bras comme si on avoit voulu nous séparer, et nous nous écriâmes ensemble : Toujours ! toujours ! — Je sentis qu'Eulalie respiroit à peine, et qu'elle avoit besoin d'être rassurée par toutes les forces que me donnoient mon caractère et mon courage d'homme : — Toujours, Eulalie, toujours ! — Le monde, qui nous croit si malheureux, peut-il juger de la félicité que j'ai goûtée dans la tendresse, que tu as trouvée dans la mienne ? Que nous importe le mouvement ridicule de cette société turbulente où vont se heurter tant d'intérêts qui nous seront toujours étrangers, car la nature a fait pour nous mille fois plus que n'auroient fait les longs apprentissages de la raison ! Nous sommes pour eux des êtres imparfaits, et cela est tout simple ; ils ne sont pas encore parvenus à apprendre que la perfection de la vie consistoit à aimer, à être aimé. Ils osent nous plaindre, parce qu'ils ne savent pas que nous les plaignons. Cette dangereuse fascination que les passions exercent par le regard n'agira du moins jamais sur nous. Le temps même a perdu son empire sur deux aveugles qui s'aiment. Nous ne changerons jamais l'un pour l'autre, puisqu'aucune altération ne peut nous rebuter, aucune comparaison nous distraire. Le sentiment qui nous unit est immuable comme le bruissement de notre Arveyron, comme le chant de nos oiseaux favoris, comme l'enceinte éternelle de ces rochers exposés au midi, au pied desquels on nous conduit quelquefois dans les jours incertains du mois de mai. Ce n'est pas le prestige de la beauté passagère d'une femme qui m'a séduit en toi, c'est quelque chose qui ne peut ni s'exprimer quand on le sent, ni s'oublier quand on l'a senti. C'est une beauté qui appartient à toi seule, et que j'écoute dans ta voix, que je touche dans tes mains, dans tes bras, dans tes cheveux, que je respire dans ton souffle, que j'adore dans ton âme! J'ai bien étudié leurs amours dans les livres qu'on nous a lus, ou sur lesquels mes doigts ont pu chercher des pensées; et je te proteste que leurs avantages sur nous consistent en des choses de peu de valeur. Le soleil, que j'ai vu autrefois, fût-il dans tes yeux, je n'effleurerois pas de mes lèvres avec plus de volupté ces longs cils qui les ombragent, et sur lesquels ma bouche a recueilli deux ou trois larmes, quand tu étois plus petite, et qu'on se refusoit, contre l'usage, à satisfaire un de tes caprices. Je ne sais si ton cou est aussi blanc que les neiges de la grande montagne, mais il ne m'en plairoit pas davantage — et cependant voilà tout. — Oh! si je jouissois de la vue, je supplierois le Seigneur d'éteindre mes yeux dans leur orbite, afin de ne pas voir le reste des femmes ; afin de n'avoir de souvenir que toi, et de ne laisser de passage vers mon cœur qu'à ces traits que j'aurois vu sortir des tiens. Voir un mande, le parcourir, l'embrasser, le conquérir, le posséder d'un rayon du regard — étrange merveille ! — Mais pourquoi ?... pour étourdir mon âme d'impressions inutiles, pour l'égarer hors de toi, loin de toi, dans de frivoles admirations, à travers ce qu'ils appellent les miracles de la nature et de l'art ! et qu'aurois-je à y chercher, si ce n'est une impression qui me rendît quelque chose de toi ? Elle est bien meilleure et bien plus complète ici ! Inconcevable misère des vanités de l'homme ! de ces arts dont ils font tant de bruit, de ces prodiges du génie qui les éblouissent, nous en connaissons ce que le grand nombre apprécie le plus, la musique, la poésie. — On convient que nous avons des organes pour les goûter, une âme pour les sentir ; et crois-tu cependant que jamais les chants divins de Lamartine aient retenti aussi délicieusement à mon oreille que le cri d'appel que tu me jettes de loin, quand on t'amène ici la dernière? Si Rossini ou Weber me saisissent d'un prestige plus puissant, c'est que c'est toi qui les chantes. Les arts, c'est toi qui les embellis, et tu embellirois ainsi la création dont ils ne sont que l'expression ornée; mais je puis me passer de ces richesses superflues, moi qui possède le trésor dont elles tireroient le plus de prix; car, enfin, ton cœur est à moi, ou tu n'es pas heureuse! — Je suis heureuse, répondit Eulalie, la plus heureuse des filles! — O mes enfants, dit M. Robert en unissant nos mains tremblantes, j'espère que vous serez toujours heureux, car ma volonté ne vous séparera jamais! — Accoutumé à nous suivre partout des soins de cette tendresse attentive que rien ne rassure assez, il s'étoit rapproché de nous sans être entendu et nous avoit entendus sans nous écouter. Je ne me croyois pas coupable, et j'étois cependant consterné. — Eulalie trembloit. — M. Robert se plaça — là — entre nous deux, car nous nous étions un peu éloignés l'un de l'autre... — Pourquoi pas, dit M. Robert, en nous enveloppant de ses bras, et en nous pressant tous les deux avec plus de tendresse encore qu'à l'ordinaire : — Pourquoi pas, en vérité! — ne suis-je pas assez riche pour vous acheter des serviteurs — et des amis? — Vous aurez des enfants qui remplaceront votre vieux père, car votre infirmité n'est pas héréditaire. Embrasse-moi Gervais; embrasse-moi bien, Eulalie; remerciez Dieu, et rêvez à demain, car le jour qui luira demain sera beau, même pour les aveugles !

Eulalie passa des bras de son père dans les miens. Pour la première fois, mes lèvres trouvèrent les siennes. Ce bonheur étoit trop complet pour être du bonheur. Je crus que ma poitrine alloit se briser. Je souhaitai de mourir. Hélas! je ne mourus pas !

Je ne sais, monsieur, comment est le bonheur des autres. Le mien manquoit de calme et même d'espérance. Je ne pus obtenir le sommeil, ou plutôt je ne le cherchai point, car il me sembloit que je n'aurois pas assez d'une éternité pour goûter les félicités qui m'étoient promises, et plus je cherchois à en jouir, plus elles échappoient à toutes mes pensées sous une foule d'apparences confuses. Je regrettois presque ce passé sans ivresse, mais sans craintes, où je ne redoutois rien parce que je n'avois compté sur rien. J'aurois voulu ressaisir ces pures voluptés de l'âme qui se passent de l'avenir dans un cœur d'enfant, où l'avenir, du moins, ne va pas plus loin que le lendemain. Enfin, j'entendis le bruit ordinaire de la maison; je me levai, je m'habillai sans attendre ma mère, je priai Dieu, et je gagna la croisée qui donne sur l'Arve pour y rafraîchir ma tête brûlante aux vapeurs des brumes matinales. Ma porte s'ouvrit. Je reconnus un pas d'homme. Ce n'étoit point M. Robert. Une main saisit la mienne. Monsieur Maunoir! m'écriai-je. Il y avoit plusieurs années qu'il n'étoit venu, mais le bruit de sa démarche, le contact de sa main, je ne sais quoi de franc, d'aisé et de tendre qui ne se juge en particulier par aucun sens, mais qui s'éprouve par tous, m'étoit resté de lui dans la mémoire. C'est bien lui, dit-il en parlant à quelqu'un d'un son de voix un peu altéré, c'est mon pauvre Gervais. Vous savez ce que je vous en dis dans le temps! — Après cela il imposa ses doigts sur mes paupières et les retint quelque temps élevées. — Ah! dit-il, la volonté de Dieu soit faite! Au moins, te trouves-tu heureux? — Bien heureux, lui répondis-je. M. Robert dit que j'ai profité de ses bontés. Je sais lire comme un voyant, et je suis aimé d'Eulalie. — Elle t'aimera davantage si elle te voit un jour, reprit M. Maunoir... — Si elle me voit, dites-vous? — Je pensai à ce séjour éternel où l'œil des aveugles s'ouvre à une clarté qui n'a plus de nuit. — Je ne compris pas.

Ma mère m'amena ici suivant l'usage, mais Eulalie tarda beaucoup. Je cherchois à m'expliquer pourquoi.

Mon pauvre Puck alloit à sa rencontre, et puis il revenoit, et puis il retournoit toujours; et quand il étoit bien loin, bien loin, il aboyoit avec impatience, et quand il étoit près de moi, il pleuroit. Enfin, il se mit à japper avec des éclats si bruyants et à sauter sur ce banc avec tant de pétulance, que je reconnus bien qu'elle devoit être près de nous, quoique je ne l'entendisse pas encore ; je me penchai vers le côté d'où je l'attendois, et mes bras étendus trouvèrent les siens. M. Robert n'avoit pas cette fois accompagné ses domestiques, et j'en sentis sur-le-champ la raison, qui devoit être celle aussi du retard inaccoutumé d'Eulalie : j'avois oublié qu'il y eût des étrangers au château.

Ce qu'il y a de bien étrange, monsieur, c'est que son arrivée, si vivement désirée, me remplit de je ne sais quelle inquiétude que je ne connoissois point encore. Je n'étois plus à mon aise avec Eulalie comme la veille. Depuis que nous devions être tout l'un à l'autre, je n'osois plus rien demander. Il me sembloit que son père, en me donnant un nouveau droit, m'avoit imposé mille privations. Je craignois d'exercer le pouvoir d'un mot, les séductions d'une caresse. Je sentois bien mieux qu'elle étoit à moi et je redoutois bien plus de la toucher. J'aurois crains de la profaner, en écoutant son souffle, en effleurant sa robe, en saisissant de ma bouche un de ses cheveux flottants. Elle éprouvoit peut-être le même sentiment, car notre conversation fut quelque temps celle de deux personnes qui se sont peu connues. Cela ne pouvoit pas durer longtemps. Les illusions de la dernière journée n'étoient pas encore vieillies. Puck avoit soin de nous les rappeler en bondissant de l'un à l'autre, comme s'il avoit souffert de nous voir si éloignés et si froids. Je me rapprochai d'Eulalie, et mes lèvres cherchèrent ses yeux, le seul endroit de son visage qu'elles eussent touché jusqu'à la veille de ce jour-là. Elles y touchèrent un bandeau. Tu es blessée, Eulalie!... — Un peu blessée, répondit-elle, mais bien légèrement, puisque je passe avec toi la journée comme d'ordinaire, et qu'il n'y a entre ta bouche et mes yeux qu'un ruban vert de plus.

— Vert! vert! ô mon Dieu! et qu'est-ce qu'un ruban vert?...

— J'ai vu, me dit-elle... je vois... — Et sa main trembloit dans la mienne, comme si elle m'avoit avoué une faute ou raconté un malheur.

— Tu as vu, m'écriai-je!... tu verras!... infortuné que je suis!...

Tu verras!... le miroir qui n'étoit pour toi qu'une

surface froide et polie, te montrera ta vivante image. Sa conversation, muette mais animée, te répétera tous les jours que tu es belle, et quand tu reviendras au malheureux aveugle, il ne t'inspirera plus qu'un sentiment. Tu le plaindras d'être aveugle, parce que tu concevras

que le plus grand des malheurs est de ne pas te voir. Que dis-je! tu ne reviendras pas! pourquoi reviendrois-tu? quelle est la belle jeune fille qui aimeroit un pauvre aveugle!...

Ah! malheur sur moi! je suis aveugle!

En disant cela, je tombai sur la terre, mais elle me suivit en me pressant de ses mains, en liant ses doigts dans mes cheveux, en effleurant mon cou de ses lèvres, en gémissant comme un enfant. — Non, jamais, jamais je n'aimerai que Gervais. — Tu te félicitois hier d'être aveugle pour que notre amour ne s'altérât jamais! je serai aveugle s'il le faut pour ne point laisser de souci à ton cœur. Veux-tu que j'arrache cet appareil? Veux-tu que je brise mes yeux!...

— Horrible souvenir! j'y avois pensé!...

— Arrête, lui dis-je, en saisissant violemment le rocher pour user sur lui l'excès de force qui me tourmentoit. — Nous parlons un langage insensé parce que nous sommes malades; toi, de ton bonheur, et moi, de mon désespoir. — Écoute :

Je repris ma place, elle la sienne. Mon cœur étoit près de se rompre.

— Écoute, continuai-je, — il est fort bien que tu voies parce que maintenant tu es parfaite. — Il est indifférent que je ne voie pas et que je meure — abandonné — parce que c'est le destin que Dieu m'a fait! — mais jure-moi de ne jamais me voir, de ne jamais chercher à me voir! Si tu me vois, tu seras forcée malgré toi à me comparer aux autres, à ceux qui ont leur esprit et leur âme dans leurs yeux, à ceux qui parlent du regard et qui font rêver les femmes avec un des traits qui jaillissent de leur prunelle ou un des mouvements qui soulèvent leurs sourcils. Je ne veux pas que tu puisses me comparer ! je veux rester pour toi dans le vague de la pensée d'une petite fille aveugle, comme un rêve, comme un mystère. Je veux que tu me jures de ne revenir ici qu'avec ce bandeau vert — d'y revenir toutes les semaines — ou au moins tous les mois, tous les ans une fois !... d'y revenir une fois encore ! Ah ! jure-moi d'y revenir une fois encore et de ne pas me voir !...

— Je jure de t'aimer toujours, dit Eulalie en pleurant.

Tous mes sens avoient défailli. J'étois retombé à ses pieds. M. Robert me releva, me fit quelques caresses et me remit dans les mains de ma mère. Eulalie n'étoit plus là.

Elle revint le lendemain, le surlendemain, plusieurs jours de suite, et mes lèvres n'avoient pas cessé de trouver ce bandeau vert qui entretenoit mon illusion. Je m'imaginois que je serois le même pour elle tant qu'elle ne m'auroit pas vu. Je croyois apprécier dans mes réminiscences les impressions d'un sens dont j'ai à peine joui, et il me sembloit qu'elles ne suffiroient pas à la distraire du prestige délicieux dans lequel nous avions passé notre enfance. Je me disois avec une satisfaction insensée : Elle est restée aveugle pour moi, mon Eulalie! elle ne me verra point! elle m'aimera toujours!...

Et je couvris son ruban vert de baisers, car je n'aimois plus ses yeux.

Il arriva un jour, après bien des jours, et si cela étoit à recommencer je les compterois, — il arriva, je ne sais comment vous le dire, que sa main s'étoit unie à la mienne avec une étreinte plus vive, que nos doigts entrelacés s'humectèrent d'une sueur plus tiède, que son cœur palpitoit ici à remuer mon sarrau, et que ma bouche, à force d'errer, retrouva de longs cils de soie sous son bandeau vert.

— Grand Dieu! m'écriai-je, est-ce une erreur de ma mémoire? Non, non! je me souviens que, lorsque j'étois tout enfant, j'ai vu flotter des lumières sur les cils de mes yeux, qu'ils portoient des rayons, des feux arrondis, des taches errantes, des couleurs, et que c'étoit par là que le jour se glissoit avec mille étincelles aiguës pour venir m'éveiller dans mon berceau... Hélas! si tu allois me voir!

— Je t'ai vu, me dit-elle en riant, et à quoi m'auroit servi de voir si je ne t'avois pas vu? Orgueilleux! qui prescris des limites à la curiosité d'une femme dont les yeux viennent de s'ouvrir au jour!

— Cela n'est pas possible, Eulalie... — Vous m'aviez juré!...

— Je n'ai rien juré, mon ami, et quand tu m'as demandé ce serment, je t'avois déjà vu. Du plus loin que l'esplanade permit à Julie de te découvrir... Le vois-tu? lui disois-je. — Oui, mademoiselle; il a l'air bien triste. — Je compris cela; je venois si tard! Zeste, le ruban n'y étoit plus. On m'avoit dit que cela m'exposeroit à perdre la vue pour toujours, mais après t'avoir vu, je n'avois plus besoin de voir. Je ne remis mon bandeau vert qu'en m'asseyant auprès de toi.

— Tu m'avois vu, et tu continuas à venir. Cela est bien. Qui avois-tu vu d'abord?

— M. Maunoir, mon père, Julie, — et puis ce monde immense, les arbres, les montagnes, le ciel, le soleil, la création dont j'étois le centre, et qui sembloit de toutes parts prête à se précipiter sur moi au fond de je ne sais quel abîme où je me croyois plongée.

— Et depuis que tu m'as vu?

— Gabriel Payot, le vieux Balmat, le bon Terraz, Cachat le géant, Marguerite...

— Et personne de plus?

— Personne.

— Comme l'air est frais ce soir! abaisse ton bandeau : tu pourrois redevenir aveugle.

— Qu'importe! je te le répète, je n'ai gagné à voir que de te voir, et à te voir que de t'aimer par un sens de plus. Tu étois dans mon âme comme tu es dans mes yeux. J'ai seulement un nouveau motif de n'exister que pour toi. Cette faculté qu'ils m'ont donnée, c'est un nouveau lien qui m'attache à ton cœur, et c'est pour cela qu'elle m'est chère! Oh! je voudrois avoir autant de sens que les belles nuits ont d'étoiles pour les occuper tous de notre amour! je pense que c'est par là que les anges sont heureux entre toutes les créatures.

C'étoient ses propres paroles, car je ne puis les oublier. La conquête de la lumière avoit encore exalté cette vive imagination, et son cœur s'étoit animé de tous les feux que ses yeux venoient de puiser dans le soleil.

Mes jours avoient retrouvé quelque charme. On s'accoutume si facilement à l'espérance! L'homme est si foible pour résister à la séduction d'une erreur qui le flatte! Notre existence avoit pris d'ailleurs un nouveau caractère, je ne sais quelle variété mobile et agitée qu'Eulalie me forçoit à préférer au calme profond dans lequel nous avions vécu jusque-là. Ce banc de rocher sur lequel vous êtes assis n'étoit plus pour nous qu'un rendez-vous et qu'une station, où nous venions nous délasser en doux entretiens du doux exercice de la promenade. Le reste du temps se passoit à parcourir la

vallée, où Eulalie seule me servoit de guide, enchantant mon oreille des impressions qu'elle recueilloit à l'aspect de tous ces merveilleux tableaux que la vue découvre à la pensée. Il me sembloit quelquefois que son imagination, comme une fée puissante, commençoit à dégager mon âme des ténèbres du corps, et à la ravir, éclairée de mille lumières, dans les espaces du ciel, en lui prodiguant des images gracieuses comme des parfums, des couleurs vives et pénétrantes comme les sons d'un instrument; mais bientôt mes organes se refusoient à cette perception trompeuse, et je retombois tristement dans la morne contemplation d'une nuit éternelle. Ce funeste retour sur moi-même échappoit rarement à la sollicitude de sa tendresse; et alors elle n'épargnoit rien pour m'en distraire. Quelquefois, c'étoient des chants qui me ramenoient par la pensée au temps où nous étions aveugles tous deux, et où elle charmoit ainsi notre solitude; plus souvent, c'étoit la lecture qui étoit devenue pour nous une acquisition nouvelle et singulière, quoique nous en eussions possédé le secret sous d'autres formes et par d'autres procédés, car la bibliothèque des aveugles est extrêmement bornée. Mon attention entraînée dans l'essor de sa parole perdoit son action intérieure, et je croyois vivre dans une nouvelle vie que je n'avois encore ni devinée ni comprise; dans une vie d'imagination et de sentiment, où je ne sais quels êtres d'invention, moins étrangers à moi que moi-même, venoient surprendre et charmer toutes les facultés de mon cœur. Quelle vaste région de pensées magnifiques et de méditations touchantes s'ouvre à l'être favorisé qui a reçu du ciel des organes pour lire, et une intelligence pour comprendre ! Tantôt c'étoit un passage de la Bible, comme le discours du Seigneur à Job, qui me confondoit d'admiration et de respect; ou comme l'histoire de Joseph et de ses frères, qui plongeoit mon cœur dans une tendre émotion de pitié ; tantôt c'étoient les miracles de l'épopée, avec la naïveté presque divine d'Homère, ou avec la religieuse solennité de Milton. Nous lisions aussi des romans, parmi lesquels un instinct bien vague, bien confus, que je n'ai jamais cherché à m'expliquer, me faisoit affectionner *Werther*. Eulalie preféra d'abord ceux dont le sujet s'approprioit à notre situation. Une passion vivement exprimée, une séparation douloureusement sentie, les pures joies d'une chaste union, la simplicité d'un ménage rustique, à l'abri de la curiosité intéressée et de la fausse affection des hommes, voilà ce qui troubloit sa voix, ce qui mouilloit ses paupières; et quoiqu'on parlât moins souvent dès lors de notre mariage, quand l'ordre de la lecture du soir amenoit quelque chose de pareil, elle m'embrassoit encore devant son père.

Au bout de quelque temps, je crus remarquer qu'il s'étoit fait un peu de changement dans le goût de ses lectures. Elle se plaisoit davantage à la peinture des scènes du monde; elle insistoit sans s'en apercevoir sur la vaine description d'une fête; elle aimoit à revenir sur les détails de la toilette d'une femme ou de l'appareil d'un spectacle. Je ne supposai pas d'abord qu'elle eût entièrement oublié que j'étois aveugle, et ces distractions froissoient mon cœur sans le rompre. J'attribuois ce léger caprice au mouvement extraordinaire qui se faisoit sentir dans le *château*, depuis que M. Maunoir en avoit renouvelé l'aspect par un des miracles de son art. M. Robert, plus heureux, sans doute, plus disposé à jouir des faveurs de la fortune et des grâces de la vie, du moment où sa fille lui avoit été redonnée avec toute la perfection de son organisation et tout l'éclat de sa beauté, aimoit à réunir ces nombreux voyageurs que la courte saison d'été ramène tous les ans dans nos montagnes. Le *château*, on peut encore vous le dire, étoit devenu en effet un de ces manoirs hospitaliers d'un autre âge dont le maître ne croyoit jamais avoir assez fait pour embellir le séjour de ses hôtes. Eulalie brilloit dans ce cercle toujours nouveau, toujours composé de riches étrangers, de savants illustres, de voyageuses coquettes et spirituelles; elle brilloit parmi toutes les femmes, et de cet attrait de la parole, qui est, pour nous infortunées, la physionomie de l'âme, et de mille autres attraits que je ne lui connoissois pas. Quel incroyable mélange d'orgueil et de douleur soulevoit ma poitrine jusqu'à la faire éclater, quand on vantoit près de moi le feu de ses regards, ou quand un jeune homme, niaisement cruel, nous complimentoit sur la couleur de ses cheveux !...

Ceux qui étoient venus pour voir la vallée y prolongeoient volontiers leur séjour pour voir Eulalie. Je comprenois cela. Je n'avois pas à regretter son affection, qui sembloit ne pouvoir s'altérer jamais, et cependant j'éprouvois qu'elle vivoit de plus en plus hors de moi, de nous, de cette intimité de malheur qu'on n'ose pas réclamer, et qui coûte le bonheur quand on la perd. Je souhaitois l'hiver plus impatiemment que je n'avois jamais souhaité le souffle tiède et les petites ondées du printemps. L'hiver désiré arriva, et M. Robert m'apprit, non sans quelques précautions, non sans m'assurer qu'on se séparoit de moi pour quelques jours tout au plus, et qu'on ne mettroit à m'appeler que le temps nécessaire pour se faire à Genève un établissement commode ; il m'apprit qu'il partoit avec elle, qu'ils alloient passer l'hiver à Genève, — l'hiver si vite passé !... l'hiver passé si près !...

Vous entendez bien : — *si vite !...* un hiver des Alpes !... — *si près !...* à Genève, à l'extrémité des montagnes maudites ! — une route que le chamois n'oseroit tenter en hiver ; — et j'étois aveugle !

Je restai muet de stupeur. Les bras d'Eulalie s'enlacèrent autour de mon cou. Je les trouvai presque froids, presque lourds. Elle m'adressa quelques paroles tendres et émues, si ma mémoire ne me trompe pas, mais ce bruit passa comme un rêve. Je ne revins complétement à moi qu'au bout de quelques heures. Ma mère me dit : Ils sont partis, Gervais, mais nous resterons au *château!*

Damnation ! m'écriai-je, notre cabane a donc disparu sous une autre avalanche ! — Non, Gervais, la cabane est là, et les bienfaits de M. Robert m'ont permis de l'embellir. — Eh bien ! lui répondis-je en me jetant tout en pleurs dans ses bras, jouissez des bienfaits de M. Robert ! je n'ai pas le droit de les refuser pour vous... mais, au nom du ciel, allons-nous-en !

J'avois eu le temps de réfléchir à notre position. Je savois qu'elle n'épouseroit pas un aveugle, et je me serois refusé à l'épouser moi-même depuis qu'elle avoit cessé d'être aveugle sans cesser d'être riche. C'étoit le malheur qui nous rendoit égaux ; et, du moment où cette sympathie s'étoit rompue, je perdois tous les droits que le malheur m'a donnés. Qui pourroit remplir l'intervalle immense que Dieu a jeté entre la merveille de la création, un ange ou une femme, et le dernier de ses rebuts, un orphelin aveugle? Mais, que le ciel me pardonne ce jugement s'il est téméraire ! je croyois qu'elle ne m'abandonneroit pas tout à fait, et qu'elle me réserveroit, près d'elle, le bonheur d'entendre, dans un endroit où elle passeroit quelquefois, ou flotter sa robe de bal, ou crier le satin de ses souliers, ou tomber de sa bouche ces mots plus doux au moins qu'un éternel adieu : *Bonsoir, Gervais !*

Depuis ce temps-là, je n'ai plus rien à raconter, presque plus rien.

Au mois d'octobre elle m'envoya un ruban, à caractères imprimés en relief, et qui portoit : CE RUBAN EST LE RUBAN VERT QUE J'AVOIS SUR MES YEUX. — Je ne l'ai pas quitté. Le voilà.

Au mois de novembre le temps étoit encore assez beau, Un des gens de la maison m'apporta quelques présents de son père. Je ne m'en suis pas informé.

Au mois de décembre les neiges recommencèrent. Dieu! que cet hiver fut long! Janvier, février, mars, avril, des siècles de désastres et de tempêtes! et au mois de mai les avalanches qui tomboient partout, excepté sur moi.

Quand deux ou trois rayons du soleil eurent adouci

l'air et égayé la contrée, je me fis conduire sur la route des Bossons, à la rencontre des muletiers ; mais ils ne venoient pas encore. Je supposai que l'Arve se débordoit, qu'une autre montagne menaçoit la vallée de Servoz, que le Nant-Noir n'avoit jamais été si large et si terrible, que le pont de Saint-Martin s'étoit rompu, que tous les rochers de Maglan couvroient les bosquets de leurs ruines suspendues depuis tant de siècles, que l'enceinte formidable de Cluse se fermoit enfin à jamais, car j'avois entendu parler de ces périls par les voyageurs et par les poëtes. Cependant il arriva un muletier, il en arriva deux. Quand le troisième fut venu je n'attendis plus rien. Je pensai que toute ma destinée étoit accomplie. Huit jours après on me lut une lettre d'Eulalie ; elle avoit passé l'hiver à Genève ; elle alloit passer l'été à Milan !

Ma mère trembloit pour moi. Je ris. Je m'y étois attendu, et c'est une grande satisfaction que de savoir jusqu'à quel point on peut porter la douleur.

Maintenant, monsieur, vous connoissez toute ma vie. C'est cela. Je me suis cru aimé d'une femme, et j'ai été aimé d'un chien. Pauvre Puck !

Puck s'élança sur l'aveugle. — Ce n'est pas toi, lui dit-il, mais je t'aime puisque tu m'aimes.

— Cher enfant, m'écriai-je, il en viendra une aussi qui ne sera pas elle, et que tu aimeras parce que tu en seras aimé!

— Vous connoissez une jeune fille aveugle et incurable? reprit Gervais.

— Pourquoi pas une femme qui te verra et qui t'aimera?

— Vous a-t-on dit qu'Eulalie reviendroit?

— J'espère qu'elle reviendra; mais tu aimes Puck parce qu'il t'aime. Tu aimeras une femme qui te dira qu'elle t'aime.

— C'est bien autre chose. Puck ne m'a pas trahi. Puck ne m'auroit pas quitté. Puck est mort.

— Écoute, Gervais, il faut que je m'en aille. J'irai à Milan; — je la verrai, — je lui parlerai, je le jure, — et puis, je reviendrai; — mais j'ai aussi des douleurs à distraire, des blessures à cicatriser; — tu ne le croirois pas, et cependant, cela est vrai! pour échanger contre ton cœur, qui souffre, mon cœur avec toutes ses angoisses, je voudrois pouvoir te donner mes yeux!...

Gervais chercha ma main et la pressa fortement. Les sympathies du malheur sont si rapides!

— Au moins, continuai-je, il ne te manque rien de ce qui contribue à l'aisance. Les soins de ton protecteur ont fait fructifier ton petit bien. Les bons Chamouniers regardent ta prospérité comme leur plus douce richesse. Ta beauté te fera une maîtresse; ton cœur te fera un ami!

— Et un chien!... dit Gervais.

— Ah! je ne donnerois pas le mien pour ta vallée et pour tes montagnes, s'il ne t'avoit pas aimé! — Je te donne mon chien...

— Votre chien! s'écria-t-il, votre chien!... Non! non!... monsieur, cela ne se donne pas!

Voyez comme Puck m'avoit entendu! il vint me combler de douces caresses mêlées d'amour, et de regret et de joie. C'étoit la tendresse la plus vive, mais une tendresse d'adieu ; et quand d'un signe qu'il attendoit je lui montrai l'aveugle, il s'élança fièrement sur ses genoux, et une patte appuyée sur le bras de Gervais, me regarda de l'air assuré d'un affranchi.

— Adieu, Gervais! — Je ne nommai pas Puck, il m'auroit suivi. Quand je fus au détour de l'esplanade je l'aperçus, honteux, sur la lisière de la forêt. Je m'approchai doucement, il recula d'un seul pas, et puis étendit sur ses deux pattes une tête humiliée. Je passai ma main sur les ondes flottantes de sa longue soie, et, avec un serrement du cœur, mais d'une voix sans colère, je lui dis : Va...

Il partit comme un trait, se retourna encore une fois pour me regarder et rejoignit Gervais.

Du moins il ne sera plus seul.

Quelques jours après, j'étois à Milan.

J'étois à Milan sans dessein. Il arrive une époque de la vie où l'on cesse d'user de ses jours. On les use.

Le récit même de Gervais ne m'avoit laissé qu'une impression touchante et triste, mais vague et légère comme celle d'un songe dont je ne sais quelle inexplicable liaison d'idées réveille de temps en temps le souvenir.

J'étois bien loin de rechercher la fréquentation du grand monde. Qu'y aurois-je fait? mais je ne l'évitois pas. C'est aussi une solitude, — à moins toutefois, et alors malheur à vous, que vous n'y fassiez la rencontre d'un de ces brillants et hardis *touristes* que vous avez aperçus du boulevard sur le perron de Tortoni, ou près desquels vous avez bâillé un heure à Favart, — poupées apprêtées par un goût frivole pour l'étalage du tailleur, — à la cravate *fashionable,* aux cheveux en coup de vent, au claque rond doublé de satin cerise, au gilet mandarin de Valencia, aux bas gris de perle brodés de coins à jour, au lorgnon scrutateur, à l'imperturbable assurance, à la voix haute.

— C'est toi! s'écria Roberville.

— C'est vous! répondis-je...

Et il n'avoit pas cessé de parler ; mais pendant que ses phrases venoient mourir à mon oreille, comme le bourdonnement confus d'un insecte importun, mes yeux s'étoient arrêtés sur une jeune femme de la plus rare beauté et de la parure la plus éclatante, qui étoit là, seule, rêveuse, mélancolique, appuyée contre un des attiques de la colonnade.

— Ah! je comprends, me dit-il; c'est par là que tu veux commencer; mais cela n'est réellement pas mal! je reconnois ce goût exercé qui te distinguoit parmi tous les amateurs; c'est une affaire à essayer. Dans sa position on est au premier venu, et un homme qui arrive avec tes avantages!... J'y avois pensé, mais j'ai été pris plus haut.

— En vérité, repartis-je en le mesurant. C'est possible!

— Allons! Le cœur est occupé! Tu n'as d'attentions que pour elle! Conviens qu'il seroit fâcheux que ces beaux yeux noirs ne se fussent jamais ouverts à la lumière?...

— Que voulez-vous dire!

— Ce que je veux te dire? C'est qu'elle est née aveugle. C'est la fille d'un riche négociant d'Anvers qui n'avoit eu que cet enfant d'une femme qu'il perdit jeune et qui lui laissa de profonds regrets.

— Vous croyez?

— Il le faut bien, puisqu'il quitta sa maison qui étoit, dit-on, plus florissante que jamais, et s'éloigna d'Anvers, après avoir distribué de magnifiques présents à ses employés et des pensions à ses domestiques.

— Et puis, que devint-il? repris-je avec l'impatience d'une curiosité qui s'accroissoit par degrés?

— Oh! c'est un roman... qui t'ennuieroit... Et puis, que sais-je, moi? Ce bonhomme alla où nous allons tous une fois, pour dire que nous y sommes allés; dans cette froide vallée de Chamouny dont je n'ai jamais compris les tristes merveilles, et, chose étonnante! il s'y fixa pendant quelques années. N'as-tu pas entendu parler de lui? Un nom bourgeois... M. Robert... C'est cela.

— Enfin? repris-je...

— Enfin continua-t-il, un oculiste rendit la vue à cette petite fille. Son père la conduisit à Genève... et à Genève elle devint amoureuse d'un aventurier qui l'enleva, parce que son père le refusa pour gendre.

— Son père avoit jugé ce misérable.

— Il l'avoit d'autant mieux jugé qu'à peine arrivé à Milan l'aventurier disparut avec tout l'or et tous les diamants qu'il étoit parvenu à soustraire. On assure que ce galant homme étoit déjà marié à Naples, et qu'il avoit encouru une condamnation capitale à Padoue. La justice le réclamoit.

— Et M. Robert?

— M. Robert mourut de chagrin, mais cet événement ne fit pas grande impression. C'étoit une espèce de visionnaire, un homme à idées bizarres, qui, entre autres extravagances, avoit conçu pour sa fille l'établissement le plus ridicule. Croirois-tu qu'il vouloit la marier à un aveugle?

— La malheureuse !

— Pas si malheureuse, mon cher! Peu considérée à la vérité; c'est la conséquence nécessaire d'une faute chez ces pauvres créatures : mais la considération, cela ne sert qu'aux pauvres.

— Est-il vrai?

— Comme je te le dis. Regarde plutôt! Ah! mon ami! On a bien des priviléges avec deux cent mille francs de rentes, et des yeux comme ceux-là!

— Des yeux! des yeux! malédiction sur ses yeux! ce sont eux qui l'ont donnée à l'enfer!

Il y a dans mon cœur un levain horrible de cruauté.

Je voudrois que ceux qui ont fait souffrir les autres souffrissent une fois tout ce qu'ils ont fait souffrir...

Je voudrois que cette impression fût déchirante, et profonde, et atroce, et irrésistible; je voudrois qu'elle saisît l'âme comme un fer ardent; je voudrois qu'elle pénétrât dans la moelle des os comme un plomb fondu ; je voudrois qu'elle enveloppât tous les organes de la vie comme la robe dévorante du centaure.

Je voudrois cependant qu'elle durât peu, et qu'elle finît avec un rêve.

J'avois fixé sur Eulalie un de ces regards arrêtés qui font mal aux femmes quand ils ne les flattent pas. — Je ne sais plus où je l'avois appris. — Elle se releva du socle qu'elle embrassoit si tristement, et se tint devant moi, immobile et presque effrayée.

Je m'approchai lentement : — Et Gervais! lui dis-je...

— Qui?

— Gervais!

— Ah! Gervais! reprit-elle, en appuyant sa main sur ses yeux.

Cette scène avoit quelque chose d'étrange qui étonneroit l'âme la plus assurée. J'apparoissois là comme un intermédiaire inconnu, la pénitence, ou le remords.

— Gervais! repris-je avec véhémence en la saisissant par le bras, qu'en as-tu fait?

— Elle tomba... Je ne me suis pas informé de ce qu'elle devint depuis.

Je rentrai en Savoie par le mont Saint-Bernard. Je traversai la *Tête-Noire*. Je revis la vallée.

C'étoit l'heure — c'étoit la place — et c'étoit le rocher. Seulement Gervais n'y étoit pas.

Le soleil y donnoit en plein, et toutes les pâquerettes étoient fleuries, et toutes les violettes parfumoient l'air. Il n'y avoit pas jusqu'à la rose des Alpes qui n'eût repoussé.

Mais Gervais n'y étoit pas.

Je m'approchai de son banc. Il y avoit oublié son long bâton de cytise recourbé, noué d'un ruban vert avec des caractères imprimés en relief. Cette circonstance m'inquiéta.

J'appelai Gervais. — Une voix répéta : Gervais. Je crus que c'étoit l'écho.

Je me tournai de ce côté, et je vis venir Marguerite qui menoit un chien en laisse. Ils s'arrêtèrent. Je reconnus Puck, et Puck ne parut pas me reconnoître ; il étoit tourmenté d'une autre idée, d'une idée indéfinissable. Il avoit le nez en l'air, les oreilles soulevées, les pattes immobiles, mais tendues, pour se préparer à la course.

— Hélas! monsieur, me dit Marguerite, auriez-vous vu Gervais?

— Gervais? répondis-je. Où est-il?

Puck se tourna de mon côté comme pour me regarder, parce qu'il m'avoit entendu. Il s'approcha de moi de toute la longueur de sa laisse. Je le flattai de la main, il la lécha — et puis il reprit sa station.

— Monsieur, me dit-elle, je vous remets bien maintenant; c'est vous qui lui avez donné cet épagneul qu'il aime tant, pour le consoler de la perte de son barbet qu'il avoit tant aimé. Le pauvre animal n'a pas été huit jours dans la vallée qu'il a été frappé d'une goutte sereine comme son maître. Il est aveugle.

Je relevai les soies du front de Puck; il étoit aveugle.
— Puck détourna la tête, lécha encore ma main, et puis hurla.

— C'est pour cela, continua dame Marguerite, que Gervais ne l'avoit pas amené hier.

— Hier, Marguerite! il n'est pas rentré depuis hier!

— Ah! monsieur! c'est une chose incompréhensible, et qui étonne tout le monde. Imaginez-vous que nous eûmes dimanche un grand orage, et qu'il arriva chez nous un seigneur, je jurerois que c'étoit un mylord anglois, qui descendoit du Buet avec un chapeau de paille tout enrubané, et un bâton à glacier, embecqué de corne de chamois, mais mouillé, mouillé, mouillé!...

— Qu'importe cela?

— Pendant que j'étois allé chercher des fagots pour le sécher, M. de Roberville resta seul avec Gervais.

— M. de Roberville!...

— C'est son nom; et je ne sais ce qu'il lui dit; mais hier Gervais étoit si triste! Cependant il paroissoit plus pressé que jamais de venir à l'esplanade, si pressé que j'eus à peine le temps de jeter sa mante bleue sur ses épaules, parce qu'il avoit beaucoup plu la veille, comme je vous ai dit, et que le temps étoit encore froid et humide. « Mère, me dit-il quand nous sortîmes, je vous
« prie de retenir Puck et d'en avoir soin. Sa pétulance
« m'incommode un peu, et si la laisse m'échappoit,
« nous ne pourrions pas nous retrouver l'un l'autre. »
Je l'amenai ici, et quand je vins le rechercher, je ne le trouvai pas.

— Gervais! m'écriai-je, mon bon Gervais!

— O Gervais! mon fils Gervais! mon petit Gervais! disoit cette pauvre femme.

Et Puck! il mordoit sa laisse, et il bondissoit d'impatience autour de nous.

— Si vous lâchiez Puck, lui dis-je, il retrouveroit peut-être Gervais?

Je ne sais si j'avois réfléchi à ce moyen; mais la laisse étoit coupée.

J'eus à peine le temps de m'en apercevoir.

Puck prit son élan, fit quatre bonds, et j'entendis un bruit comme celui d'un corps qui tombe dans le gouffre de l'Arveyron.

— Puck! Puck!

Quand je fus là, le petit chien avoit disparu, et je ne vis surnager qu'un manteau bleu sur le gouffre qui tourbillonnoit.

BAPTISTE MONTAUBAN

BAPTISTE MONTAUBAN

e ne sortirai certainement pas de ces montagnes, dis-je à l'hôtesse en arrivant avec elle sur le pas de la porte, sans avoir vu ce bon M. Dubourg dont vous me parlez. C'étoit un des plus tendres amis de mon père. Il n'est que sept heures du matin; trois lieues sont bientôt faites quand le temps est beau à souhait, et je peux disposer d'un jour sans préjudice pour mes affaires. Il me sauroit mauvais gré de n'avoir pas dîné avec lui en passant, n'est-il pas vrai?

— Il ne vous le pardonneroit pas, répondit-elle, puisqu'il n'y a pas de semaine qu'il n'envoie prendre des informations de votre arrivée.

— Je ne me pardonnerois pas davantage d'avoir manqué une occasion de vérifier ce que valent mes prophéties. J'ai prédit il y a cinq ans que sa fille Rosalie, qui n'en avoit que douze, deviendroit une des piquantes beautés de la province, et je suis curieux de savoir si la petite brunette aux yeux bleus m'a fait mentir.

— Tenez-vous assuré du contraire, s'écria madame Gauthier. On iroit à Besançon, et peut-être à Strasbourg (c'étoit pour madame Gauthier l'équivalent des antipodes), sans rencontrer sa pareille; et avec cela, élevée comme un charme et sage comme une image; mais n'allez pas vous y laisser prendre, pour rentrer ici au désespoir, comme vous faisiez du temps de l'autre. Tout gentil que vous êtes, vous pourriez en être cette fois pour vos peines et pour vos soupirs, car voilà déjà bien des mois qu'il est bruit qu'on la marie.

— Diable, diable! madame Gauthier, vous me prenez toujours pour un jeune homme, quoique j'aie vingt-quatre ans passés, une fortune établie et une position sérieuse. Croyez-vous qu'un avocat stagiaire au barreau de Lons-le-Saulnier se passionne comme un légiste ou comme un clerc d'avoué?... Rassurez-vous, ma chère dame, et montrez-moi seulement le chemin qu'il faut que je tienne pour parvenir chez M. Dubourg, car j'ignorois même que sa maison de campagne fût si près d'ici.

— Vous ne serez pas embarrassé dans toute la première moitié de la route, répliqua-t-elle. Vous ne perdrez pas un moment le petit sentier bien frayé que vous voyez courir là dans les prés, le long de ce ruisseau bordé de saules; mais une fois arrivé au pied du coteau qui ferme le Val, ce sera une autre affaire; vous serez aux bois de Châtillon, qu'il faut traverser pour apercevoir le château, et comme ils ne sont pratiqués que par les bûcherons, qui y ont tracé dans leurs allées et venues bien des chemins qui se croisent, je me suis laissé dire que les gens du pays s'y égaroient quelquefois; mais il ne manque pas de huttes et de baraques à la rive du bois, et vous n'aurez qu'à hucher pour vous procurer un guide.

Fort pénétré de ces utiles renseignements, je saluai mon hôtesse de la main; je me mis en route, et je gagnai du pays en faisant des tirades pour le premier acte de ma tragédie, avec la délicieuse et immense préoccupation d'un homme qui se complaît dans ses vers. Aussi j'étois fort loin, au bout d'une heure, du petit sentier bien frayé qui court dans les prés le long d'un ruisseau bordé de saules, et je fus fort heureux, pour retrouver ma direction, que la colline ne se fût pas avisée de la fantaisie, à la vérité assez étrange, de se déranger de sa place.

Après avoir longtemps côtoyé la rive du bois, comme disoit madame Gauthier, en suivant inutilement un fourré si épais, que j'aurois à peine compris qu'il pût ouvrir passage à un lièvre poursuivi par les chiens, je fus frappé de la vue d'une petite maison toute blanche, c'est-à-dire assez fraîchement crépie, qui s'adossoit au bois comme un oratoire couronné de feuillages, et autour de laquelle se fermoit en carré une palissade à treillage fort serré d'où se répandoient de toutes parts des pampres de vignes, de flottantes guirlandes de liseron et de houblon, et des rameaux d'églantier chargés de fleurs. Je fis quelques pas et j'arrivai à l'entrée de ce joli-réduit, qui ne paroissoit guère propre qu'à loger deux ou trois personnes. Sur un bout de banc joint à la porte du logis, et qui étoit élevé comme elle d'une marche ou deux au-dessus d'un potager de quelques pieds de surface, il y avoit un jeune homme assis. Je pris le temps de le regarder, parce que lui ne me regardoit pas. Il étoit vraisemblablement trop occupé pour s'apercevoir de ma présence.

Je ne dirois pas facilement ce qui, dans ce jeune homme, excita soudainement ma curiosité, mon intérêt, mon affection. Je ne suis pas romanesque, on le sait bien; mais le lieu, la circonstance, la personne surtout, faisoient naître en moi une foule d'idées mélancoliquement poétiques, dont j'étois presque fâché de faire tort à ma composition. Je finis cependant par y prendre un plaisir très-vif et par le goûter en silence.

Ce jeune homme, si absorbé dans ses pensées, qu'un peu de bruit que j'avois fait étourdiment en m'approchant de lui n'avoit pu un moment l'en distraire, étoit beau comme une de ces figures qu'on rêve quand on s'endort sur une bonne action, et du sommeil d'un homme qui se porte bien. (Ce sont décidément les deux seules manières d'être heureux que je connoisse.) Il sembloit délicat et même foible, et cependant sa blanche et gracieuse figure, qu'inondoient les flots d'une chevelure blonde parfaitement bouclée, ne se seroit peut-être pas refusée à l'expression d'une forte nature d'homme. A travers la suave douceur de ses traits languissants, on démêloit le caractère d'une méditation habituelle et d'une profonde résolution. Cela m'étonna.

— Eh quoi! pensai-je à part moi, envierois-tu dans ton cœur navré les avantages dont te privent les aveugles répartitions de la fortune? Regretterois-tu le droit qu'elle t'a ravi de prendre une part active aux agitations de la multitude, et de l'entraîner par amour ou de la soumettre par le génie? Dieu t'en préserve, pauvre ange! continuai-je en m'approchant encore de lui, car je l'aimois déjà beaucoup. Reste doux et pur comme te voilà dans ta force inutile, jouis de ta solitude, et laisse aux ridicules tyrans du vieux monde, conquérant déçu ou roi détrôné que tu es sur la terre, l'empire absurde qu'ils y exercent depuis tant de siècles!

Le jeune homme tourna les yeux de mon côté, et me regarda fixement pendant que je le saluois. Il fit un mouvement pour se lever, je me hâtai de le retenir sur son banc, parce qu'il m'avoit semblé malade.

— Je vous demande pardon, mon ami, lui dis-je, d'avoir interrompu le cours de vos pensées; la rêverie est si belle à votre âge ! Pourriez-vous m'indiquer, sans vous déranger davantage, le chemin du bois qui conduit à la maison de M. Dubourg? Elle ne doit pas être fort loin d'ici.

Il me regarda encore, mais sa physionomie avoit subitement passé de l'expression d'une bienveillance timide à celle de l'inquiétude et de l'effroi. Cependant il parut réfléchir.

— La maison de M. Dubourg? répondit-il enfin, comme s'il avoit cherché à recueillir quelques souvenirs très-confus; Dubourg? M. Dubourg? la maison de M. Dubourg?... Ah! ah! continua-t-il en riant, il y avoit autrefois une belle maison de ce nom-là, que j'ai habitée quand j'étois jeune. C'est là que j'ai vu pour la première fois des anges qui avoient pris la figure de femmes, des fleurs de toutes les saisons, et des oiseaux de tous les ramages... Mais ce n'étoit pas dans ce monde-ci.

Ensuite il laissa tomber sa tête sur ses mains, et il oublia que j'étois là.

Je compris alors qu'il étoit idiot ou innocent, suivant le langage du pays. Merveilleuse société que la nôtre, où ces deux êtres d'élection, celui qui vit inoffensif envers tous, et celui qui vit solitaire, sont repoussés avec mépris jusqu'aux limites de la civilisation, comme de pauvres enfants morts sans baptême!

Au même instant, la porte ouvrit près de moi, et j'y vis paroître une femme d'une cinquantaine d'années, qui étoit mieux vêtue que ne le sont ordinairement les paysannes.

— Eh quoi! dit-elle, Baptiste, vous recevez un voyageur sans le presser d'accepter du lait et des fruits, et d'accorder à notre pauvre toit l'honneur de lui procurer un peu d'ombre et de délassement?

— Ah! madame! m'écriai-je, ne le grondez pas, de grâce! Il n'y a pas encore une minute que je suis à son côté, et son accueil m'a touché de manière à m'en souvenir toujours!

Baptiste n'avoit pas même entendu sa mère. Il étoit retombé dans ses réflexions. Ses bras étoient croisés, sa tête pendoit sur sa poitrine, et il murmuroit des mots confus que je ne m'expliquois pas.

Je suivis la bonne femme dans une pièce assez vaste et d'une remarquable propreté, qui devoit être la meilleure de la maison. Elle m'y fit asseoir sur une sorte de fauteuil d'honneur, dont le siége était assez joliment tressé de paille jaune et bleue, pendant qu'elle congédioit dans la chambre suivante une volée tout entière de petits oiseaux de la montagne et des champs, qui s'étoient à peine effarouchés à mon approche, et qui lui obéissoient avec un empressement charmant à voir, tant ils étoient bien apprivoisés.

Elle renouvela ensuite les offres qu'elle venoit de me faire, et s'assit, sur mon refus réitéré, en me demandant à quoi du moins on pourrait m'être bon dans la maison blanche des bois.

— Je le disois à votre fils quand vous êtes survenue,

lui répliquai-je, mais il m'a tout à fait oublié. Le pauvre enfant, madame, est bien affligé! Le voyez-vous depuis longtemps dans cet état?

— Non, monsieur, répondit-elle en essuyant une grosse larme, et cela même n'est pas continuel. Il est toujours triste, aussi triste qu'il est bon, le pauvre Baptiste ; mais il ne manque pas de suite dans ses idées et dans ses actions, quand de certains mots que je me garde bien, comme vous pouvez croire, de prononcer devant lui, ne le rendent pas à ses accès. Comment ces mots le troublent, c'est ce que je ne sais pas. Je les évite, et voilà tout. Il étoit né si heureusement, ce cher enfant, qu'il faisoit l'espoir et d'avance l'honneur de mes vieux jours; mais le bon Dieu a changé tout à coup ses intentions sur lui!...

Ses larmes abondèrent à ces derniers mots. Je lui pris la main, en lui demandant pardon de renouveler de telles douleurs.

— Il faut vous dire, puisque vous avez la bonté de vous intéresser à Baptiste, reprit-elle avec plus de calme, que Joseph Montauban, mon mari, étoit le meilleur ouvrier en bâtiment du Grand-Vau. Cela n'empêchoit pas que nous ne fussions fort pauvres, parce que c'étoit un bien mauvais temps pour l'ouvrage, et que ma famille, d'une condition supérieure à celle de Joseph, avoit payé un tribut plus pénible encore aux événements; mais cela ne fait rien à l'histoire. Nous ne savions trop à quel saint nous vouer, quand un riche et respectable particulier de la contrée chargea mon mari de la construction d'une maison superbe que vous verrez si vous traversez le bois, car je crois que vous venez d'Aval. Quand la maison fut bâtie jusqu'aux combles, mon pauvre Joseph monta lui-même sur le faîte, comme chef d'ouvriers, pour y planter, selon l'usage, le bouquet et les banderoles d'honneur. Il étoit près d'y atteindre  lorsqu'une pièce de la toiture qu'on avoit, à notre grand malheur, oublié de fixer, lui manqua sous le pied. C'est ainsi qu'il mourut. M. Dubourg, qui étoit et qui est encore le propriétaire du bâtiment, se montra vivement sensible à une si cruelle infortune. Il fit construire pour mon fils et moi ce petit logement sur un terrain assez productif, qui lui appartenoit, et dont il nous accorda la jouissance, en y joignant même une pension, afin de subvenir à l'insuffisance du revenu, et de nous mettre à l'abri de tout besoin; enfin, non content de cela, il voulut encore se charger de l'éducation de Baptiste, qui avoit alors cinq à six ans, et qui prévenoit à la vérité tout le monde en sa faveur par son esprit précoce et sa jolie figure. Baptiste fut donc élevé chez M. Dubourg, avec les mêmes soins et les mêmes maîtres qu'une aimable fille de son bienfaiteur, qui a trois ans de moins. Cela dura pendant dix ans, et Baptiste avoit si bien profité, qu'il ne lui manquoit presque rien, au dire des gens les plus savants, pour se faire un chemin honorable dans le monde. M. Dubourg prit la peine de me le venir assurer ici, en ajoutant d'un ton sérieux, mais doux : « Vous comprenez, mère Montauban, qu'il se fait temps d'ailleurs que je sépare Baptiste de ma Rosalie. Il a seize ans, elle en a treize et davantage. Ces jeunes gens touchent à l'âge où vient l'amour; quoique élevés comme frères et sœurs, ils savent bien qu'il en est autrement, et je n'ai peut-être que trop longtemps tardé à détourner ce piége de leur innocence. Il faut donc reprendre chez vous votre fils, ma bonne amie, en attendant que je lui aie procuré la position favorable dont il s'est rendu digne par ses études et par ses succès, dans quelque famille encore plus opulente que la mienne, ou dans quelque pensionnat en crédit. Il faut davantage, si vous m'en croyez : il faut que nos enfants s'accoutument à ne pas se voir, pour sentir moins péniblement cette privation quand ils seront séparés tout à fait. J'ai mes raisons pour cela, quoique rien ne m'ait indiqué entre eux d'autres rapports que ceux d'une pure et naturelle amitié. — Baptiste est un ange de tendresse et de soumission. Dites-lui que je ne cesserai jamais de l'aimer, et faites-lui entendre, avec votre cœur et votre esprit de mère, que j'ai quelques motifs de le tenir éloigné de moi. Vous ne manquerez pas de prétexte; et si vous parvenez à le convaincre que mon bonheur y est intéressé, je ne suis pas en peine de sa résolution. Cependant, s'il n'y avoit pas d'autre moyen, rappelez-lui mes propres paroles. Dites-lui alors que la réputation des filles est le trésor le plus précieux des pères, et que la voix publique m'imposeroit bientôt un sacrifice plus rigoureux pour nous tous, si je ne prenois prudemment un peu d'avance sur le temps. Exigez de lui qu'il ne revienne pas à Château-Dubourg ; je l'en tiendrai pour reconnoissant, et non pour ingrat. — Un mot encore, continua-t-il. — Comme la vue de ma maison pourroit lui inspirer des regrets qui troubleroient son doux repos auprès de vous, obtenez de lui qu'il ne s'éloigne de la forêt de ce côté que jusqu'à cet endroit qu'on appelle la Bée, parce que le bois y prolonge à droite et à gauche deux longues ailes de futaies qui cernent la route des voitures, à l'endroit où elle est fermée en demi-cercle par le cours de l'Ain. Vous savez que les premières clôtures de mon parc ne se montrent qu'après qu'on a quelque temps suivi ce détour. — Quant à son obéissance, je vous le répète, ne vous en inquiétez pas ! Il mourroit plutôt que de manquer à sa parole !... »

J'avois écouté M. Dubourg tout interdite, parce que mon esprit ne s'étoit jamais occupé du danger qui l'effrayoit, et cependant ce qu'il disoit me paroissoit si raisonnable, que je me bornai, pour lui répondre, à des expressions de remerciement et de déférence.

« Je comprends, continua-t-il en se levant, que vos charges vont augmenter à mesure que les miennes diminueront, mais cela ne durera pas longtemps, car

Baptiste est connu de mes amis sous les rapports les plus avantageux, et j'attends tous les jours la nouvelle qu'il est convenablement placé. En attendant, recevez de mon amitié ces cent louis d'or pour vous procurer à tous deux, dans votre petite solitude, quelques douceurs auxquelles il est accoutumé, et comptez toujours sur moi. »

En parlant ainsi, M. Dubourg laissa la bourse et partit, sans vouloir, malgré mes instances, se déterminer à la reprendre.

C'étoit l'époque où Baptiste venoit chaque année passer quelques semaines avec moi; il apportoit alors ses livres, ses herbiers, ses ustensiles de science. J'étois bien heureuse! Il ne trouva donc pas étonnant son déplacement d'habitude; j'aime à croire qu'il l'auroit même désiré cette fois-là comme à l'ordinaire. Jamais il n'avoit été plus beau, plus animé, plus satisfait de vivre, quoique naturellement porté à la tristesse depuis son enfance; et cela fut bien pendant quelques jours. Seulement je m'affligeois qu'il travaillât tant, de crainte, comme il n'étoit que trop vrai, que sa santé ne pût pas tenir à une si continuelle occupation. « Tu as bien le temps, lui dis-je un soir, de feuilleter et de refeuilleter tes auteurs! Nous ne nous quitterons plus que lorsque tu auras une place, et on n'en trouve pas à volonté dans un pays où il y a tant de savants, surtout depuis la révolution. » Là-dessus je lui racontai ce que m'avoit dit M. Dubourg.

Quand j'eus fini, Baptiste sourit, ne répliqua pas, fit la prière, m'embrassa, et alla se coucher fort tranquille.

Le lendemain et les jours suivants, il me parut abattu. Il ne parla pas. Je ne m'en étonnai point; je l'avois vu souvent de cette manière.

Au bout d'une semaine cependant (il y a quatre ans de cela), je crus m'apercevoir que son esprit se troubloit. Mère infortunée! c'étoit ce que j'avois prévu quand il s'opiniâtroit malgré moi dans ses études. Il renonça dès ce moment à ses livres, mais il étoit trop tard. Il disoit des paroles qui n'avoient point de sens, ou qui signifioient des choses que je ne comprenois plus. Il rioit, il pleuroit sans motif, il n'étoit bien que seul; il s'adressoit aux arbres, aux oiseaux, comme s'il en avoit été entendu; et ce qu'il y a d'extraordinaire, mais que je n'oserois vous raconter si vous ne veniez d'en voir la preuve, c'est qu'on croiroit que les oiseaux le comprennent, à la facilité avec laquelle ils s'en laissent prendre. Ne seroit-il pas possible, monsieur, que le bon Dieu, qui a donné un instinct à ces petits animaux pour éviter leurs ennemis, leur eût permis aussi de reconnoître l'innocent qui est incapable de leur vouloir du mal, et qui ne les aime que pour les aimer?...

Ce récit m'avoit grandement ému, et je crois qu'il auroit produit le même effet sur vous, si je m'étois trouvé assez de puissance pour vous le rendre, ainsi que je l'ai entendu, dans son éloquente simplicité. Je passai ma main sur mon front comme pour en écarter les soucis qu'il y avoit fait descendre, et puis j'en couvris mes yeux pour me dispenser d'une explication douloureuse et d'un entretien inutile.

— J'ai abusé trop longtemps de votre patience, reprit la mère de Baptiste. Revenons, je vous en prie, à ce que vous pourriez désirer de nous. Il n'y a rien ici qui ne soit à votre service.

— Rien, rien, lui répondis-je avec attendrissement. Je n'avois à vous demander que le chemin de la forêt qui conduit chez M. Dubourg et qui en ramène, car il faut absolument que je rentre ce soir.

— Vous êtes aussi bien tombé que possible pour vous en instruire, monsieur; nous y touchons, mais il n'est pas fort aisé. Baptiste va vous conduire. Il ne vit pas un jour sans aller à la Bée de l'Ain, jusqu'à un certain endroit que je lui ai défendu de passer, et voici justement l'heure où il se met en chasse. Je vous prie seulement de vouloir bien ne pas lui parler de cette maison, parce qu'il me semble que le souvenir de son ancien séjour chez son bienfaiteur n'est pas bon à la raison de mon enfant.

— Quel témoignage de ma reconnoissance pourrois-je vous offrir pour ce service?

— Oh! pour ce qui est de cela, répliqua-t-elle en sursaut, vous ne sauriez en parler sans me mortifier. Nous n'avons besoin de rien, et nous sommes au contraire en état de faire quelque chose pour des voyageurs peu favorisés de la fortune, qui se présentent rarement dans ces chemins écartés. Bien plus, — mais c'est une condition nécessaire, — l'unique grâce que j'attends de vous, c'est de n'avoir aucun égard aux sollicitations de ce genre que Baptiste oseroit vous adresser, parce que leur objet accoutumé m'inquiète. Me le promettez-vous?

Je n'hésitai pas. — Au même instant, elle frappa deux fois des mains, et tous les petits oiseaux que j'avois vus un moment auparavant s'empressèrent à la porte avec des gazouillements confus.

— Eh! ce n'est pas encore vous, continua-t-elle, impatients que vous êtes! vos grains ne sont pas triés et vos mangeoires ne sont pas nettes.

Ensuite elle frappa un troisième coup.

A ce dernier signal, Baptiste entra, salua, s'approcha de sa mère, s'assit sur ses genoux, et lia un bras caressant autour de ses épaules.

— Vous voilà donc bien sage et bien beau! dit la mère de Baptiste en le baisant sur le front. Voyez, monsieur, si je n'ai pas un aimable enfant! un doux et docile enfant, qui sera mon enfant toute la vie, comme si je l'avois gardé au berceau? Pensez-vous que je sois à plaindre?

Elle pleuroit pourtant.

— Ce n'est pas tout, Baptiste; il faut vous récréer un peu, car vous n'avez pas encore pris d'exercice aujourd'hui, bien que l'air fût si tiède et le soleil si riant! Jamais on n'a vu tant de papillons! Vous savez, d'ailleurs, que nous avons deux serins verts des dernières couvées qui n'ont point de femelles, et il y a longtemps que vous pensez à remplacer votre vieux chardonneret, qui est mort d'âge!

Baptiste fit entendre par des gestes et des cris de joie que sa mère alloit au-devant de ses désirs.

— Allez donc mettre vos guêtres de ratine rouge et votre toque polonoise à gland d'or pour faire honneur à monsieur, et conduisez-le jusqu'auprès de la Bée de l'Ain, où vous l'attendrez en chassant à votre ordinaire.

Je n'ai pas besoin de vous dire que vous me feriez de la peine en l'accompagnant plus loin.

Je regardois Baptiste avec un intérêt curieux pour savoir quel effet produisoit sur lui cette défense, car je croyois avoir pénétré une partie de son secret dans le récit de sa mère. Je ne m'aperçus pas que le nom de la Bée d'Ain lui rappelât rien autre chose. Il alla mettre sa toque polonoise et ses guêtres de ratine rouge, revint, embrassa la bonne femme, et courut devant moi en sifflant, tandis que tous les oiseaux du bois se hâtoient à chanter et voleter autour de lui. J'imaginai sans peine qu'ils se seroient posés à l'envi sur la toque et sur les épaules de Baptiste, si son compagnon ne les eût effrayés.

Après une demi-heure de marche, nous traversâmes les baraques des bûcherons. Les enfants s'amassèrent sur notre passage.

— Oh! voilà, crioient-ils, l'innocent aux rouges guêtres, le fils à la mère Montauban, qui va chasser sans filets. — Bonne chasse, brave Bâti! rapportez-nous

quelque oiseau, un gros geai bleu à moustaches, un beau compère-loriot noir et jaune, ou un de ces méchants piverts qui font des trous dans nos arbres; — et ne fût-ce qu'un verdier.

— Non, non, leur répondoit Baptiste, vous n'aurez plus de mes oiseaux comme par le passé, et je me repens bien de vous en avoir donné quelquefois. Vous les emprisonnez dans des cages, au lieu de les retenir par des caresses. Vous leur coupez les ailes et vous les faites souffrir! Vous n'aurez plus de mes oiseaux. L'esprit de Dieu est dans l'oisillon qui vole; il n'est pas dans le cruel enfant qui le garrotte, qui le mutile, qui le tue et qui le mange. Vous êtes une race méchante, et les petits oiseaux du ciel sont mes frères.

Et Baptiste reprit sa course au milieu des éclats de rire de ces misérables enfants, qui s'étonnoient sans doute de le trouver tous les jours plus stupide et plus insensé!

Je les aurois volontiers frappés, car je ne pouvois me défendre d'aimer Bâti de plus en plus.

Quand nous fûmes arrivés à la Bée d'Ain, Baptiste s'arrêta comme si une barrière de fer s'étoit opposée à son passage; il recula même de quelques pas, et se retourna du côté de la forêt en appelant ses oiseaux.

— Oh! oh! dit-il, où êtes-vous, les jolis, les mignons, les bien-aimés?... Où êtes-vous, les jeunes serines du taillis? où êtes-vous Rosette? où êtes-vous, Finette? Faut-il croire que vous ne m'aimiez plus, ingrates que vous êtes, et plus mauvaises que des femmes, si le hibou ne vous a mangées! Venez, petites, venez, mes belles! j'ai des maris à vous donner, deux serins verts d'une couvée!... — Tenez, continua-t-il, en jetant sur le gazon sa toque polonoise, qui laissa ses grands cheveux blonds se répandre sur ses épaules; dormez là-dedans, mes filles, sans rien craindre des hommes, des oiseleurs et des serpents, car je veille sur vous comme une mère sur ses petits.

Pendant qu'il parloit ainsi, je m'étois un peu plus avancé. Je plongeois mes yeux dans cette belle eau si claire et si limpide qui baigne, mon cher Jura, le pied des nobles montagnes qui font ta gloire, et où il n'y a de trop que des villes et des habitants! L'Ain est un autre ciel dont l'azur n'a rien à envier à celui où nagent les soleils, et le Timave peut-être est le seul digne de lui être comparé sur la terre.

Le langage de Baptiste me tira de ma contemplation. Je m'approchai de sa toque à pas timides et suspendus, mais en souriant intérieurement de ma crédulité. — Les petites serines y étoient cependant. Elles s'accroupirent en se pressant l'une contre l'autre, hérissèrent et dressèrent leurs plumes pour s'en mieux couvrir, comme la phalange en tortue qui se cache sous ses boucliers, et laissèrent à peine briller au dehors un œil inquiet qu'elles auraient bien voulu rendre menaçant. Je n'ai pas besoin de vous dire que je me retirai soudainement pour ne pas les effrayer davantage.

— Quoique votre chasse, dis-je à Baptiste, me paroisse heureuse et complète, il est probable que vous ne retournerez pas ce matin à la Maison-Blanche des Bois. Votre mère vous a recommandé de l'exercice, et j'espère encore vous trouver en revenant. En tout cas, j'ai assez bien remarqué mon chemin pour ne pas m'y tromper, et je serois fâché de vous retenir ici contre votre gré. Mais, si je ne dois pas vous revoir, Baptiste, j'aurois du regret de vous avoir quitté sans vous laisser quelque souvenir de mon amitié. Gardez en mémoire de moi cette montre d'argent, si vous n'aimez mieux une double pièce d'or pour acheter quelque chose qui vous convienne davantage. — Et ne me refusez pas !

— Une montre ! dit l'innocent en me prenant la main... Croyez-vous donc que le soleil s'éteigne aujourd'hui ? — De l'or ? ma mère en a encore pour nos pauvres. Que saurois-je en faire au milieu de mes oiseaux ?

— Vous n'avez donc rien à désirer, Baptiste ?

— Rien, car ma mère ne m'a rien refusé... si ce n'est un méchant couteau !...

Cette idée me glaça le sang. Je me rappelai ce que m'avoit dit sa mère.

— Dieu me garde, Baptiste, de vous donner un

couteau. Ma bonne nourrice, qui vit encore, m'a répété

cent fois que ce triste cadeau coupoit les attachements.
— Et d'ailleurs, les gens tels que vous et moi, mon ami,

ne portent pas de couteau... Je ne me suis jamais muni de cette arme de l'homme carnassier, du boucher et de l'assassin.

Baptiste se rassit à côté de sa toque polonoise, et se remit à parler à ses serines.

Je l'observois un moment avant de poursuivre ma route, quand je m'entendis nommer par un groupe de cavaliers qui la suivoient dans la direction même que j'allois prendre.

— Maxime ici! dirent-ils, Maxime au bord des eaux bleues de l'Ain! Que le ciel en soit loué! Mais arrive donc! les amis de Dubourg ne doivent pas manquer à la bénédiction nuptiale de sa belle Rosalie, et il est déjà plus de midi!...

— Malheureux! pensai-je, et d'abord je ne répondis pas. Baptiste m'occupoit trop. Il avoit en effet tourné sur eux des yeux fixes, mais sans expression déterminée. J'attendis; je crus le voir sourire, et puis revenir à ses oiseaux. Je me flattai qu'il n'avoit pas entendu ou qu'il n'avoit pas compris, et je me joignis à mes nouveaux compagnons de voyage, sans le perdre tout à fait de vue. Il paroissoit tranquille.

La noce fut gaie comme une noce. Les hommes n'ont jamais l'air si heureux que le jour où ils abdiquent leur liberté. Rosalie étoit charmante, plus charmante que je ne me l'étois faite, mais plus soucieuse encore que ne l'est ordinairement une jeune fille qui se marie. Son âme entretenoit sans doute un souvenir vague de ces beaux jours de l'enfance où elle avoit dû rêver d'autres amours et un autre époux. J'en ressentis un secret plaisir !...

Quant au marié, c'étoit le type complet du gendre de convenance dont les familles se glorifient, c'est-à-dire un grand garçon d'une constitution forte qu'aucune émotion n'avoit jamais altérée; doué de cette assurance imperturbable que beaucoup de fortune et un peu d'usage donnent aux sots; parlant haut, parlant longtemps, parlant de tout, riant de ce qu'il disoit; forçant les autres à prendre part en dépit d'eux à la satisfaction qu'il avoit de lui-même; gros industriel, teint superficiellement de physique, de chimie, de jurisprudence, de politique, de statistique et de phrénologie; éligible par droit de patente et de capacité foncière; du reste, libéral, classique, philanthrope, matérialiste, et le meilleur fils du monde : — un homme insupportable!

Je partis aussitôt que j'en fus le maître, dissimulant adroitement mon évasion à travers la confusion des plaisirs et des fêtes. J'étois pressé de revoir Baptiste.

Lorsque j'arrivai à la pointe du bois, près de l'endroit où la Bée de l'Ain s'enfonce profondément dans les terres, je fus un moment surpris de voir la rivière parcourue par quelques petites barques fort agiles que je n'avois pas remarquées le matin. Je supposai qu'elles appartenoient à des gens du canton qui s'efforçoient d'approvisionner Château-Dubourg pour les festins

du soir et du lendemain. Tout à coup les barques se rapprochèrent, les paysans descendirent, et un groupe assez épais se forma autour de quelque chose. Je ne suis pas curieux. Je ne sais pourquoi je courus.

— C'est bien lui, murmuroit un vieux pêcheur, c'est le pauvre innocent aux rouges guêtres, c'est le garçon à la mère Montauban, qui se sera noyé en poursuivant une hirondelle au vol, sans se rappeler que la rivière fût là, — s'il ne l'a fait d'intention, ce que Dieu veuille épargner à son âme! Bâti, le bon, l'honnête Bâti! regardez ce qu'il est devenu. Le malheureux enfant ne me demandera plus de couteau!

— Attendez, attendez, dis-je en reprenant le sentiment et la pensée, et en me précipitant vers le cadavre... Il n'est peut-être pas encore mort!...

— Mais comment voulez-vous, mon brave jeune homme, repartit un autre pêcheur, qu'il ne soit pas encore mort, puisque c'est un de nos petits qui étoit où nous sommes, et qui a vu de loin quelqu'un se jeter dans l'Ain, à l'instant où la cavalcade des amis de

M. Dubourg a commencé à déborder la pointe du bois? Nous sommes venus au cri du petit, nous avons mis sept heures à chercher l'homme, et voilà que nous le trouvons. Alors il est mort! et il n'est que trop mort à toujours!...

— Quel bonheur! s'écria un joli petit garçon d'une dizaine d'années en s'élançant dans le bois. — Je sais, moi, où il a laissé sa toque polonoise, qui est toute pleine, comme un nid, de jeunes serines vertes!...

J'ai repassé depuis dans le pays. Je n'ai pu obtenir aucun renseignement sur la mère de Baptiste; il faut qu'elle soit morte ou retournée dans son village.

La maison des bois a changé de forme. Elle est devenue fort grande, fort peuplée et fort bruyante. Aussi les petits oiseaux n'y viennent plus; ils s'en gardent bien. Le gendre de M. Dubourg y a établi une école d'enseignement mutuel, où les enfants apprennent à s'envier, à se haïr réciproquement, et puis à lire et à écrire, c'est-à-dire tout ce qui leur manquoit pour être de détestables créatures. C'est un enfer.

LÉGENDE

DE

SŒUR BÉATRIX

LÉGENDE

DE SŒUR BÉATRIX

Il étoit bien convenu en France, il y a une vingtaine d'années, que tous les trésors de la poésie sont renfermés sans exception dans le *Pantheun mythicum* de Pomey, et dans le *Dictionnaire de la Fable* de M. Noël. Un nom inconnu de Phurnutus, une fable ignorée de Paléphate, un récit tendre et touchant qui ne remontoit pas aux *Métamorphoses,* toute idée qui n'avoit pas passé à la filière éternelle des Grecs et des Romains, étoit réputée barbare. Quand vous en aviez fini avec les Aloïdes, les Phaëtontides, les Méléagrides, les Labdacides, les Danaïdes, les Pélopides, les Atrides, et autres dynasties malencontreuses, fatalement vouées aux Euménides par la docte cabale d'Aristote et surtout par la rime, il ne vous restoit plus qu'un parti à prendre : c'étoit de recommencer, et on recommençoit. La patiente admiration des colléges ne se lassoit jamais de ces beaux mythes qui ne disoient pas la moindre chose à l'esprit et au cœur, mais qui flattoient l'oreille de sons épurés à la douce euphonie des Hellènes. C'étoit Bacchus né avant terme au bruit d'un feu d'artifice, et que Jupiter héberge dans sa cuisse, par l'art de Sabasius, pour y accomplir le temps requis à une gestation naturelle. C'étoit le fils de Tantale, servi aux dieux dans une *olla podrida* digne des enfers, et dont Minerve, plus affamée que le reste des immortels, est obligée de remplacer l'épaule absente par une omoplate d'ivoire. C'étoit Deucalion repeuplant le monde avec les ossements de sa grand'mère, c'est-à-dire en jetant des pierres derrière lui. C'étoit je ne sais quel autre conte absurde et solennel dont il falloit connoître les détails ridicules, et souvent obscènes ou impies, sous peine de passer pour ignorant ou pour stupide aux yeux de la société polie. En revanche, on décernoit des récompenses et des couronnes à l'heureux enfant qui étoit parvenu à rassembler dans sa mémoire le plus grand nombre possible de ces inepties classiques, et s'il m'en souvient bien, le premier prélat du diocèse daignoit imprimer à son triomphe le sceau de sa bénédiction pontificale. Cette méthode d'abrutissement et de dégradation intellectuelle, qui manquoit rarement son effet, s'appeloit l'éducation.

Cependant notre civilisation ne ressembloit plus depuis bien des années à celle qui s'étoit nourrie, pendant tant de siècles, des fables puériles du paganisme. L'ironie de Socrate avoit porté le premier coup aux fantômes des mythologues. Ils s'étoient évanouis sous le fouet de Lucien. Une nouvelle croyance s'étoit introduite, grave, majestueuse, touchante, pleine de mystères sublimes et de sublimes espérances. Avec elle étoient descendus dans le cœur de l'homme une multitude de sentiments que les anciens n'ont point connus, la sainte ferveur de la foi, le noble enthousiasme de la liberté, l'amour, la charité, le pardon des injures. Une poésie, mieux appropriée aux besoins du christianisme, étoit née avec lui, et cette poésie avoit aussi ses mythes et ses histoires. Pourquoi cette nouvelle source d'inspirations merveilleuses et de tendres émotions fut-elle négligée par ces habiles artisans de la parole, qui charment de leurs récits les ennuis et les douleurs de l'humanité? Pourquoi la légende pieuse et touchante fut-elle reléguée à la veillée des vieilles femmes et des enfants, comme indigne d'occuper les loisirs d'un esprit délicat et d'un auditoire choisi? C'est ce qui ne peut guère s'expliquer que par l'altération progressive de cette précieuse naïveté dont les âges primitifs tiroient leurs plus pures jouissances, et sans laquelle il n'y a plus de poésie véritable. La poésie d'une époque se compose, en effet, de deux éléments essentiels, la foi sincère de l'homme d'imagination qui croit ce qu'il raconte, et la foi sincère des hommes de sentiment qui croient ce qu'ils entendent raconter. Hors de cet état de confiance et de sympathie réciproques où viennent se confondre des organisations bien assorties, la poésie n'est qu'un vain nom, l'art stérile et insignifiant de mesurer en rhythmes compassés quelques syllabes sonores. Voilà pourquoi nous n'avons plus de poésie dans le sens naïf et original de ce mot, et pourquoi nous n'en aurons pas de longtemps, si nous en avons jamais.

Pour en retrouver de foibles vestiges, il faut feuilleter les vieux livres qui ont été écrits par des hommes

simples ou s'asseoir dans quelque village écarté, au coin du foyer des bonnes gens. C'est là que se retrouvent de touchantes et magnifiques traditions dont personne ne s'est jamais avisé de contester l'autorité, et qui passent de génération en génération, comme un pieux héritage, sur la parole infaillible et respectée des vieillards. Là ne sauroient prévaloir les objections ricaneuses de la demi-instruction, si revêche, si maussade et si sotte, qui ne sait rien à fond, mais qui ne veut rien croire, parce qu'en cherchant la vérité qui est interdite à notre nature, elle n'a gagné que le doute. Les récits qu'on y fait, voyez-vous, ne peuvent donner matière à aucune discussion; ils défient la critique d'une raison exigeante qui rétrécit l'âme, et d'une philosophie dédaigneuse qui la flétrit; ils ne sont pas tenus de se renfermer dans les bornes des vraisemblances communes, dans les bornes mêmes de la possibilité, car ce qui n'est pas possible aujourd'hui étoit sans doute possible autrefois, quand le monde, plus jeune et plus innocent, étoit digne encore que Dieu fît pour lui des miracles; quand les anges et les saints pouvoient se mêler, sans trop déroger de leur grandeur céleste, à des peuples simples et purs dont la vie s'écouloit entre le travail et la pratique des bonnes œuvres. Les faits qu'on vous rapporte n'ont pas besoin, d'ailleurs, de tant d'éclaircissements ; n'ont-ils pas le témoignage du vieil aïeul qui les savoit de son aïeul, comme celui-ci d'un autre vieillard qui en a été le témoin oculaire? Et dans cette longue succession de patriarches nourris dans l'horreur du péché, s'en est-il jamais rencontré un seul qui ait menti?

O vous! mes amis, que le feu divin qui anima l'homme au jour de sa création n'a pas encore tout à fait abandonnés; vous qui conservez encore une âme pour croire, pour sentir et pour aimer; vous qui n'avez pas désespéré de vous-mêmes et de votre avenir, au milieu de ce chaos des nations où l'on désespère de tout, venez participer avec moi à ces enchantements de la parole, qui font revivre à la pensée l'heureuse vie des siècles d'ignorance et de vertu; mais surtout ne perdons point de temps, je vous en conjure! Demain peut-être il seroit trop tard! Le progrès vous a dit : Je marche, et le monstre marche en effet. Comme la mort physique dont parle le poëte latin, l'éducation première, cette mort hideuse de l'intelligence et de l'imagination, frappe au seuil des moindres chaumières. Tous les fléaux que l'écriture traîne après elle, tous les fléaux de l'imprimerie, sa sœur perverse et féconde, menacent d'envahir les derniers asiles de la pudeur antique, de l'innocence et de la pitié, sous une escorte de sombres pédants. Quelques jours encore, et ce monde naissant, que la science du mal va saisir au berceau, connoîtra un ridicule alphabet et ne connoîtra plus Dieu; quelques jours encore, et ce qui reste, hélas! des enfants de la nature, seront aussi stupides et aussi méchants que leurs maîtres. Hâtons-nous d'écouter les délicieuses histoires du peuple, avant qu'il les ait oubliées, avant qu'il en ait rougi, et que sa chaste poésie, honteuse d'être nue, se soit couverte d'un voile comme Ève exilée du paradis.

J'ai juré, quant à moi, de n'en jamais écouter, de n'en jamais raconter d'autres. Celle que je vais vous dire est tirée d'un vieil hagiographe, nommé Bzovius, continuateur peu connu de Baronius, qui ne l'est guère davantage. Bzovius la regardoit comme parfaitement authentique, et je suis de son avis, car de pareilles choses ne s'inventent point. Aussi me serois-je bien gardé d'y changer la moindre chose dans le fond; et quant aux différences qu'on pourra trouver dans la forme, il ne faut point les imputer à mon goût, mais à celui de la multitude, qui feroit peu de cas du tableau d'un maître naïf, s'il n'étoit relevé par la bordure et rafraîchi par le vernis. Après cette déclaration, les lecteurs dans lesquels l'amour du beau et du vrai n'est pas altéré par de mauvaises habitudes, sauront à quoi s'en tenir. Ils laisseront là mon pastiche, et liront, s'ils déterrent son bouquin dans les bibliothèques, le bonhomme Bzovius, qui raconte cent fois mieux que moi.

Non loin de la plus haute cime du Jura, mais en redescendant un peu sur son versant occidental, on remarquoit encore, il y a près d'un demi-siècle, un amas de ruines qui avoit appartenu à l'église et au monastère de *Notre-Dame-des-Épines-Fleuries*. C'est à l'extrémité d'une gorge étroite et profonde, mais beaucoup plus abritée du côté du nord, et qui produit tous les ans, grâce à la faveur de cette exposition, les fleurs les plus rares de la contrée. A une demi-lieue de là, l'extrémité opposée laisse voir aussi les débris d'un antique manoir seigneurial, qui a disparu comme la maison de Dieu. On sait seulement qu'il étoit occupé par une famille très-renommée dans les armes, et que le dernier des nobles chevaliers dont il portoit le nom, mourut à la conquête du tombeau de Jésus-Christ, sans laisser d'héritier pour perpétuer sa race. La veuve inconsolable n'abandonna pas des lieux si propres à entretenir sa mélancolie; mais le bruit de sa piété se répandit au loin avec ses bienfaits, et une tradition glorieuse consacre à jamais sa mémoire aux respects des générations chrétiennes. Le peuple, qui a oublié tous ses autres titres, l'appelle encore LA SAINTE.

Un de ces jours où l'hiver, près de finir, se relâche tout à coup de sa rigueur, sous les influences d'un ciel tempéré, LA SAINTE se promenoit, comme d'habitude, dans la longue avenue de son château, l'esprit occupé de pieuses méditations. Elle arriva ainsi jusqu'aux buissons d'épines qui la terminent encore, et elle ne fut pas peu surprise de voir qu'un de ces arbustes s'étoit chargé déjà de toute sa parure du printemps. Elle se hâta de s'en approcher pour s'assurer que cette apparence n'étoit pas produite par un reste de neige rebelle, et, ravie de le voir couronné en effet d'une multitude innombrable de belles petites étoiles blanches à rayons incarnats, elle en détacha soigneusement un rameau pour le suspendre, dans son oratoire, à une image de la sainte Vierge qu'elle avoit depuis son enfance en grande vénération, et s'en revint joyeuse de lui porter cette offrante innocente. Soit que ce foible tribut fût réellement agréable à la divine mère de Jésus, soit qu'un plaisir particulier qu'on ne sauroit définir soit réservé à la moindre effusion d'un cœur tendre vers l'objet qu'il aime, jamais l'âme de la châtelaine ne s'étoit ouverte à des émotions plus ineffables que dans cette douce soirée. Aussi se promit-elle avec une joie ingénue de retourner tous les jours au buisson fleuri, et d'en rapporter tous les jours une guirlande nouvelle. On peut croire qu'elle fut fidèle à cet engagement.

Un jour, cependant, que le soin des pauvres et des malades l'avoit retenue plus longtemps que d'ordinaire, elle eut beau se presser de gagner son parterre sauvage, la nuit y arriva avant elle, et on dit qu'elle commençoit à regretter de s'être engagée si avant dans ces solitudes, quand une clarté calme et pure, comme celle qui descend du jour naissant, lui montra soudainement toutes ses épines en fleur. Elle suspendit un instant ses pas, à la pensée que cette lumière pouvoit provenir d'une halte de brigands, car il étoit impossible d'imaginer qu'elle fût produite par des myriades de vers luisants, éclos avant leur saison. L'année étoit encore trop éloignée alors des nuits tièdes et pacifiques de l'été. Toutefois, l'obligation qu'elle s'étoit imposée venant se présenter à son esprit et ranimer un peu son courage, elle marcha légèrement, en retenant son haleine, vers le buisson aux blanches fleurs, saisit d'une main tremblante une branche, qui sembla tomber d'elle-même entre ses doigts, tant elle fit peu de résistance, et reprit le chemin du manoir, sans oser regarder derrière elle.

Durant toute la nuit suivante, la sainte dame réfléchit à ce phénomène, sans pouvoir l'expliquer; et, comme elle avoit à cœur d'en pénétrer le mystère, dès le lendemain, à la même heure du soir, elle se rendit aux buissons, en compagnie d'un serviteur fidèle et de son vieux chapelain. La douce lumière y régnoit

ainsi que la veille, et sembloit devenir, à mesure qu'ils approchoient, plus vive et plus rayonnante. Ils s'arrêtèrent alors, et se mirent à genoux, parce qu'il leur sembla que cette lumière venoit du ciel; après quoi le bon prêtre se leva seul, fit quelques pas respectueux vers les épines fleuries, en chantant une hymne de l'Église, et les détourna sans efforts, car elles s'ouvrirent comme un voile. Le spectacle qui s'offrit en ce moment à leurs regards les frappa d'une telle admiration, qu'ils restèrent longtemps immobiles, tout pénétrés de reconnoissance et de joie. C'étoit une image de la sainte Vierge, taillée avec simplicité dans un bois grossier, animée des couleurs de la vie par un pinceau peu savant, et revêtue d'habits qui ne révéloient qu'un luxe naïf; mais c'étoit d'elle qu'émanoit la splendeur miraculeuse dont ces lieux étoient éclairés. « Je vous salue, Marie, pleine de grâces, » dit enfin le chapelain prosterné; et au murmure harmonieux qui s'éleva dans tous les bois, quand il eut prononcé ces paroles, on auroit pu croire qu'elles étoient répétées par le chœur des anges. Il récita ensuite, avec solennité, ces admirables litanies où la foi a parlé sans le savoir le langage de la poésie la plus élevée; et, après de nouveaux actes d'adoration, il souleva la statue entre ses mains, afin de la transporter au château où elle devoit trouver un sanctuaire plus digne d'elle, pendant que la dame et le valet, les mains jointes et le front incliné, le suivoient lentement en s'unissant à ses prières.

Je n'ai pas besoin de dire que l'image merveilleuse fut placée dans une niche élégante, qu'elle fut entourée de flambeaux odorants, baignée de parfums, chargée d'une riche couronne, et saluée, jusqu'au milieu de la nuit, du cantique des fidèles. Cependant, le matin, on ne la retrouva plus, et l'alarme fut vive parmi tous ces chrétiens que sa conquête avoit comblés d'un bonheur si pur. Quel péché inconnu pouvoit avoir attiré cette disgrâce au manoir de LA SAINTE? Pourquoi la Vierge céleste l'avoit-elle quitté? Quel nouveau séjour avoit-elle choisi? On le devine sans doute. La bienheureuse mère de Jésus avoit préféré l'ombre modeste de ses buissons favoris à l'éclat d'une demeure mondaine. Elle étoit retournée, au milieu de la fraîcheur des bois, goûter la paix de sa solitude et les douces exhalaisons de ses fleurs. Tous les habitants du château s'y rendirent dans la soirée, et l'y trouvèrent, plus resplendissante que la veille. Ils tombèrent à genoux dans un respectueux silence.

« Puissante reine des anges! dit la châtelaine. c'est ici la demeure que vous préférez. Votre volonté sera faite. »

Et peu de temps après, en effet, un temple embelli de tous les ornements que prodiguoit l'architecte inspiré en ces siècles d'imagination et de sentiment, s'éleva autour de l'image révérée. Les grands de la terre la

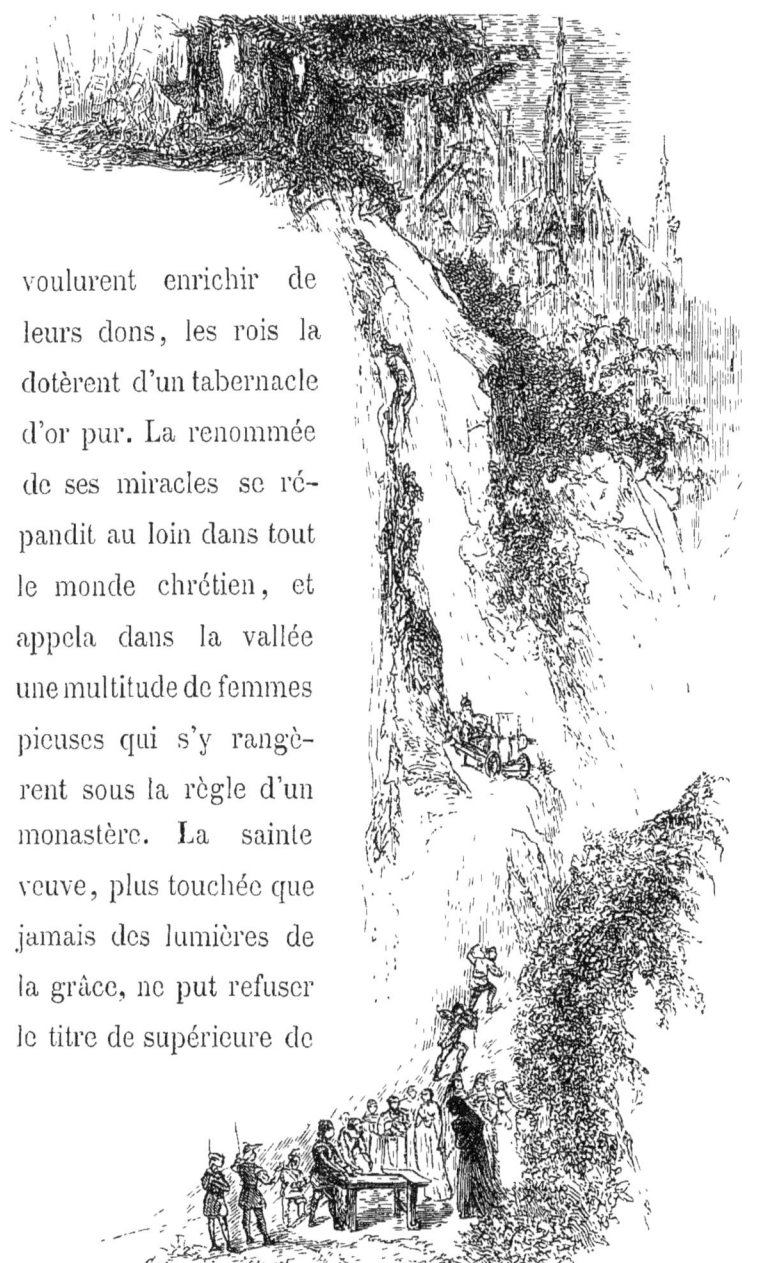

voulurent enrichir de leurs dons, les rois la dotèrent d'un tabernacle d'or pur. La renommée de ses miracles se répandit au loin dans tout le monde chrétien, et appela dans la vallée une multitude de femmes pieuses qui s'y rangèrent sous la règle d'un monastère. La sainte veuve, plus touchée que jamais des lumières de la grâce, ne put refuser le titre de supérieure de cette maison. Elle y mourut pleine de jours, après une vie de bonnes œuvres, d'exemples et de sacrifices, qui s'exhala comme un parfum au pied des autels de la Vierge.

Telle est, suivant les chroniques manuscrites de la province, l'origine de l'église et du couvent de *Notre-Dame-des-Épines-Fleuries*.

Deux siècles s'étoient écoulés depuis la mort de LA SAINTE, et une jeune vierge de sa famille étoit encore, suivant l'usage, sœur *custode* du saint tabernacle ; ce qui veut dire qu'elle en avoit la garde, et que c'étoit à elle qu'il appartenoit d'ouvrir le tabernacle aux jours solennels où l'image miraculeuse étoit offerte à la piété du peuple. C'est elle qui avoit soin d'entretenir l'élégance toujours nouvelle de sa parure ; d'en chasser la poussière et les insectes malfaisants ; de recueillir, pour composer sa couronne ou pour orner son autel, les fleurs du jardin les plus gracieuses dans leur port et les plus chastes dans leur couleur ; d'en former des festons, des guirlandes et des bouquets qui attiroient à leur tour, par le grand vitrail ouvert au soleil levant, une multitude de papillons de pourpre et d'azur, fleurs volantes de la solitude. Parmi ces innocents tributs, la fleur de l'épine étoit toujours préférée dans sa saison ; et, contrefaite pour toutes les autres avec un art dont les bonnes religieuses avoient dès lors dérobé le secret à la nature, elle reposoit sur le sein de la belle madone, en

touffe épaisse nouée d'un ruban d'argent. Les papillons eux-mêmes auroient pu s'y tromper quelquefois, mais ils n'osoient s'arrêter sur ces fleurs célestes qui n'étoient pas faites pour eux.

La sœur custode s'appeloit alors Béatrix. Agée de dix-huit ans tout au plus, elle avoit à peine entendu dire qu'elle fût belle, car elle étoit entrée à quinze ans dans la maison de la sainte Vierge, aussi pure que ses fleurs.

Il y a un âge heureux ou funeste où le cœur d'une jeune fille comprend qu'il est créé pour aimer, et Béatrix y étoit parvenue; mais ce besoin, d'abord vague et inquiet, n'avoit fait que lui rendre ses devoirs plus chers.

Incapable de s'expliquer alors les mouvements secrets dont elle étoit agitée, elle les avoit pris pour l'instinct d'une pieuse ferveur qui s'accuse de n'être pas assez ardente, et qui se croit encore obligée envers ce qu'elle aime, tant qu'elle ne l'aime pas jusqu'à l'enthousiasme et jusqu'au délire. L'objet inconnu de ces transports échappoit à son inexpérience; et parmi ceux qui tomboient, si l'on peut s'exprimer ainsi, sous les sens de son âme ingénue, la sainte Vierge seule lui paroissoit digne de cette adoration passionnée, à laquelle sa vie pouvoit à peine suffire. Ce culte de tous les moments étoit devenu l'unique occupation de sa pensée, le charme unique de sa solitude; il remplissoit jusqu'à ses rêves de mystérieuses langueurs et d'ineffables transports. On la voyoit souvent prosternée devant le tabernacle, exhalant vers sa divine protectrice des prières entre-coupées de sanglots, ou mouillant le parvis de ses pleurs; et la Vierge céleste sourioit sans doute, du haut de son trône éternel, à cette heureuse et tendre méprise de l'innocence, car la sainte Vierge aimoit Béatrix et se plaisoit à en être aimée. Elle avoit lu d'ailleurs peut-être dans le cœur de Béatrix qu'elle en seroit aimée toujours.

Il arriva dans ce temps-là un événement qui souleva le voile sous lequel le secret de Béatrix avoit été si longtemps caché pour elle-même. Un jeune seigneur des environs, attaqué par des assassins, fut laissé pour mort dans la forêt; et quoiqu'il conservât tout au plus les foibles apparences d'une existence prête à s'éteindre, les serviteurs du monastère le transportèrent dans leur

infirmerie. Comme les filles des châtelains possédoient à cette époque, dès leur première jeunesse, le formulaire des recettes et l'art des pansements, Béatrix fut envoyée par ses sœurs au secours de l'agonisant. Elle mit en œuvre tout ce qu'elle avoit appris de cette utile science, mais elle comptoit davantage sur l'intercession de la Vierge miraculeuse; et ses longues et laborieuses veilles, partagées entre les soins de la garde-malade et les prières de la servante de Marie, obtinrent tout le succès qu'elle en avoit espéré. Raymond rouvrit ses yeux à la lumière et reconnut sa libératrice : il l'avoit vue quelquefois dans le château même où elle étoit née.

« Eh quoi! s'écria-t-il, Béatrix, est-ce vous que je retrouve? vous que j'ai tant aimée dans mon enfance, et que l'aveu trop vite oublié de votre père et du mien m'avoit permis d'espérer pour épouse! Par quel funeste hasard vous ai-je revue, enchaînée dans les liens d'une vie qui n'est pas faite pour vous, et séparée sans retour de ce monde brillant dont vous étiez l'ornement? Ah! si vous avez choisi de vous-même cet état de solitude et d'abnégation, Béatrix, je vous le jure, c'est que vous ne connoissiez pas encore votre cœur. L'engagement que vous avez contracté, dans l'ignorance où vous étiez des sentiments naturels à tout ce qui respire, est nul devant Dieu comme devant les hommes. Vous avez trahi sans le savoir votre destinée d'amante et d'épouse et de mère! Vous vous êtes condamnée, pauvre et chère enfant, à des jours d'ennui, d'amertume et de dégoût, dont aucun plaisir n'adoucira désormais la longue tristesse! Il est cependant si doux d'aimer, si doux d'être aimé, si doux de revivre par ce que l'on aime dans des objets que l'on aime! Les joies pures d'une affection qui double, qui multiplie la vie; la tendresse d'un ami qui vous adore, qui embellit tous vos moments par des fêtes nouvelles, qui n'existe que pour vous chérir et pour vous plaire; les caresses innocentes de ces jolis enfants, si frais, si gracieux, si joyeux d'être, et qu'un caprice barbare auroit abandonnés au néant! voilà ce que vous avez perdu! voilà ce que vous auriez perdu, ma Béatrix, si une obstination aveugle vous retenoit dans l'abîme où vous vous êtes plongée! Mais non, continua-t-il avec une expansion plus vive encore, tu ne méconnoîtras point les intentions de ton Dieu et du mien, qui ne nous a rapprochés que pour nous réunir à jamais! Tu te rendras aux vœux de l'amour qui t'implore et qui t'éclaire! Tu seras l'épouse de ton Raymond, comme tu es sa sœur et sa bien-aimée! Ne détourne pas de lui tes yeux pleins de larmes! Ne lui arrache pas ta main qui tremble dans les siennes! Dis-lui que tu es disposée à le suivre et à ne plus le quitter!... »

Béatrix ne répondit point; elle n'avoit pu trouver des expressions pour rendre ce qu'elle éprouvoit. Elle s'échappa des bras affoiblis de Raymond, s'éloigna troublée, éperdue, palpitante, et alla tomber aux pieds de la Vierge, sa consolation et son appui. Elle y pleura comme auparavant, mais ce n'étoit plus d'une émotion inconnue et sans objet ; c'étoit d'un sentiment plus puissant que la piété, plus puissant que la honte, plus puissant, hélas! que cette Vierge sainte dont elle appeloit

en vain le secours ; et ses pleurs, cette fois, étoient amers et brûlants. On la vit plusieurs jours de suite, prosternée et suppliante, et on ne s'en étonna point, parce que tout le monde connoissoit dans le couvent sa dévotion passionnée pour *Notre-Dame-des-Épines-Fleuries*. Elle passoit le reste de ses heures dans la chambre du blessé, dont la guérison avoit cependant cessé d'exiger des soins assidus.

Un soir, à l'heure où l'église est fermée, où toutes les sœurs sont retirées dans leurs cellules, où tout se tait jusqu'à la prière, voici Béatrix qui gagne le chœur

à pas lents, qui dépose sa lampe sur l'autel, qui ouvre d'une main tremblante la porte du tabernacle, qui se détourne en frémissant et en baissant les yeux, comme si elle craignoit que la Reine des anges ne la foudroyât d'un regard, et qui se jette à genoux. Elle veut parler, et les paroles meurent sur ses lèvres, ou se perdent dans ses sanglots. Elle enveloppe son front de son voile et de ses mains ; elle essaye de se raffermir et de se calmer ; elle tente un dernier effort ; elle parvient à arracher de son cœur quelques accents confus, sans savoir si elle profère une prière ou un blasphème.

« O céleste bienfaitrice de ma jeunesse ! dit-elle, ô vous que j'ai si longtemps uniquement aimée, et qui restez toujours la plus chère souveraine de mon âme, à quelque indigne partage que je vous fasse descendre ! ô Marie, divine Marie ! pourquoi m'avez-vous abandonnée ? Pourquoi avez-vous permis que votre Béatrix tombât en proie aux horribles passions de l'enfer ? Vous savez, hélas ! si j'ai cédé sans combats à celle qui me dévore ! Aujourd'hui, c'en est fait, Marie, et c'en est fait pour jamais ! Je ne vous servirai plus, car je ne suis plus digne de vous servir. J'irai cacher loin de vous l'éternel regret de ma faute, le deuil éternel de mon innocence que vous n'avez pas, vous-même, le pouvoir de me rendre. Souffrez cependant, ô Marie, que j'ose vous adorer encore ! prenez en compassion les larmes que je répands, et qui prouvent du moins combien je suis restée étrangère aux lâches trahisons de mes sens ! accueillez le dernier de mes hommages comme vous avez accueilli tous les autres ; ou plutôt, si mon zèle pour vos autels fut digne de quelque reconnoissance, envoyez la mort à l'infortunée qui vous implore, avant qu'elle vous ait quittée ! »

En achevant ces paroles, Béatrix se leva, s'appro-

cha, tremblante, de l'image de la sainte Vierge, la para de nouvelles fleurs, se saisit de celles qu'elle venoit de remplacer, et, honteuse pour la première fois de l'usage pieux qu'elle n'avoit plus le droit d'en faire, elle les pressa sur son cœur, dans le sachet bénit du scapulaire, pour ne jamais s'en séparer. Après cela, elle jeta un dernier regard sur le tabernacle, poussa un cri de terreur et s'enfuit.

La nuit suivante, une voiture rapide entraîna loin du couvent le beau chevalier blessé, et une jeune religieuse, infidèle à ses vœux, qui l'accompagnoit.

La première année qui s'écoula depuis fut presque tout entière dans l'ivresse d'une passion satisfaite. Le monde même étoit pour Béatrix un spectacle nouveau, inépuisable en jouissances. L'amour multiplioit autour d'elle tous les moyens de séduction qui pouvoient perpétuer son erreur et achever sa perte; elle ne sortoit des rêves de la volupté que pour s'éveiller au milieu de la joie des festins, parmi les jeux des baladins et les concerts des ménestrels; sa vie étoit une fête insensée, où la voix sérieuse de la réflexion, étouffée par les clameurs de l'orgie, auroit essayé vainement de se faire entendre; et cependant Marie n'étoit pas tout à fait sortie de son souvenir. Plus d'une fois, dans les apprêts de sa toilette, son scapulaire s'étoit machinalement ouvert sous ses doigts. Plus d'une fois elle avoit laissé tomber sur le bouquet flétri de la Vierge un regard et une larme. La prière avoit monté plus d'une fois jusqu'à ses lèvres, comme une flamme cachée que la cendre n'a pu contenir, mais elle s'y étoit éteinte sous les baisers de son ravisseur; et, dans son délire même, quelque chose lui disoit encore qu'une prière l'auroit sauvée.

Elle ne tarda pas d'éprouver qu'il n'y a d'amour durable que celui qui est épuré par la religion; que l'amour seul du Seigneur et de Marie échappe aux vicissitudes de nos sentiments; que, seul entre toutes nos affections, il semble s'accroître et se fortifier par le temps, pendant que les autres brûlent si vives et se consument si vite dans nos cœurs de cendre. Cependant elle aimait Raymond autant qu'elle pouvoit aimer, mais un jour arriva où elle comprit que Raymond ne l'aimoit plus. Ce jour lui fit prévoir le jour, plus horrible encore, où elle seroit tout à fait abandonnée de celui pour qui elle avoit abandonnné l'autel, et ce jour redouté arriva aussi. Béatrix se trouva sans appui sur la terre, hélas! et sans appui dans le ciel. Elle chercha en vain une consolation dans ses souvenirs, un refuge dans ses espérances. Les fleurs du scapulaire s'étoient flétries comme celles du bonheur. La source des larmes et de la prière étoit tarie. La destinée que s'étoit faite Béatrix venoit de s'accomplir. L'infortunée accepta sa damnation. Plus on tombe de haut dans le chemin de la vertu, plus la chute a d'ignominie, plus elle est irréparable, et c'est de haut que Béatrix étoit tombée. Elle s'effraya d'abord de son opprobre, et puis elle finit par en contracter l'habitude, parce que le ressort de son âme s'étoit brisé. Quinze années s'écoulèrent ainsi, et, pendant quinze ans, l'ange tutélaire que le baptême avoit donné à son berceau, l'ange au cœur de frère qui l'avoit tant aimée, se voila de ses ailes et pleura.

Oh! que ces années fugitives emportèrent de trésors avec elles! l'innocence, la pudeur, la jeunesse, la beauté, l'amour, ces roses de la vie qui ne fleurissent qu'une fois, et jusqu'au sentiment de la conscience qui dédom-

mage de toutes les autres pertes! Les bijoux qui l'avoient autre fois parée, tributs impies que la débauche paye au crime, lui fournirent quelque temps une ressource trop prompte à s'épuiser. Elle demeura seule, délaissée, objet de mépris pour les autres comme pour elle-même, livrée aux dédains insolents du vice, et odieuse à la vertu, exemple rebutant de honte et de misère que les mères montroient à leurs enfants pour les détourner du péché! Elle se lassa d'être à charge à la pitié, de ne recevoir que des aumônes qu'une pieuse répugnance clouoit souvent aux mains de la charité, de n'être secourue à l'écart que par des gens qui avoient la rougeur sur le front, en lui accordant un peu de pain.

Un jour, elle s'enveloppa de ses haillons, qui avoient été dans leur fraîcheur une riche toilette ; elle résolut d'aller demander les aliments de la journée ou l'asile de la nuit à ceux qui ne l'avoient pas connue ! Elle se flatta de cacher son infamie dans son malheur ; elle partit, la pauvre mendiante, sans autre bien que les fleurs qu'elle avoit autrefois ravies au bouquet de la Vierge, et qui tomboient, une à une, en poussière, sous ses lèvres desséchées !

Béatrix étoit jeune encore, mais la honte et la faim avoient imprimé sur son front ces traces hideuses qui révèlent une vieillesse hâtive. Quand sa figure pâle et muette imploroit timidement les secours des passants, quand sa main blanche et délicate s'ouvroit en frémissant à leurs dons, il n'étoit personne qui ne sentît qu'elle avoit dû avoir d'autres destinées sur la terre. Les plus indifférents s'arrêtoient devant elle avec un regard amer qui sembloit dire : O ma fille! comment êtes-vous tombée?... — Et son regard, à elle, ne répondoit plus; car il y avoit longtemps qu'elle ne pouvoit plus pleurer.

Elle marcha longtemps, longtemps : son voyage sembloit ne devoir aboutir qu'à la mort. Un jour surtout, elle avoit parcouru, depuis le lever du soleil, sur le revers d'une montagne nue, un sentier âpre et raboteux, sans que l'aspect d'aucune maison vînt consoler sa lassitude; elle avoit eu pour seul aliment quelques racines sans saveur arrachées aux fentes des rochers; sa chaus-

sure en lambeaux venoit d'abandonner ses pieds sanglants; elle se sentoit défaillir de fatigue et de besoin, lorsqu'à la nuit close, elle fut frappée tout à coup de l'aspect d'une longue ligne de lumières qui annonçoient une vaste habitation, et vers lesquelles elle se dirigea de toutes les forces qui lui restoient; mais, au signal d'une cloche argentine dont le son réveilla dans son cœur un étrange et vague souvenir, tous les feux s'éteignirent à la fois, et il n'y eut plus autour d'elle que la nuit et le silence. Elle fit cependant quelques pas encore, les bras étendus, et ses mains tremblantes s'appuyèrent contre une porte fermée. Elle s'y soutint un moment, comme pour reprendre haleine; elle essaya de s'y attacher pour ne pas tomber; ses doigts débiles la trahirent; ils glissèrent sous le poids de son corps : O sainte Vierge! s'écria-t-elle, pourquoi vous ai-je quittée!... Et la malheureuse Béatrix s'évanouit sur le seuil.

Que la colère du ciel soit légère aux coupables! De pareilles nuits expient toute une vie de désordre! La fraîcheur saisissante du matin commençoit à peine à ranimer en elle un sentiment confus et douloureux d'existence, quand elle s'aperçut qu'elle n'étoit pas seule. Une femme agenouillée à ses côtés soulevoit sa tête avec précaution, et la regardoit fixement dans l'attitude d'une curiosité inquiète, en attendant qu'elle fût tout à fait revenue à elle-même.

« Dieu soit béni à jamais, dit la bonne tourière, de nous envoyer de si bonne heure un acte de piété à exercer et un malheur à secourir! C'est un événement d'heureux augure pour la glorieuse fête de la sainte

Vierge que nous célébrons aujourd'hui! Mais comment se fait-il, ma chère enfant, que vous n'ayez pas pensé à tirer la cloche ou à frapper du marteau? Il n'y a point d'heure où vos sœurs en Jésus-Christ n'eussent été prêtes à vous recevoir. Bien, bien!... ne me répondez pas maintenant, pauvre brebis égarée! Fortifiez-vous de ce

bouillon que j'ai chauffé à la hâte, aussitôt que je vous ai aperçue; goûtez ce vin généreux qui rendra la chaleur à votre estomac et la souplesse à vos membres endoloris. Faites-moi signe que vous êtes mieux. Buvez, buvez tout, et maintenant, avant de vous lever, si vous n'en avez pas encore la force, enveloppez-vous de cette mante que j'ai jetée sur vos épaules; donnez-moi entre mes mains vos petites mains si froides, pour que j'y rappelle le sang et la vie. Sentez-vous déjà vos doigts se dégourdir sous mon haleine? Oh! vous serez bien tout à l'heure! »

Béatrix, pénétrée d'attendrissement, se saisit des mains de la digne religieuse et les pressa à plusieurs reprises sur ses lèvres.

— Je suis bien déjà, lui dit-elle, et je me sens en état d'aller remercier Dieu de la grâce qu'il m'a faite en me dirigeant vers cette sainte maison. Seulement, pour que je puisse la comprendre dans mes prières, ayez la bonté de m'apprendre où je suis.

— Et où seriez-vous, répliqua la tourière, si ce n'est à Notre-Dame-des-Épines-Fleuries, puisqu'il n'y a point d'autre monastère dans ces solitudes à plus de cinq lieues à la ronde?

— Notre-Dame-des-Épines-Fleuries! s'écria Béatrix avec un cri de joie que suivirent aussitôt les marques de la plus profonde consternation; Notre-Dame-des-Épines-Fleuries! reprit-elle en laissant tomber sa tête sur son sein; le Seigneur ait pitié de moi!

— Eh quoi! ma fille, dit la charitable hospitalière, ne le saviez-vous pas? Il est vrai que vous paroissez venir de bien loin, car je n'ai jamais vu d'habillements de femme qui ressemblassent aux vôtres. Mais Notre-Dame-des-Épines-Fleuries ne borne pas sa protection aux habitants du pays. Vous n'ignorez pas, si vous en avez ouï parler, qu'elle est bonne pour tout le monde.

— Je la connois, et je l'ai servie, répondit Béatrix ; mais je viens de bien loin, comme vous dites, ma mère, et il n'est pas étonnant que mes yeux n'aient point reconnu d'abord ce séjour de paix et de bénédiction. Voilà cependant l'église, et le couvent, et les buissons d'épines où j'ai cueilli tant de fleurs. Hélas! ils fleurissent toujours!... J'étois si jeune cependant quand je les ai quittés!... C'étoit du temps, continua-t-elle en relevant son front vers le ciel avec cette expression résolue que donne aux remords d'un chrétien l'abnégation de lui-même, c'étoit du temps où sœur Béatrix étoit custode de la sainte chapelle. Ma mère, vous en souvenez-vous?

— Comment l'aurois-je oublié, mon enfant, puisque sœur Béatrix n'a jamais cessé d'être custode de la sainte chapelle? — puisqu'elle est restée jusqu'aujourd'hui parmi nous, et qu'elle restera longtemps, j'espère, un sujet d'édification pour toute la communauté; — puisque, après la protection de la sainte Vierge, nous ne connoissons point d'appui plus assuré devant le ciel?

— Je ne parle point de celle-là, interrompit Béatrix en soupirant amèrement ; je parle d'une autre Béatrix qui a fini sa vie dans le péché, et qui occupoit la même place il y a seize ans.

— Le bon Dieu ne vous punira pas de ces paroles insensées, dit la tourière en la rapprochant de son sein. La détresse et la maladie qui altèrent vos esprits ont troublé votre mémoire de ces tristes visions. Il y a plus de seize ans que j'habite ce couvent, et je n'y ai jamais connu d'autre custode de la sainte chapelle que sœur Béatrix. Au reste, puisque vous êtes décidée à présenter à Notre-Dame un acte d'adoration, pendant que je vous préparerai un lit, allez, ma sœur, allez au pied du tabernacle ; vous y trouverez déjà Béatrix, et vous la reconnoîtrez aisément, car la bonté divine a permis qu'elle ne perdît pas en vieillissant une des grâces de sa jeunesse. Je vous retrouverai tout à l'heure, pour ne plus vous quitter jusqu'à votre entier rétablissement.

En achevant ces paroles, la tourière rentra dans le cloître. Béatrix gagna en chancelant l'escalier de l'église, s'agenouilla sur le parvis, et le frappa de sa tête ; puis s'enhardit un peu, se leva, et, de colonne en colonne, s'avança jusqu'à la grillle, où elle retomba sur ses genoux. A travers le nuage dont sa vue étoit obscurcie, elle avoit distingué la sœur custode qui étoit debout devant le tabernacle.

Peu à peu, la sœur se rapprochoit d'elle en faisant sa revue ordinaire du saint lieu, rendant la flamme aux lampes éteintes, ou remplaçant les guirlandes de la veille par de nouvelles guirlandes. Béatrix ne pouvoit en croire ses yeux. Cette sœur, c'étoit elle-même, non telle que l'âge, le vice et le désespoir l'avoient faite, mais telle qu'elle avoit dû être aux jours innocents de sa jeunesse. Étoit-ce une illusion produite par le remords? Étoit-ce un châtiment miraculeux, anticipé sur ceux que lui réservoit la malédiction céleste? Dans le doute, elle cacha sa tête dans ses mains, et la reposa immobile contre les barreaux de la grille, en balbutiant du bout des lèvres les plus tendres de ses prières d'autrefois.

Et cependant la sœur custode marchoit toujours. Déjà les plis de ses vêtements avoient effleuré les barreaux; Béatrix accablée n'osoit respirer.

— C'est toi, chère Béatrix, dit la sœur d'une voix dont aucune parole humaine ne peut exprimer la douceur. Je n'ai pas besoin de te voir pour te reconnoître, car tes prières viennent à moi telles que je les ai jadis entendues. Il y a longtemps que je t'attendois; mais, comme j'étois sûre de ton retour, je pris ta place le jour où tu m'as quittée, pour qu'il n'y eût personne qui s'aperçût de ton absence. Tu sais maintenant ce que valent les plaisirs et le bonheur dont l'image t'avoit séduite, et tu ne t'en iras plus. C'est, entre nous, pour le siècle et pour l'éternité. Rentre donc avec confiance dans le rang que tu occupois parmi mes filles. Tu trouveras dans ta cellule, dont tu n'as pas oublié le chemin, l'habit que tu y avois laissé, et tu revêtiras avec lui ta première innocence, dont il est l'emblème ; c'est une grâce peu commune que je devois à ton amour, et que j'ai obtenue pour ton repentir. Adieu, sœur custode de Marie ! Aimez Marie comme elle vous a aimée !

C'étoit Marie, en effet ; et quand Béatrix éperdue releva vers elle ses yeux inondés de larmes, quand elle étendit vers elle ses bras palpitants, en lui jetant une action de grâces brisée par ses sanglots, elle vit la sainte Vierge monter les degrés de l'autel, rouvrir la porte du tabernacle, et s'y rasseoir dans sa gloire céleste sous son auréole d'or et sous ses festons d'épines fleuries.

Béatrix ne redescendit pas au chœur sans émotion. Elle alloit revoir ses compagnes dont elle avoit trahi la foi, et qui avoient vieilli, exemptes de reproche, dans la pratique d'un devoir austère. Elle se glissa parmi ses sœurs, le front baissé, et prête à s'humilier au premier cri qui annonceroit sa réprobation. Le cœur vivement agité, elle prêta une oreille attentive à leurs voix, et elle n'entendit rien. Comme aucune d'elles n'avoit remarqué son départ, aucune d'elles ne fit attention à son retour. Elle se précipita aux pieds de la sainte Vierge, qui ne lui avoit jamais paru si belle, et qui sembloit lui sourire. Dans les rêves de sa vie d'illusions, elle n'avoit rien compris qui approchât d'un tel bonheur.

La divine fête de Marie (car je crois avoir dit que ceci se passoit le jour de l'Assomption) s'accomplit dans un mélange de recueillement et d'extase dont les plus belles des solennités passées avoient à peine donné l'idée à cette communauté de vierges, sans tache comme leur reine. Les unes avoient vu tomber du tabernacle des lumières miraculeuses, les autres avoient entendu le chant des anges se mêler à leurs chants pieux, et s'étoient arrêtées de respect pour n'en pas troubler la céleste harmonie. On se racontoit avec mystère qu'il y avait ce jour-là une fête dans le paradis, comme dans le monastère des Épines-Fleuries; et, par un phénomène étranger à cette saison, toutes les épines de la contrée avoient refleuri, de sorte que ce n'étoit, au dehors comme au dedans, que printemps et parfums.

C'est qu'une âme étoit rentrée dans le sein du Seigneur, dépouillée de toutes les infirmités et de toutes les igno-

minies de notre condition, et qu'il n'y a point de fête qui soit plus agréable aux saints.

Une seule inquiétude obscurcit un moment l'innocente joie des colombes de la Vierge. Une pauvre femme, toute souffreteuse et toute malade, s'étoit assise le matin sur le seuil du monastère. La tourière l'avoit vue, elle l'avoit imparfaitement soulagée ; elle avoit disposé pour elle un lit doux et tiède où reposer ses membres débiles, affoiblis par la privation, et depuis elle l'avoit inutilement cherchée. Cette malheureuse créature avoit disparu sans qu'on en retrouvât aucune trace, mais on pensoit que sœur Béatrix pouvoit l'avoir aperçue à l'église où elle s'étoit réfugiée.

— Rassurez-vous, mes sœurs, dit Béatrix émue jusqu'aux larmes de ces tendres soucis ; rassurez-vous, continua-t-elle en pressant la tourière contre son sein ; j'ai vu cette pauvre femme et je sais ce qu'elle est devenue. Elle est bien, mes sœurs, elle est heureuse, plus heureuse qu'elle ne le mérite et que vous n'auriez pu l'espérer pour elle.

Cette réponse apaisa toutes les craintes ; mais elle fut remarquée, parce que c'étoit la première parole sévère qui fût sortie de la bouche de Béatrix.

Après cela toute l'existence de Béatrix s'écoula comme un seul jour, comme ce jour de l'avenir qui est promis aux élus du Seigneur, sans ennui, sans regrets, sans crainte, sans autre émotion, car les cœurs sensibles ne peuvent s'en passer tout à fait, que celle de la piété envers Dieu et de la charité envers les hommes. Elle vécut un siècle sans avoir paru vieillir, parce qu'il n'y a que les mauvaises passions de l'âme qui vieillissent le corps. La vie des bons est une jeunesse perpétuelle.

Béatrix mourut cependant, ou plutôt elle s'endormit avec calme dans ce sommeil passager du tombeau qui sépare le temps de l'éternité. L'Église honora sa mémoire d'un souvenir glorieux. Elle la plaça au rang des saints.

Bzovius, qui a examiné cette histoire avec le grave esprit de critique dont les auteurs canoniques offrent tant d'exemples, est bien convaincu qu'elle a mérité cet honneur par sa tendre fidélité à la sainte Vierge, car c'est, dit-il, le pur amour qui fait les saints; et je le déclare avec peu d'autorité, j'en conviens, mais dans la sincérité de mon esprit et de mon cœur : Tant que l'école de Luther et de Voltaire ne m'aura pas offert un récit plus touchant que le sien, je m'en tiendrai à l'opinion de Bzovius.

TRILBY

OU LE LUTIN D'ARGAIL

NOUVELLE ÉCOSSOISE

PRÉFACE

Le sujet de cette nouvelle est tiré d'une préface ou d'une note des romans de sir Walter Scott, je ne sais pas lequel. Comme toutes les traditions populaires, celle-ci a fait le tour du monde et se trouve partout. C'est le *Diable amoureux* de toutes les mythologies. Cependant le plaisir de parler d'un pays que j'aime, et de peindre des sentiments que je n'ai pas oubliés ; le charme d'une superstition qui est, peut-être, la plus jolie fantaisie de l'imagination des modernes ; je ne sais quel mélange de mélancolie douce et de gaieté naïve que présente la fable originale, et qui n'a pas pu passer entièrement dans cette imitation : tout cela m'a séduit au point de ne me laisser ni le temps, ni la faculté de réfléchir sur le fond trop vulgaire d'une espèce de composition dans laquelle il est naturel de chercher avant tout l'attrait de la nouveauté. J'écrivois, au reste, en sûreté de conscience, puisque je n'ai lu aucune des nombreuses histoires dont celle de mon lutin a pu donner l'idée, et je me promettois d'ailleurs que mon récit, qui diffère nécessairement des contes du même genre, par tous les détails de mœurs et de localités, auroit encore, en cela, un peu de cet intérêt qui s'attache aux choses nouvelles. Je l'abandonne, quoi qu'il en soit, aux lecteurs accoutumés des écrits frivoles, avec cette déclaration faite dans l'intérêt de ma conscience, beaucoup plus que dans celui de mes succès. Il n'est pas de la destinée de mes ouvrages d'être jamais l'objet d'une controverse littéraire.

Quand j'ai logé le lutin d'Argail dans les pierres du foyer, et que je l'ai fait converser avec une fileuse qui s'endort, je connoissois depuis longtemps une jolie composition de M. de Latouche, où cette charmante tradition étoit racontée en vers enchanteurs ; et comme ce poëte est, selon moi, dans notre littérature, l'Hésiode des esprits des fées, je me suis enchaîné à ses inventions avec le respect qu'un homme qui s'est fait auteur doit aux classiques de son école. Je serai bien fier s'il résulte pour quelqu'un de cette petite explication que j'étois l'ami de M. de Latouche, car j'ai aussi des prétentions à ma part de gloire et d'immortalité.

C'est ici que cet avertissement devoit finir, et il pourroit même paroître long, si l'on n'avoit égard qu'à l'importance du sujet ; mais j'éprouve la nécessité de répondre à quelques objections qui se sont élevées d'avance contre la forme de mon foible ouvrage, pendant que je m'amusois à l'écrire, et que j'aurois mauvaise grâce de braver ouvertement. Quand il y a déjà tant de chances probables contre un bien modeste succès, il est au moins prudent de ne pas laisser prendre à la critique des avantages trop injustes ou des droits trop rigoureux. Ainsi, c'est avec raison, peut-être, qu'on s'élève contre la monotonie d'un choix de localité que la multiplicité des excellents romans de sir Walter Scott a rendu populaire jusqu'à la trivialité, et j'avouerai volontiers que ce n'est maintenant ni un grand effort d'imagination, ni un grand ressort de nouveauté, que de placer en Écosse la scène d'un poëme ou d'un roman. Cependant, quoique sir Walter Scott ait produit, je crois, dix ou douze volumes depuis que j'ai tracé les premières lignes de celui-ci, distraction rare et souvent négligée de différents travaux plus sérieux, je ne choisirois pas autrement le lieu et les accessoires de la scène, si j'av s à recommencer. Ce n'est toutefois pas la manie à la mode qui m'a assujetti, comme tant d'autres, à cette cosmographie un peu barbare, dont la nomenclature inharmonique épouvante l'oreille et tourmente la prononciation de nos dames. C'est l'affection particulière d'un voyageur pour une contrée qui a rendu à son cœur, dans une suite charmante d'impressions vives et nouvelles, quelques-unes des illusions du jeune âge ; c'est le besoin si naturel à tous les hommes de se *rebercer,* comme dit Schiller, *dans les rêves de leur printemps.* Il y a une époque de la vie où la pensée recherche avec un amour exclusif les souvenirs et les images du berceau. Je n'y suis pas encore parvenu. Il y a une époque de la vie où l'âme déjà fatiguée se rajeunit encore dans d'agréables conquêtes sur l'espace et sur le temps. C'est celle-là dont j'ai voulu fixer en courant les sensations prêtes à s'effacer. Que signifieroit, au reste, dans l'état de nos mœurs et au milieu de l'éblouissante profusion de nos lumières, l'histoire crédule des rêveries d'un peuple enfant, appropriée à notre siècle et à notre pays ? Nous sommes trop perfectionnés pour jouir de ces mensonges délicieux, et nos hameaux sont trop savants pour qu'il soit possible d'y placer avec vraisemblance aujourd'hui les traditions d'une superstition intéressante. Il faut courir au bout de l'Europe, affronter les mers du Nord et les glaces du pôle, et découvrir dans quelques huttes à demi sauvages une tribu tout à fait isolée du reste des hommes, pour pouvoir s'attendrir sur de touchantes erreurs, seul reste des âges d'ignorance et de sensibilité.

Une autre objection dont j'avois à parler, et qui est beaucoup moins naturelle, mais qui vient de plus haut, et qui offroit des consolations trop douces à la médiocrité didactique et à l'impuissance ambitieuse pour n'en être pas accueillie avec empressement, est celle qui s'est nouvellement développée dans les considérations d'ailleurs fort spirituelles *sur les usurpations réciproques de la poésie et de la peinture,* et dont le genre qu'on appelle *romantique* a été le prétexte. Personne n'est plus disposé que moi à convenir que le genre *romantique* est un fort mauvais genre, surtout tant qu'il ne sera pas défini, et que tout ce qui est essentiellement détestable appartiendra, comme par une nécessité invincible, au genre romantique; mais c'est pousser la proscription un peu loin que de l'étendre au style descriptif; et je tremble de penser que si on enlève ces dernières ressources, empruntées d'une nature physique invariable, aux nations avancées chez lesquelles les plus précieuses ressources de l'inspiration morale n'existent plus, il faudra bientôt renoncer aux arts et à la poésie. Il est généralement vrai que la poésie descriptive est la dernière qui vienne à briller chez les peuples; mais c'est que chez les peuples vieillis il n'y a plus rien à décrire que la nature qui ne vieillit jamais. C'est de là que résulte à la fin de toutes les sociétés le triomphe inévitable des talents d'imitation sur les arts d'imagination, sur l'invention et le génie. La démonstration rigoureuse de ce principe seroit, du reste, fort déplacée ici.

Je conviens d'ailleurs que cette question ne vient pas jusqu'à moi, dont les essais n'appartiennent à aucun genre avoué. Et que m'importe ce qu'on en pensera dans mon intérêt? C'est pour un autre Chateaubriand, pour un Bernardin de Saint-Pierre à venir, qu'il faut décider si le style descriptif est une usurpation ambitieuse sur l'art de peindre la pensée, comme certains tableaux de David, de Gérard et de Girodet sur l'art de l'écrire; et si l'inspiration circonscrite dans un cercle qu'il ne lui est plus permis de franchir n'aura jamais le droit de s'égarer sous le *frigus opacum* et à travers les *gelidæ fontium perennitates* des poëtes paysagistes, qui ont trouvé ces heureuses expressions sans la permission de l'Académie.

N. B. L'orthographe propre des sites écossois, qui doit être inviolable dans un ouvrage de relation, me paroissant fort indifférente dans un ouvrage d'imagination qui n'est pas plus destiné à fournir des autorités en cosmographie qu'en littérature, je me suis permis de l'altérer en quelques endroits, pour éviter de ridicules équivoques de prononciation ou des consonnances désagréables. Ainsi, j'ai écrit *Argail* pour *Argyle,* et *Balva* pour *Balvaïg,* exemples qui seroient au moins justifiés, le premier par celui de l'Arioste et de ses traducteurs, le second par celui de Macpherson et de ses copistes, mais qui peuvent heureusement se passer de leur appui aux yeux du public sagement économe de son temps qui ne lit pas les préfaces.

La première édition de *Trilby* est de 1822. Lorsque Nodier écrivit cette charmante nouvelle, il étoit sous l'impression toute récente d'un voyage en Écosse, dont la relation avoit été publiée l'année précédente sous ce titre : *Promenade de Dieppe aux montagnes d'Écosse,* par Ch. Nodier. Paris, Barba, 1821. Petit in-12 de 332 p.

(*Note de l'Éditeur.*)

TRILBY

Il n'y a personne parmi vous, mes chers amis, qui n'ait entendu parler des *drows* de Thulé et des *elfs* ou lutins familiers de l'Écosse, et qui ne sache qu'il y a peu de maisons rustiques dans ces contrées qui ne comptent un follet parmi leurs hôtes. C'est d'ailleurs un démon plus malicieux que méchant et plus espiègle que malicieux, quelquefois bizarre et mutin, souvent doux et serviable, qui a toutes les bonnes qualités et tous les défauts d'un enfant mal élevé. Il fréquente rarement la demeure des grands et les fermes opulentes qui réunissent un grand nombre de

serviteurs; une destination plus modeste lie sa vie mystérieuse à la cabane du pâtre ou du bûcheron. Là, mille fois plus joyeux que les brillants parasites de la fortune, il se joue à contrarier les vieilles femmes qui médisent de lui dans leurs veillées, ou à troubler de rêves incompréhensibles, mais gracieux, le sommeil des jeunes filles. Il se plaît particulièrement dans les étables, et il aime à traire pendant la nuit les vaches et les chèvres du hameau, afin de jouir de la douce surprise des bergères matinales, quand elles arrivent dès le point du jour, et ne peuvent comprendre par quelle merveille les jattes rangées avec ordre regorgent de si bonne heure d'un lait écumeux et appétissant ; ou bien il caracole sur les chevaux qui hennissent de joie, roule dans ses doigts les longs anneaux de leurs crins flottants, lustre leur croupe polie, ou lave d'une eau pure comme le cristal leurs jambes fines et nerveuses[1]. Pendant l'hiver

1. Cette croyance aux lutins qui remplissent les humbles et utiles fonctions de valet de ferme, ou celles plus *aristocratiques* de piqueur ou de jockey, n'est point exclusivement particulière à l'Écosse ou aux pays du Nord. « Dans le Perche, dit M. Alfred Maury dans le savant travail : *Les Fées du moyen âge,* on trouve des croyances analogues : des servants prennent soin des animaux et promènent quelquefois d'une main invisible l'étrille sur la croupe du cheval. Dans la Vendée, moins complaisants, ils s'amusent à leur tirer les crins. Cependant, en général, les soins de tous ces êtres singuliers ne sont qu'à moitié désintéressés ; ils se contentent de peu, mais, en général, ils veulent être payés de leurs peines. » Dans Shakspeare, le lutin *Robin good fellow* est chargé à minuit de balayer la maison, de moudre la moutarde ; mais si on n'a pas soin de laisser pour lui une

il préfère à tout les environs de l'âtre domestique et les pans couverts de suie de la cheminée, où il fait son

habitation dans les fentes de la muraille, à côté de la

tasse de crème ou de lait caillé, malheur pour le lendemain, malheur à la ménagère! Son beurre ne prendra pas et la soupe sera brûlée... Trilby est plus aimable que *Robin good fellow*. Il est surtout plus complaisant et moins intéressé. Il appartenoit à Nodier d'embellir les lutins et les fées. (*Note de l'Éditeur.*)

cellule harmonieuse du grillon. Combien de fois n'a-t-on pas vu Trilby, le joli lutin de la chaumière de Dougal, sautiller sur le rebord des pierres calcinées avec son petit *tartan* de feu et son *plaid* ondoyant couleur de fumée, en essayant de saisir au passage les étincelles qui jaillissoient des tisons et qui montoient en gerbe brillante au-dessus du foyer! Trilby étoit le plus jeune, le plus galant, le plus mignon des follets. Vous auriez parcouru l'Écosse entière, depuis l'embouchure du Solway jusqu'au détroit de Pentland, sans en trouver un seul qui pût lui disputer l'avantage de l'esprit et de la gentillesse. On ne racontoit de lui que des choses aimables et des caprices ingénieux. Les châtelaines d'Argail et de Lennox en étoient si éprises que plusieurs d'entre elles se mouroient du regret de ne pas posséder dans leurs palais le lutin qui avoit enchanté leurs songes, et le vieux laird de Lutha auroit sacrifié, pour pouvoir l'offrir à sa noble épouse, jusqu'à la claymore rouillée d'Archibald, ornement gothique de sa salle d'armes; mais Trilby se soucioit peu de la claymore d'Archibald, et des palais et des châtelaines. Il n'eût pas abandonné la chaumière de Dougal pour l'empire du monde, car il étoit amoureux de la brune Jeannie, l'agaçante batelière du lac Beau, et il profitoit de temps en temps de l'absence du pêcheur pour raconter à Jeannie les sentiments qu'elle lui avoit inspirés. Quand Jeannie, de retour du lac, avoit vu s'égarer au loin, s'enfoncer dans

une anse profonde, se cacher derrière un cap avancé, pâlir dans les brumes de l'eau et du ciel la lumière errante du bateau voyageur qui portoit son mari et les espérances d'une pêche heureuse, elle regardoit encore du seuil de la maison, puis rentroit en soupirant, attisoit les charbons à demi blanchis par la cendre, et faisoit pirouetter son fuseau de cytise en fredonnant le cantique de saint Dunstan, ou la ballade du revenant d'Aberfoïl, et dès que ses paupières, appesanties par le sommeil, commençoient à voiler ses yeux fatigués, Trilby, qu'enhardissoit l'assoupissement de sa bien-aimée, sautoit légèrement de son trou, bondissoit avec une joie d'enfant dans les flammes, en faisant sauter autour de lui un nuage de paillettes de feu, se rapprochoit plus timide de la fileuse endormie, et quelquefois, rassuré par le souffle égal qui s'exhaloit de ses lèvres à intervalles mesurés, s'avançoit, reculoit, revenoit encore, s'élançoit jusqu'à ses genoux en les effleurant comme un papillon de nuit du battement muet de ses ailes invisibles, alloit caresser sa joue, se rouler dans les boucles de ses cheveux, se suspendre, sans y peser, aux anneaux d'or de ses oreilles ; ou se reposer sur son sein en murmurant d'une voix plus douce que le soupir de l'air à peine ému, quand il meurt sur une feuille de tremble[1] : « Jeannie, ma belle Jeannie, écoute un moment l'amant qui t'aime et qui pleure de t'aimer, parce que tu ne réponds pas à sa tendresse. Prends pitié de Trilby, du

[1]. Cette phrase a été indiquée par M. Sainte-Beuve comme l'une des plus parfaites qui se puissent lire.

pauvre Trilby. Je suis le follet de la chaumière. C'est moi, Jeannie, ma belle Jeannie, qui soigne le mouton que tu chéris, et qui donne à sa laine un poli qui le dispute à la soie et à l'argent. C'est moi qui supporte

le poids de tes rames pour l'épargner à tes bras, et qui repousse au loin l'onde qu'elles ont à peine touchée. C'est moi qui soutiens ta barque lorsqu'elle se penche sous l'effort du vent, et qui la fais cingler contre la marée comme sur une pente facile. Les poissons bleus du lac Long et du lac Beau, ceux qui font jouer aux rayons du soleil sous les eaux basses de la rade les saphirs de leurs dos éblouissants, c'est moi qui les ai apportés des mers lointaines du Japon, pour réjouir les yeux de la première fille que tu mettras au monde, et que tu verras s'élancer à demi de tes bras en suivant

leurs mouvements agiles et les reflets variés de leurs écailles brillantes. Les fleurs que tu t'étonnes de trouver le matin sur ton passage dans la plus triste saison de l'année, c'est moi qui vais les dérober pour toi à des campagnes enchantées dont tu ne soupçonnes pas l'existence, et où j'habiterois, si je l'avois voulu, de riantes demeures, sur des lits de mousse veloutée que la neige ne couvre jamais, ou dans le calice embaumé d'une rose qui ne se flétrit que pour faire place à des roses plus belles. Quand tu respires une touffe de thym enlevée au rocher, et que tu sens tout à coup tes lèvres

surprises d'un mouvement subit, comme l'essor d'une abeille qui s'envole, c'est un baiser que je te ravis en passant. Les songes qui te plaisent le mieux, ceux dans lesquels tu vois un enfant qui te caresse avec tant d'amour, moi seul je te les envoie, et je suis l'enfant dont tes lèvres pressent les lèvres enflammées dans ces doux prestiges de la nuit. Oh! réalise le bonheur de nos rêves! Jeannie, ma belle Jeannie, enchantement délicieux de mes pensées, objet de souci et d'espérance, de trouble et de ravissement, prends

pitié du pauvre Trilby, aime un peu le follet de la chaumière. »

Jeannie aimoit les jeux du follet, et ses flatteries caressantes, et les rêves innocemment voluptueux qu'il lui apportait dans le sommeil. Longtemps elle avoit pris plaisir à cette illusion sans en faire confidence à Dougal, et cependant la physionomie si douce et la voix si plaintive de l'esprit du foyer se retraçoient souvent à sa pensée, dans cet espace indécis entre le repos et le réveil où le cœur se rappelle malgré lui les impressions qu'il s'est efforcé d'éviter pendant le jour. Il lui sembloit voir Trilby se glisser dans les replis de ses rideaux, ou l'entendre gémir et pleurer sur son oreiller. Quelquefois

même, elle avoit cru sentir le pressement d'une main agitée, l'ardeur d'une bouche brûlante. Elle se plaignit enfin à Dougal de l'opiniâtreté du démon qui l'aimoit et qui n'étoit pas inconnu au pêcheur lui-même, car ce rusé rival avoit cent fois enchaîné son hameçon ou lié les mailles de son filet aux herbes insidieuses du lac. Dougal l'avoit vu au-devant de son bateau, sous l'apparence d'un poisson énorme, séduire d'une indolence trompeuse l'attente de sa pêche nocturne, et puis plonger, disparoître, effleurer le lac sous la forme d'une mouche ou d'une phalène, et se perdre sur le rivage avec l'*Hope-Clover* dans les moissons profondes de la

luzerne. C'est ainsi que Trilby égaroit Dougal, et prolongeoit longtemps son absence.

Pendant que Jeannie, assise à l'angle du foyer, racontoit à son mari les séductions du follet malicieux, qu'on se représente la colère de Trilby, et son inquiétude, et ses terreurs ! Les tisons lançoient des flammes blanches qui dansoient sur eux sans les toucher; les charbons étinceloient de petites aigrettes pétillantes, le farfadet se rouloit dans une cendre enflammée et la faisoit voler autour de lui en tourbillons ardents. — Voilà qui est bien, dit le pêcheur. J'ai passé ce soir le vieux Ronald, le moine centenaire de Balva, qui lit couramment dans les livres d'église, et qui n'a pas pardonné aux lutins d'Argail les dégâts qu'ils ont faits l'an dernier dans son presbytère. Il n'y a que lui qui puisse nous débarrasser de cet ensorcelé de Trilby, et le reléguer jusque dans les rochers d'Inisfaïl, d'où nous viennent ces méchants esprits.

Le jour n'étoit pas arrivé que l'ermite fut appelé à la chaumière de Dougal. Il passa tout le temps que le soleil éclaira l'horizon en méditations et en prières, baisant les reliques des saints, et feuilletant le Rituel et la Clavicule. Puis, quand les heures de la nuit furent tout à fait descendues, et que les follets égarés dans l'espace rentrèrent en possession de leur demeure solitaire, il vint se mettre à genoux devant l'âtre embrasé, y jeta quelques frondes de houx bénit, qui brûlèrent en craquetant, épia d'une oreille attentive le chant mélancolique du grillon qui pressentoit la perte de son ami, et reconnut Trilby à ses soupirs. Jeannie venoit d'entrer.

Alors le vieux moine se releva, et prononçant trois fois le nom de Trilby d'une voix redoutable : — Je t'adjure, lui dit-il, par le pouvoir que j'ai reçu des sacrements, de sortir de la chaumière de Dougal le pêcheur,

quand j'aurai chanté pour la troisième fois les saintes litanies de la Vierge. Comme tu n'avois jamais donné lieu, Trilby, à une plainte sérieuse, et que tu étois même connu en Argail pour un esprit sans méchanceté; comme je sais d'ailleurs par les livres secrets de Salomon, dont l'intelligence est en particulier réservée à notre monastère de Balva, que tu appartiens à une race mystérieuse dont la destinée à venir n'est pas irréparablement fixée, et que le secret de ton salut ou de ta damnation est encore caché dans la pensée du Seigneur, je m'abstiens de prononcer sur toi une peine plus sévère. Mais qu'il te souvienne, Trilby, que je t'adjure, au nom du pouvoir que les sacrements m'ont donné, de sortir de la chaumière de Dougal le pêcheur, quand j'aurai chanté pour la troisième fois les saintes litanies de la Vierge!

Et le vieux moine chanta pour la première fois, accompagné des répons de Dougal et de Jeannie dont le cœur commençoit à palpiter d'une émotion pénible. Elle n'étoit pas sans regret d'avoir révélé à son mari les timides amours du lutin, et l'exil de l'hôte accoutumé du foyer lui faisoit comprendre qu'elle lui étoit plus attachée qu'elle ne l'avoit cru jusqu'alors.

Le vieux moine prononçant de nouveau par trois fois le nom de Trilby : — Je t'adjure, lui dit-il, de sortir de la chaumière de Dougal le pêcheur, et afin que tu ne te flattes pas de pouvoir éluder le sens de mes paroles, car ce n'est pas d'aujourd'hui que je connois votre malice, je te signifie que cette sentence est irrévocable à jamais...

— Hélas! dit tout bas Jeannie.

— A moins, continua le vieux moine, que Jeannie ne te permette d'y revenir.

Jeannie redoubla d'attention.

— Et que Dougal lui-même ne t'y envoie.

— Hélas! répéta Jeannie.

— Et qu'il te souvienne, Trilby, que je t'adjure, au nom du pouvoir que les sacrements m'ont donné, de sortir de la chaumière de Dougal le pêcheur, quand j'aurai chanté deux fois encore les saintes litanies de la Vierge.

Et le vieux moine chanta pour la seconde fois, accompagné des répons de Dougal et de Jeannie qui ne prononçoit plus qu'à demi-voix, et la tête à demi enveloppée de sa noire chevelure, parce que son cœur étoit gonflé de sanglots qu'elle cherchoit à contenir, et ses yeux mouillés de larmes qu'elle cherchoit à cacher. Trilby, se disoit-elle, n'est pas d'une race maudite; ce moine vient lui-même de l'avouer; il m'aimoit avec la même innocence que mon mouton; il ne pouvoit se passer de moi. Que deviendra-t-il sur la terre quand il sera privé du seul bonheur de ses veillées? Étoit-ce un si grand mal, pauvre Trilby, qu'il se jouât le soir avec mon fuseau, quand, presque endormie, je le laissois échapper de ma main, ou qu'il se roulât en le couvrant de baisers dans le fil que j'avois touché?

Mais le vieux moine répétant encore par trois fois le nom de Trilby, et recommençant ses paroles dans le même ordre : — Je t'adjure, lui dit-il, au nom du pouvoir que les sacrements m'ont donné, de sortir de la chaumière de Dougal le pêcheur, et je te défends d'y rentrer jamais, sinon aux conditions que je viens de te prescrire, quand j'aurai chanté une fois encore les saintes litanies de la Vierge.

Jeannie porta sa main sur ses yeux.

— Et crois que je punirai ta rébellion d'une manière qui épouvantera tous tes pareils! je te lierai pour mille ans, esprit désobéissant et malin, dans le tronc du bouleau le plus noueux et le plus robuste du cimetière.

— Malheureux Trilby! dit Jeannie.

— Je le jure sur mon grand Dieu, continua le moine, et cela sera fait ainsi.

Et il chanta pour la troisième fois, accompagné des répons de Dougal. Jeannie ne répondit pas. Elle s'étoit laissée tomber sur la pierre saillante qui borde le foyer, et le moine et Dougal attribuoient son émotion au trouble naturel que doit faire naître une cérémonie imposante. Le dernier répons expira; la flamme des tisons pâlit; une lumière bleue courut sur la braise

éteinte et s'évanouit. Un long cri retentit dans la cheminée rustique. Le follet n'y étoit plus.

— Où est Trilby? dit Jeannie en revenant à elle.

— Parti, dit le moine avec orgueil. — Parti ! s'écriat-elle, d'un accent qu'il prit pour celui de l'admiration et de la joie. Les livres sacrés de Salomon ne lui avoient pas appris ces mystères.

A peine le follet avoit quitté le seuil de la chaumière de Dougal, Jeannie sentit amèrement que l'absence du pauvre Trilby en avoit fait une profonde solitude. Ses chansons de la veillée n'étoient plus entendues de personne, et, certaine de ne confier leurs refrains qu'à des murailles insensibles, elle ne chantoit que par distraction ou dans les rares moments où il lui arrivoit de penser que Trilby, plus puissant que la Clavicule et le Rituel, avoit peut-être déjoué les exorcismes du vieux moine et les sévères arrêts de Salomon. Alors, l'œil fixé sur l'âtre, elle cherchoit à discerner, dans les figures bizarres que la cendre dessine en sombres compartiments sur la fournaise éblouissante, quelques-uns des traits que son imagination avoit prêtés à Trilby ; elle n'apercevoit qu'une ombre sans forme et sans vie qui rompoit çà et là l'uniformité du rouge enflammé du foyer, et se dissipoit à la moindre agitation de la touffe de bruyères sèches qu'elle faisoit siffler devant le feu pour le ranimer. Elle laissoit tomber son fuseau, elle abandonnoit son fil, mais Trilby ne chassoit plus devant lui le fuseau roulant comme pour le dérober à sa maîtresse, heureux alors de le ramener jusqu'à elle et de se servir du fil à peine ressaisi, pour s'élever à la main de Jeannie et y déposer un baiser rapide, après lequel il étoit si prompt à retomber, à s'enfuir et à disparoître, qu'elle n'avoit jamais eu le temps de s'alarmer et de se plaindre. Dieu! que les

temps étoient changés! que les soirées étoient longues, et que le cœur de Jeannie étoit triste!

Les nuits de Jeannie avoient perdu leur charme comme sa vie, et s'attristoient encore de la secrète pensée que Trilby, mieux accueilli chez les châtelaines d'Argail, y vivoit paisible et caressé, sans crainte de leurs fiers époux. Quelle comparaison humiliante pour la chaumière du lac Beau ne devoit pas se renouveler pour lui à tous les moments de ses délicieuses soirées, sous les cheminées somptueuses où les noires colonnes de Staffa s'élançoient des marbres d'argent de Firkin, et aboutissoient à des voûtes resplendissantes de cristaux de mille couleurs! Il y avoit loin de ce magnifique appareil à la simplicité du triste foyer de Dougal. Que cette comparaison étoit plus pénible encore pour Jeannie, quand elle se représentoit ses nobles rivales, assemblées autour d'un brasier dont l'ardeur étoit entretenue par des bois précieux et odorants qui remplissoient d'un nuage de parfums le palais favorisé du lutin! quand elle détailloit dans sa pensée les richesses de leur toilette, les couleurs brillantes de leurs robes à quadrilles, l'agrément et le choix de leurs plumes de *ptarmigan* et de héron, la grâce apprêtée de leurs cheveux, et qu'elle croyoit saisir dans l'air les concerts de leurs voix mariées avec une ravissante harmonie! — Infortunée Jeannie, disoit-elle, tu croyois donc savoir chanter! et quand tu aurois une voix plus douce que celle de la jeune fille de la mer que les pêcheurs ont quelquefois entendue le matin, qu'as-tu fait, Jeannie, pour qu'il s'en souvînt? Tu chantois comme s'il n'étoit pas là, comme si l'écho seul t'avoit écoutée, tandis que toutes ces coquettes ne chantent que pour lui; elles ont d'ailleurs tant d'avantages sur toi : la fortune, la noblesse, peut-être même la beauté! Tu es brune, Jeannie, parce que ton front découvert à la surface resplendissante des eaux brave le ciel brûlant de l'été. Regarde tes bras : ils sont souples et nerveux, mais ils n'ont ni délicatesse ni fraîcheur. Tes cheveux manquent peut-être de grâce, quoique noirs, longs, bouclés et superbes, lorsque, flottant sur tes épaules, tu les abandonnes aux fraîches brises du lac; mais il m'a vue si rarement sur le lac, et n'a-t-il pas oublié déjà qu'il m'a vue?

Préoccupée de ces idées, Jeannie se livroit au sommeil bien plus tard que d'habitude, et ne goûtoit pas le sommeil même, sans passer de l'agitation d'une veille inquiète à des inquiétudes nouvelles. Trilby ne se présentoit plus dans ses rêves sous la forme fantastique du nain gracieux du foyer. A cet enfant capricieux avoit succédé un adolescent aux cheveux blonds, dont la taille svelte et pleine d'élégance le disputoit en souplesse aux joncs élancés des rivages; c'étoient les traits fins et doux du follet, mais développés dans les formes imposantes du chef du clan des Mac-Farlane, quand il gravit le Cobler en brandissant l'arc redoutable du chasseur, ou quand il s'égare dans les boulingrins d'Argail, en faisant retentir d'espace en espace les cordes de la harpe écossoise; et tel devoit être le dernier de ces illustres seigneurs, lorsqu'il disparut tout à coup de son château après avoir subi l'anathème des saints religieux de Balva, pour s'être refusé au payement d'un ancien tribut envers le monastère. Seulement les regards de Tribly n'avoient plus l'expression franche, la confiance ingénue du bonheur. Le sourire d'une candeur étourdie ne voloit plus sur ses lèvres. Il considéroit Jeannie d'un œil attristé, soupiroit amèrement, et ramenoit sur son front les boucles de ses cheveux, ou l'enveloppoit des longs replis de son manteau; puis se perdoit dans les vagues ombres de la nuit. Le cœur de Jeannie étoit pur, mais elle souffroit de l'idée qu'elle étoit la seule cause des malheurs d'une créature charmante qui ne l'avoit jamais offensée, et dont elle avoit trop vite redouté la naïve tendresse. Elle s'imaginoit, dans l'erreur involontaire des songes, qu'elle crioit au follet de revenir, et que, pénétré de reconnoissance, il s'élançoit à ses pieds et les couvroit de baisers et de larmes. Puis, en le regardant sous sa nouvelle forme, elle comprenoit qu'elle ne pouvoit plus prendre à lui qu'un intérêt coupable, et déploroit son exil sans oser désirer son retour.

Ainsi se passoient les nuits de Jeannie, depuis le

départ du lutin; et son cœur, aigri par un juste repentir ou par un penchant involontaire, toujours repoussé, toujours vainqueur, ne s'entretenoit que de mornes soucis qui troubloient le repos de la chaumière. Dougal, lui-même, étoit devenu inquiet et rêveur. Il y a des priviléges attachés aux maisons qu'habitent les follets! Elles sont préservées des accidents de l'orage et des ravages de l'incendie, car le lutin attentif, n'oublie jamais, quand le monde est livré au repos, de faire sa ronde nocturne autour du domaine hospitalier qui lui donne un asile contre le froid des hivers. Il resserre les chaumes du toit à mesure qu'un vent obstiné les divise, ou bien il fait rentrer dans ses gonds ébranlés une porte agitée par la tempête. Obligé à nourrir pour lui la chaleur agréable du foyer, il détourne de temps en temps la cendre qui s'amoncelle; il ranime d'un souffle léger une étincelle qui s'étend peu à peu sur un charbon prêt à s'éteindre, et finit par embraser toute sa noire surface. Il ne lui en faut pas davantage pour se réchauffer; mais il paye généreusement le loyer de ce bienfait, en veillant à ce qu'une flamme furtive ne vienne pas à se développer pendant le sommeil insouciant de ses hôtes; il interroge du regard tous les recoins du manoir, toutes les fentes de la cheminée antique; il retourne le fourrage dans la crèche, la paille sur la litière; et sa sollicitude ne se borne pas aux soins de l'étable; il protége aussi les habitants pacifiques de la basse-cour et de la volière auxquels la Providence n'a donné que des cris pour se plaindre, et qu'elle a laissés sans armes pour se défendre. Souvent le chatpard, altéré de sang, qui étoit descendu des montagnes en amortissant sur les mousses discrètes son pas qui les foule à peine, en contenant son miaulement de tigre, en voilant ses yeux ardents qui brillent dans la nuit comme des lumières errantes; souvent la martre voyageuse qui tombe inattendue sur sa proie, qui la saisit sans la blesser, l'enveloppe comme une coquette d'embrassements gracieux, l'enivre de parfums enchanteurs et lui imprime sur le cou un baiser qui donne la mort; souvent le renard même a été trouvé sans vie à côté du nid tranquille des oiseaux nouveau-nés, tandis qu'une mère immobile dormoit la tête cachée sous l'aile, en rêvant à l'heureuse histoire de sa couvée tout éclose, où il n'a pas manqué un seul œuf. Enfin l'aisance de Dougal avoit été fort augmentée par la pêche de ces jolis poissons bleus qui ne se laissoient prendre que dans ses filets; et depuis le départ de Trilby, les poissons bleus avoient disparu. Aussi n'arrivoit-il plus au rivage sans être poursuivi des reproches de tous les enfants du clan de Mac-Farlane, qui lui crioient : — C'est affreux, méchant Dougal! c'est vous qui avez enlevé tous les jolis petits poissons du lac Long et du lac Beau ; nous ne les verrons plus sauter à la surface de l'eau, en faisant semblant de mordre à nos hameçons, ou s'arrêter immobiles comme des fleurs couleur du temps, sur les herbes roses de la rade. Nous ne les verrons plus nager à côté de nous quand nous nous baignons, et nous diriger loin des courants dangereux, en détournant rapidement leur longue colonne bleue ; et Dougal poursuivoit sa route en murmurant ; il se disoit même quelquefois : — C'est peut-être, en effet, une chose bien ridicule que d'être jaloux d'un lutin ; mais le vieux moine de Balva en sait là-dessus plus que moi.

Dougal enfin ne pouvoit se dissimuler le changement qui s'étoit fait depuis quelque temps dans le caractère de Jeannie, naguère encore si serein et si enjoué ; et jamais il ne remontoit par la pensée au jour où il avoit vu sa mélancolie se développer, sans se rappeler au même instant les cérémonies de l'exorcisme et l'exil de Trilby. A force d'y réfléchir, il se persuada que les inquiétudes qui l'obsédoient dans son ménage, et la mauvaise fortune qui s'obstinoit à le poursuivre à la pêche, pourroient bien être l'effet d'un sort, et sans communiquer cette pensée à Jeannie dans des termes propres à augmenter l'amertume des soucis auxquels elle paroissoit livrée, il lui suggéra peu à peu le désir de recourir à une protection puissante contre la mauvaise destinée qui le persécutoit. C'étoit peu de jours après que devoit avoir lieu, au monastère de Balva, la fameuse vigile de saint Colombain, dont l'intercession étoit plus recherchée qu'aucune autre des jeunes femmes du pays, parce que, victime d'un amour secret et malheureux, il étoit sans doute plus propice qu'aucun des autres habitants du séjour céleste aux peines cachées du cœur. On en rapportoit des miracles de charité et de tendresse dont jamais Jeannie n'avoit entendu le récit sans émotion, et qui depuis quelque temps se présentoient fréquemment à son imagination parmi les rêves caressants de l'espérance. Elle se rendit d'autant plus volontiers aux propositions de Dougal, qu'elle n'avoit jamais visité le plateau du Calender, et que, dans cette contrée nouvelle pour ses yeux, elle croyoit avoir moins de souvenirs à redouter qu'auprès du foyer de la chaumière, où tout l'entretenoit des grâces touchantes et de l'innocent amour de Trilby. Un seul chagrin se mêloit à l'idée de ce pèlerinage : c'est que l'ancien du monastère, cet inflexible Ronald dont les exorcismes cruels avoient banni Trilby pour toujours de son obscure solitude, descendroit probablement lui-même de son ermitage des montagnes, pour prendre part à la solennité anniversaire de la fête du saint patron; mais Jeannie, qui craignoit avec trop de raison d'avoir beaucoup de pensées indiscrètes et peut-être jusqu'à des sentiments coupables à se reprocher, se résigna promptement à la mortification ou au châtiment de sa présence. Qu'alloit-elle, d'ailleurs, demander à Dieu, sinon d'oublier Trilby, ou plutôt la fausse image qu'elle s'en étoit faite; et quelle haine pouvoit-elle conserver contre ce vieillard, qui n'avoit fait que remplir ses vœux et que prévenir sa pénitence?

— Au reste, reprit-elle à part soi, sans se rendre compte de ce retour involontaire de son esprit, Ronald avoit plus de cent ans à la dernière chute des feuilles, et peut-être est-il mort.

Dougal, moins préoccupé, parce qu'il étoit bien plus fixé sur l'objet de son voyage, calculoit ce que devoit lui rapporter à l'avenir la pêche mieux entendue de ces poissons bleus dont il avoit cru ne voir jamais finir l'espèce; et comme s'il avoit pensé que le seul projet d'une pieuse visite au sépulcre du saint abbé pouvoit avoir ramené ce peuple vagabond dans les eaux basses du golfe, il les sondoit inutilement du regard, en parcourant le petit détour de l'extrémité du lac Long, vers les délicieux rivages de Tarbet, campagnes enchantées dont le voyageur même qui les a traversées, le cœur vide de ces illusions de l'amour qui embellissent tous les pays, n'a jamais perdu le souvenir. C'étoit un peu moins d'un an après le rigoureux bannissement du follet. L'hiver n'étoit point commencé, mais l'été finissoit. Les feuilles, saisies par le froid matinal, se rouloient à la pointe des branches inclinées, et leurs bouquets bizarres, frappés d'un rouge éclatant, ou jaspés d'un fauve doré, sembloient orner la tête des arbres de fleurs plus fraîches ou de fruits plus brillants que les fleurs et les fruits qu'ils ont reçus de la nature. On auroit cru qu'il y avoit des bouquets de grenades dans les bouleaux, et que des grappes mûres pendoient à la pâle verdure des frênes, surprises de briller entre les fines découpures de leur feuillage léger. Il y a dans ces jours de décadence de l'automne quelque chose d'inexplicable qui ajoute à la solennité de tous les sentiments. Chaque pas que fait le temps imprime alors sur les champs qui se dépouillent, ou au front des arbres qui jaunissent, un nouveau signe de caducité plus grave et plus imposant. On entend sortir du fond des bois une sorte de rumeur menaçante qui se compose du cri des branches sèches, du frôlement des feuilles qui tombent, de la plainte confuse des bêtes de proie que la prévoyance d'un hiver rigoureux alarme sur leurs petits, de rumeurs, de soupirs, de gémissements, quelquefois semblables à des voix humaines, qui étonnent l'oreille et saisissent le cœur. Le voyageur n'échappe pas même à l'abri des temples aux sensations qui le poursuivent. Les voûtes des vieilles églises rendent les mêmes bruits que les profondeurs des vieilles forêts, quand le pied du passant solitaire interroge les échos sonores de la nef, et que l'air extérieur qui se glisse entre les ais mal joints, ou qui agite le plomb des vitraux rompus, marie des accords bizarres au sourd retentissement de sa marche. On diroit quelquefois le chant grêle d'une jeune vierge cloîtrée qui répond au mugissement majestueux de l'orgue; et ces impressions se confondent si naturellement en automne, que l'instinct même des animaux y est souvent trompé. On a vu des loups errer sans défiance, à travers les colonnes d'une chapelle abandonnée, comme entre les fûts blanchissants des hêtres; une volée d'oiseaux étourdis descend indistinctement sur le faîte des grands arbres, ou sur le clocher pointu des églises gothiques. A l'aspect de ce mât élancé, dont la forme et la matière sont dérobées à la forêt natale, le milan resserre peu à peu les orbes de son vol circulaire, et s'abat sur sa pointe aiguë comme sur un plat d'armoiries. Cette idée auroit pu prémunir Jeannie contre l'erreur d'un pressentiment douloureux, quand elle arriva sur les pas de Dougal à la chapelle de Glenfallach, vers laquelle ils s'étoient dirigés d'abord, parce que c'est là qu'étoit marqué le rendez-vous des pèlerins. En effet, elle avoit vu de loin un corbeau à ailes démesurées s'abaisser sur la flèche antique, et s'y arrêter avec un cri prolongé qui exprimoit tant d'inquiétude et de souffrance, qu'elle ne put s'empêcher de le regarder comme un présage sinistre. Plus timide en s'approchant davantage, elle égaroit ses yeux autour d'elle avec un saisissement involontaire, et son oreille s'effrayoit au foible bruit des vagues sans vent qui viennent expirer au pied du monastère abandonné.

C'est ainsi que, de ruines en ruines, Dougal et Jeannie parvinrent aux rives étroites du lac Kattrinn; car, dans ce temps reculé, les bateliers étoient plus rares, et les stations du pèlerin plus multipliées. Enfin, après trois jours de marche, ils découvrirent de loin les sapins de Balva, dont la verdure sombre se détachoit avec une hardiesse pittoresque entre les forêts desse-

chées ou sur le fond des mousses pâles de la montagne. Au-dessus de son revers aride, et comme penchées à la pointe d'un roc perpendiculaire d'où elles sembloient se précipiter vers l'abîme, on voyoit noircir les vieilles tours du monastère, et se développer, au loin, les ailes des bâtiments à demi écroulés. Aucune main humaine n'avoit été employée à y réparer les ravages du temps depuis que les saints avoient fondé cet édifice, et une tradition universellement répandue dans le peuple attestoit que, lorsque ses restes solennels achèveroient de joncher la terre de leurs débris, l'ennemi de Dieu triompheroit pour plusieurs siècles en Écosse, et y obscurciroit de ténèbres impies les pures splendeurs de la foi. Aussi c'étoit un sujet de joie toujours nouveau pour la multitude chrétienne que de le voir encore imposant dans son aspect, et offrant pour l'avenir quelques promesses de durée. Alors des cris de joie, des clameurs d'enthousiasme, de doux murmures d'espoir et de reconnoissance venoient se confondre dans la prière commune. C'est là, c'est dans ce moment de pieuse et profonde émotion qu'excite l'attente ou la vue d'un miracle, que tous les pèlerins à genoux récapituloient pendant quelques minutes d'adoration les principaux objets de leur voyage : la femme et les filles de Coll Camcron, un des plus proches voisins de Dougal, de nouvelles parures qui éclipseroient dans les fêtes prochaines la beauté simple de Jeannie; Dougal, un coup de filet miraculeux qui l'enrichiroit de quelque trésor, contenu dans une boîte précieuse que sa bonne fortune auroit amenée intacte à l'extrémité du lac; et Jeannie, le besoin d'oublier Trilby et de ne plus y rêver; prière que son cœur ne pouvoit cependant avouer tout entière, et qu'elle se réservoit de méditer encore au pied des autels, avant de la confier sans réserve à la pensée attentive du saint protecteur.

Les pèlerins arrivèrent enfin au parvis de la vieille église, où un des plus anciens ermites de la contrée étoit ordinairement chargé d'attendre leurs offrandes, et de leur présenter des rafraîchissements et un asile pour la nuit. De loin, la blancheur éblouissante du front de l'anachorète, l'élévation de sa taille majestueuse qui n'avoit pas fléchi sous le poids des ans, la gravité de son attitude immobile et presque menaçante, avoient frappé Jeannie d'une réminiscence mêlée de respect et de terreur. Cet ermite, c'étoit le sévère Ronald, le moine centenaire de Balva. — J'étois préparé à vous voir, dit-il à Jeannie avec une intention si pénétrante, que l'infortunée n'auroit pas éprouvé plus de trouble en s'entendant publiquement accuser d'un péché. Et vous aussi, bon Dougal, continua-t-il en le bénissant : vous venez chercher avec raison les grâces du ciel dans la maison du ciel, et nous demander contre les ennemis secrets qui vous tourmentent les secours d'une protection que les péchés du peuple ont fatiguée, et qui ne peut plus se racheter que par de grands sacrifices.

Pendant qu'il parloit de la sorte, il les avoit intro-

duits dans la longue salle du réfectoire ; le reste des pèlerins se reposoient sur les pierres du vestibule, ou se distribuoient, chacun suivant sa dévotion particulière, dans les nombreuses chapelles de l'église souterraine.

Ronald se signa et s'assit. Dougal l'imita; Jeannie, obsédée d'une inquiétude invincible, essayoit de tromper l'attention obstinée du saint prêtre en laissant errer la sienne sur les nouveaux objets de curiosité qui s'offroient à ses regards dans ce séjour inconnu. Elle observoit avec une curiosité vague le cintre immense des voûtes antiques, la majestueuse élévation des pilastres, le travail bizarre et recherché des ornements, et la multitude de portraits poudreux qui se suivoient dans des cadres délabrés sur les innombrables panneaux des boiseries. C'étoit la première fois que Jeannie entroit dans une galerie de peinture, et que ses yeux étoient surpris par cette imitation presque vivante de la figure de l'homme, animée au gré de l'artiste de toutes les passions de la vie. Elle contemploit émerveillée cette succession de héros écossois, différents d'expression et de caractère, et dont la prunelle mobile, toujours fixée sur ses mouvements, sembloit la poursuivre de tableaux en tableaux, les uns avec l'émotion d'un intérêt impuissant et d'un attendrissement inutile, les autres avec la sombre rigueur de la menace et le regard foudroyant de la malédiction. L'un d'eux, dont le pinceau d'un artiste plus hardi avoit pour ainsi dire devancé la résurrection, et qu'une combinaison peu connue alors d'effets et de couleurs paroissoit avoir jeté hors de la toile, effraya tellement Jeannie de l'idée de le voir se précipiter de sa bordure d'or et de traverser la galerie comme un spectre, qu'elle se réfugia en tremblant vers Dougal, et tomba interdite sur la banquette que Ronald lui avoit préparée.

— Celui-là, dit Ronald qui n'avoit pas cessé de converser avec Dougal, est le pieux Magnus Mac-Farlane, le plus généreux de nos bienfaiteurs, et celui de tous qui a le plus de part à nos prières. Indigné du manque de foi de ses descendants dont la déloyauté a prolongé pour bien des siècles encore les épreuves de son âme, il poursuit leurs partisans et leurs complices jusque dans ce portrait miraculeux. J'ai entendu assurer que jamais les amis des derniers Mac-Farlane n'étoient entrés dans cette enceinte sans voir le pieux Magnus s'arracher de la toile où le peintre avoit cru le fixer, pour venger sur eux le crime et l'indignité de sa race. Les places vides qui suivent celle-ci, continua-t-il, indiquent celles qui étoient réservées aux portraits de nos oppresseurs, et dont ils ont été repoussés comme du ciel.

— Cependant, dit Jeannie, la dernière de ces places paroît occupée... Voilà un portrait au fond de cette galerie, et si ce n'étoit le voile qui le couvre...

— Je vous disois, Dougal, reprit le moine, sans prêter d'attention à l'observation de Jeannie, que ce portrait est celui de Magnus Mac-Farlane, et que tous ses descendants sont dévoués à la malédiction éternelle.

— Cependant, dit Jeannie, voilà un portrait au fond de cette galerie, un portrait voilé qui ne seroit pas admis dans ce lieu saint, si la personne qui doit y être représentée étoit aussi chargée d'une éternelle malédiction. N'appartiendroit-il pas par hasard à la famille des Mac-Farlane comme la disposition du reste de cette galerie semble l'annoncer, et comment un Mac-Farlane...?

— La vengeance de Dieu a ses bornes et ses conditions, interrompit Ronald ; et il faut que ce jeune homme ait eu des amis parmi les saints...

— Il étoit jeune ! s'écria Jeannie...

— Eh bien ! dit durement Dougal, qu'importe l'âge d'un damné?...

— Les damnés n'ont point d'amis dans le ciel, répondit vivement Jeannie en se précipitant vers le tableau. Dougal la retint. Elle s'assit. Les pèlerins pénétroient lentement dans la salle, et resserroient peu à peu leur cercle immense autour du siége du vénérable vieillard qui avoit repris avec eux son discours où il l'avoit laissé. Vrai, vrai, répétoit-il, les mains appuyées sur son front renversé! — de terribles sacrifices! nous ne pouvons appeler la protection du Seigneur par notre intercession que sur les âmes qui la demandent sincèrement et comme nous, sans mélange de ménagements et de foiblesse. Ce n'est pas tout que de craindre l'obsession d'un démon et que de prier le ciel de nous en délivrer. Il faut encore le maudire! Savez-vous que la charité peut être un grand péché?

— Est-il possible? répondit Dougal. — Jeannie se retourna du côté de Ronald et le regarda d'un air plus assuré qu'auparavant.

— Infortunés que nous sommes, reprit Ronald, comment résisterions-nous à l'ennemi acharné à notre perte si nous n'usions pas contre lui de toutes les ressources que la religion nous a réservées, de tout le pouvoir qu'elle a mis entre nos mains? A quoi nous serviroit de prier toujours pour ceux qui nous persécutent, s'ils ne cessent de renouveler contre nous leurs manœuvres et leurs maléfices? La haire sacrée et le calice rigoureux des saintes épreuves ne nous défendent pas eux-mêmes contre les prestiges du mauvais esprit; nous souffrons comme vous, mes enfants, et nous jugeons de la rigueur de vos combats par ceux que nous avons livrés. Croyez-vous que nos pauvres moines aient parcouru une si longue carrière sur cette terre si riche en plaisirs, dans une vie si recherchée pour eux en austérités et en misères, sans lutter quelquefois contre le goût des voluptés et le désir de ce bien temporel que vous appelez le bonheur? Oh! que de rêves délicieux ont assailli notre jeunesse! que d'ambitions criminelles ont tourmenté notre âge mûr! que de regrets amers ont hâté la blancheur de nos cheveux, et de combien de remords nous arriverions chargés sous les yeux de notre Maître, si nous avions hésité à nous armer de malédictions et de vengeances contre l'esprit du péché!...

A ces mots, le vieux Ronald fit un signe, la foule s'aligna sur le banc étroit qui couroit comme une moulure sur toute la longueur des murailles, et il continua :

— Mesurez la grandeur de nos afflictions, dit Ronald, par la profondeur de la solitude qui nous environne, par l'immense abandon auquel nous sommes condamnés! Les plus cruelles rigueurs de votre destinée ne sont du moins pas sans consolation et même sans plaisir. Vous avez tous une âme qui vous cherche, une pensée qui vous comprend, un autre *vous* qui est associé de souvenir ou d'intérêt ou d'espérance à votre passé, à votre présent ou à votre avenir. Il n'y a point de but interdit à votre pensée, point d'espace fermé à vos pas, point de créature refusée à votre affection; tandis que toute la vie du moine, toute l'histoire de l'ermite sur la terre s'écoule entre le seuil solitaire de l'église et le seuil solitaire des catacombes. Il n'est question, dans le long développement de nos années invariablement semblables entre elles, que de changer de tombeau et de marcher du chœur des prêtres à celui des saints. Ne croiriez-vous pas devoir quelque retour à un dévouement si pénible et si persévérant pour votre salut? Eh bien, mes frères, apprenez à quel point le zèle qui nous attache à vos intérêts spirituels aggrave de jour en jour l'austérité de notre pénitence! — Apprenez que ce n'étoit pas assez pour nous d'être soumis comme le reste des hommes à ces démons du cœur, dont aucun des malheureux enfants d'Adam n'a pu défier les atteintes! Il n'y a pas jusqu'aux esprits les plus disgraciés, jusqu'aux lutins les plus obscurs qui ne se fassent un malin plaisir de troubler les rapides instants de notre repos et le calme si longtemps inviolable de nos cellules. Certains de ces follets désœuvrés surtout dont nous avons, avec tant de peine et au prix de tant de prières, débarrassé vos habitations, se vengent cruellement sur nous du pouvoir qu'un exorcisme indiscret nous a fait perdre. En les bannissant de la demeure secrète qu'ils avoient usurpée dans vos métairies, nous avons omis de leur indiquer un lieu d'exil déterminé, et les maisons dont nous les avons repoussés sont elles seules à l'abri de leurs insultes. Croiriez-vous que les lieux consacrés eux-mêmes n'ont plus rien de respectable pour eux, et que leur cohorte infernale n'attend, au moment où je vous parle, que le retour des  ténèbres pour se répandre en épais tourbillons sous les lambris du cloître?

L'autre jour, à l'instant où le cercueil d'un de nos frères alloit toucher le sol du caveau mortuaire, la corde se rompt tout à coup en sifflant comme avec un rire aigu, et la châsse roule, grondant, de degrés en degrés sous les voûtes. Les voix qui en sortoient ressembloient à la voix des morts, indignés qu'on ait troublé leur sépulture, qui gémissent, qui se révoltent, qui crient. Les assistants les plus rapprochés du caveau, ceux qui commençoient à plonger leurs regards dans sa profondeur, ont cru voir les tombes se soulever et flotter les linceuls, et les squelettes agités par l'artifice des lutins jaillir avec eux des soupiraux, s'égarer sous les nefs, se grouper confusément dans les stalles ou se mêler comme des figures bouffonnes dans les ombres du sanctuaire. Au même moment, toutes les lumières de l'église... — Écoutez !

On se pressoit pour écouter Ronald. Jeannie seule, les doigts passés dans une boucle de ses cheveux, l'âme fixée à une pensée, écoutoit et n'entendoit plus.

— Écoutez, mes frères, et dites quel péché secret, quelle trahison, quel assassinat, quel adultère d'action ou de pensée a pu attirer cette calamité sur nous. Toutes les lumières du temple avoient disparu. Les torches des acolytes, dit Ronald, lançoient à peine quelques flammèches fugitives qui s'éloignoient, se rapprochoient, dansoient en rayons bleus et grêles, comme les feux magiques des sorcières, et puis montoient et se perdoient dans les recoins noirs des vestibules et des chapelles. Enfin, la lampe immortelle du Saint des Saints... — Je la vis s'agiter, s'obscurcir et mourir. — Mourir! La nuit profonde, la nuit tout entière, dans l'église, dans le chœur, dans le tabernacle! La nuit descendue pour la première fois sur le sacrement du Seigneur! La nuit si humide, si obscure, si redoutable partout, si effrayante, horrible sous le dôme de nos basiliques où est promis le jour éternel!... — Nos moines éperdus s'égaroient dans l'immensité du temple, agrandi encore par la profondeur de la nuit; et, trahis par les murailles qui leur refusoient de tous côtés l'issue étroite et oubliée, trompés par la confusion de leurs voix plantives qui se heurtoient dans les échos et qui rapportoient à leurs oreilles des bruits de menace et de terreur, ils fuyoient épouvantés, prêtant des clameurs et des gémissements aux tristes images du tombeau qu'ils croyoient entendre pleurer sur leur lit de pierre. L'un d'eux sentit la main glacée de saint Duncan, qui s'ouvroit, s'épanouissoit, se fermoit sur la sienne et le lioit à son monument d'une étreinte fraternelle. Il y fut retrouvé mort le lendemain. Le plus jeune de nos frères (il étoit arrivé depuis peu de temps, et nous ne connoissions encore ni son nom ni sa famille) saisit avec tant d'ardeur la statue d'une jeune sainte dont il espéroit le secours, qu'il l'entraîna sur lui et qu'elle l'écrasa dans sa chute. C'étoit celle, vous le savez, qu'un habile sculpteur du pays avoit ciselée nouvellement, à la ressemblance de cette vierge du Lothian qui est morte de douleur, parce qu'on l'avoit séparée de son fiancé. Tant de malheurs, continua Ronald en cherchant à fixer le regard immobile de Jeannie, sont peut-

être l'effet d'une piété indiscrète, d'une intercession involontairement criminelle, d'un péché, d'un seul péché d'intention...

— D'un seul péché d'intention! s'écria Clady, la plus jeune des filles de Coll Cameron...

— D'un seul! reprit Ronald avec impatience. — Jeannie, tranquille et inattentive, n'avoit pas même soupiré. Le mystère incompréhensible du portrait voilé préoccupoit toute son âme.

— Enfin, dit Ronald en se levant et en donnant à ses paroles une expression solennelle d'exaltation et d'autorité, nous avons marqué ce jour pour frapper d'une imprécation irrévocable les mauvais esprits de l'Écosse.

— Irrévocable! murmura une voix gémissante qui s'éloignoit peu à peu.

— Irrévocable si elle est libre et universelle. Quand le cri de malédiction s'élèvera devant l'autel, si toutes les voix le répètent...

— Si toutes les voix répètent un cri de malédiction devant l'autel! reprit la voix. — Jeannie gagnoit l'extrémité de la galerie.

— Alors tout sera fini, et les démons retomberont pour jamais dans l'abîme.

— Que cela soit fait ainsi! dit le peuple. Et il suivit en foule le redoutable ennemi des lutins. Les autres moines, ou plus timides ou moins sévères, s'étoient dérobés à l'appareil redoutable de cette cruelle cérémonie; car nous avons déjà dit que les follets de l'Écosse, dont la damnation éternelle n'étoit pas un point avéré de la croyance populaire, inspiroient plus d'inquiétude que de haine, et un bruit assez probable s'étoit répandu que certains d'entre eux bravoient les rigueurs de l'exorcisme et les menaces de l'anathème, dans la cellule d'un solitaire charitable ou dans la niche d'un apôtre. Quant aux pêcheurs et aux bergers, ils n'avoient qu'à se louer pour la plupart de ces intelligences familières, tout à coup si impitoyablement condamnées; mais, peu sensibles au souvenir des services passés, ils s'associoient volontiers à la colère de Ronald et n'hésitoient pas à proscrire cet ennemi inconnu qui ne s'étoit manifesté que par des bienfaits.

L'histoire de l'exil du pauvre Trilby étoit d'ailleurs parvenue aux voisins de Dougal, et les filles de Coll Cameron se disoient souvent dans leurs veillées que c'étoit probablement à quelqu'un de ses prestiges que Jeannie avoit été redevable de ses succès dans les fêtes du clan, et Dougal de ses avantages à la pêche sur leurs amants et sur leur père. Maineh Cameron n'avoit-elle pas vu Trilby lui-même, assis à la proue du bateau, jeter à pleines mains, dans les nasses vides du pêcheur endormi, des milliers de poissons bleus, le réveiller en frappant la barque du pied et rouler de vague en vague jusqu'au rivage, dans une écume d'argent?... — Malédiction! cria Maineh... Malédiction! dit Feny... Ah!

Jeannie seule a pour vous le charme de la beauté! pensa Clady; c'est pour elle que vous m'avez quittée, fantôme de mon sommeil que je n'ai que trop aimé, et si la malédiction prononcée contre vous ne s'accomplit pas, libre encore de choisir entre toutes les chaumières de l'Écosse, vous vous fixerez pour toujours à la chaumière de Jeannie? Non! vraiment!

— Malédiction, répéta Ronald avec une voix terrible! — Ce mot coûtoit à prononcer à Clady, mais Jeannie entra si belle d'émotion et d'amour qu'elle n'hésita plus. — Malédiction! dit Clady...

Jeannie seule n'avoit pas été présente à la cérémonie, mais la rapidité de tant d'impressions vives et profondes avoit d'abord empêché qu'on remarquât son absence. Clady s'en étoit cependant aperçue, parce qu'elle ne croyoit pas avoir en beauté d'autre rivale digne d'elle. Nous nous rappelons qu'un vif intérêt de curiosité entraînoit Jeannie vers l'extrémité de la galerie des tableaux au moment où le vieux moine disposoit l'esprit de ses auditeurs à remplir le devoir cruel qu'il imposoit à leur piété. A peine la foule se fut-elle écoulée hors de la salle, que Jeannie, frémissant d'impatience, et peut-être aussi préoccupée malgré elle d'un autre sentiment, s'élança vers le tableau voilé, arracha le rideau qui le couvroit, et reconnut d'un regard tous les traits qu'elle avoit rêvés. — C'étoit lui. — C'étoit la physionomie connue, les vêtements, les armes, l'écusson, le nom même des Mac-Farlane. Le peintre gothique avoit tracé au-dessous du portrait, selon l'usage de son temps, le nom de l'homme qui étoit représenté :

JOHN TRILBY MAC-FARLANE.

— Trilby! s'écrie Jeannie éperdue; et, prompte comme l'éclair, elle parcourt les galeries, les salles, les degrés, les passages, les vestibules, et tombe au pied de l'autel de saint Colombain, au moment où Clady, tremblante de l'effort qu'elle venoit de faire sur elle-même, achevoit de proférer le cri de malédiction. — Charité! cria Jeannie en embrassant le saint tombeau, AMOUR ET CHARITÉ, répéta-t-elle à voix basse. Et si Jeannie avoit manqué de courage et de charité, l'image de saint Colombain auroit suffi pour le ranimer dans son cœur. Il faut avoir vu l'effigie sacrée du protecteur du monastère pour se faire une idée de l'expression divine dont les anges ont animé la toile miraculeuse, car tout le monde sait que cette peinture n'a pas été tracée d'une main d'homme, et que c'étoit un esprit qui descendoit du ciel pendant le sommeil involontaire de l'artiste, pour embellir du sentiment d'une piété si tendre, et d'une charité que la terre ne connoît pas, les traits angéliques du bienheureux. Parmi tous les élus du Seigneur, il n'y avoit que saint Colombain dont le regard fût triste et dont le sourire fût amer, soit qu'il eût laissé sur la terre quelque objet d'une affection si chère que les joies ineffables promises à une éternité de gloire et de bonheur n'aient pas pu la lui faire oublier, soit que, trop sensible aux peines de l'humanité, il n'ait conçu dans son nouvel état que l'indicible douleur de voir les infortunés qui lui survivent exposés à tant de périls et livrés à tant d'angoisses qu'il ne peut ni prévenir ni soulager. Telle doit être en effet la seule affliction des saints, à moins que les événements de leur vie ne les aient liés par hasard à la destinée d'une créature qui s'est perdue et qu'ils ne retrouveront plus. Les éclairs d'un feu doux qui s'échappoient des yeux de saint Colombain, la bienveillance universelle qui respiroit sur ses lèvres palpitantes de vie, les émanations d'amour et de charité qui descendoient de lui, et qui disposoient le cœur à une religieuse tendresse, affermirent la résolution déjà formée de Jeannie ; elle répéta dans sa pensée avec plus de force : AMOUR ET CHARITÉ. — De quel droit, dit-elle, irois-je prononcer un arrêt de malédiction? Ah! ce n'est pas du droit d'une foible femme, et ce n'est pas à nous que le Seigneur a confié le soin de ses terribles vengeances. Peut-être même il ne se venge pas! et s'il a des ennemis à punir, lui qui n'a point d'ennemis à craindre, ce n'est pas aux passions aveugles de ses plus débiles créatures qu'il a dû remettre le ministère le plus terrible de sa justice. Comment celle dont il doit un jour juger toutes les pensées!... comment irois-je implorer sa pitié pour mes fautes, quand elles lui seront dévoilées par un témoignage, hélas! que je ne pourrai pas contredire, si pour des fautes qui me sont inconnues... si pour des fautes qui n'ont peut-être pas été commises, je profère ce cri terrible de malédiction qu'on me demande contre quelque infortuné qui n'est déjà sans doute que trop sévèrement puni? — Ici, Jeannie s'effraya de sa propre supposition, et ses regards ne se relevèrent qu'avec effroi vers le regard de saint Colombain; mais, rassurée par la pureté de ses sentiments, car l'inté-

rêt invincible qu'elle prenoit à Trilby ne lui avoit jamais
fait oublier qu'elle étoit l'épouse de Dougal, elle chercha, elle fixa des yeux et de la pensée la pensée incertaine du saint des montagnes. Un foible rayon du soleil
couchant brisé à travers les vitraux, et qui descendoit
sur l'autel chargé des couleurs tendres et brillantes du
pinceau animées par le crépuscule, prêtoit au bienheureux une auréole plus vive, un sourire plus calme, une
sérénité plus reposée, une joie plus heureuse. Jeannie
pensa que saint Colombain étoit content, et, pénétrée de
reconnoissance, elle pressa de ses lèvres les pavés de la
chapelle et les degrés du tombeau, en répétant des vœux
de charité. Il est possible même qu'elle se soit occupée
alors d'une prière qui ne pouvoit pas être exaucée sur
la terre. Qui pénétrera jamais dans tous les secrets d'une
âme tendre, et qui pourroit apprécier le dévouement
d'une femme qui aime?

Le vieux moine, qui observoit attentivement Jeannie,
et qui, satisfait de son émotion, ne douta pas qu'elle
n'eût répondu à son espérance, la releva du saint parvis
et la rendit aux soins de Dougal qui se disposoit à partir, déjà riche en imagination de tous les biens qu'il
fondoit sur le succès de son pèlerinage et sur la protection des saints de Balva. « Malgré cela, dit-il à Jeannie

en apercevant la chaumière, je ne puis pas cacher que cette malédiction m'a coûté, et que j'aurai besoin de m'en distraire à la pêche. » Quant à Jeannie, c'en étoit fait pour elle. Rien ne pouvoit plus la distraire de ses souvenirs.

Le lendemain d'un jour où la batelière avoit conduit jusque vers le golfe de Clyde la famille du laird de Roseneiss, elle retournoit vers l'extrémité du lac Long à la merci de la marée, qui faisoit siller son bateau à une égale distance des syrtes d'Argail et de Lennox, sans qu'elle eût besoin de recourir au jeu fatigant de ses rames; debout sur la berge étroite et mobile, elle livroit aux vents ses longs cheveux noirs dont elle étoit si fière, et son cou, d'une blancheur que le soleil avoit foiblement nuancée sans la flétrir, s'élevoit avec un éclat singulier au-dessus de sa robe rouge des manufactures d'Ayr. Son pied nu, imposé sur un des côtés du frêle bâtiment, lui imprimoit à peine un balancement léger qui repoussoit et rappeloit la vague agitée, et l'onde excitée par cette résistance presque insensible revenoit bouillonnante, s'élevoit en blanchissant jusqu'au pied de Jeannie, et rouloit autour de lui son écume fugitive. La saison étoit encore rigoureuse, mais la température s'étoit sensiblement adoucie depuis quelque temps, et la journée paroissoit à Jeannie une des plus belles dont elle eût conservé le souvenir. Les vapeurs qui s'élèvent ordinairement sur le lac, et s'étendent au-devant des montagnes sous la forme d'un rideau de crêpe, avoient peu à peu élargi les losanges flottantes de leurs réseaux de brouillards. Celles que le soleil n'avoit pas encore tout à fait dissipées se berçoient sur l'occident comme une trame d'or tissue par les fées du lac pour l'ornement de leurs fêtes. D'autres étinceloient de points isolés, mobiles, éblouissants comme des paillettes semées sur un fond transparent de couleurs merveilleuses. C'étoient de petits nuages humides où l'oranger, la jonquille, le vert pâle, luttoient suivant les accidents d'un rayon ou le caprice de l'air contre l'azur, le pourpre et le violet. A l'évanouissement d'une brume errante, à la disparition d'une côte abandonnée par le courant, et dont l'abaissement subit laissoit un libre passage à quelque vent de travers, tout se confondoit dans une nuance indéfinissable et sans nom qui étonnoit l'esprit d'une sensation si nouvelle qu'on auroit pu s'imaginer qu'on venoit d'acquérir un sens; et pendant ce temps-là les décorations variées du rivage se succédoient sous les yeux de la voyageuse. Il y avoit des coupoles immenses qui couroient au-devant d'elle en brisant sur leurs flancs circulaires tous les traits du soleil couchant, les unes éclatantes comme le cristal, les autres d'un gris mat et presque effacé comme le fer, les plus éloignées à l'ouest cernées à leur sommet d'auréoles d'un rose vif qui descendoient en pâlissant peu à peu sur les flancs glacés de la montagne, et venoient expirer à sa base dans des ténèbres foiblement colorées qui participoient à peine du crépuscule. Il y avoit des caps d'un noir sombre qu'on auroit pris de loin pour des écueils inévitables, mais qui reculoient tout à coup devant la proue et découvroient de larges baies favorables aux nautoniers. L'écueil redouté fuyoit, et tout s'embellissoit après lui de la sécurité d'une heureuse navigation. Jeannie avoit vu de loin les barques errantes des pêcheurs renommés du lac Goyle. Elle avoit jeté un regard sur les fabriques fragiles de Portincaple. Elle contemploit encore avec une émotion qui se renouveloit tous les jours sans s'affoiblir cette foule de sommets qui se poursuivent, qui se pressent, qui se confondent, ou ne se détachent les uns des autres que par des effets inattendus de lumière, surtout dans la saison où disparoissent sous le voile monotone des neiges, et la soie argentée des sphaignes, et la marbrure foncée des granits, et les écailles nacrées des récifs. Elle avoit cru reconnoître à sa gauche, tant le ciel étoit transparent et pur, les dômes de Ben-More et de Ben-Neathan ; à sa droite, la pointe âpre du Ben-Lomond se distinguoit par quelques saillies obscures que la neige n'avoit pas couvertes, et qui hérissoient de crêtes foncées la tête chauve du roi des montagnes. Le dernier plan de ce tableau rappeloit à Jeannie une tradition fort répandue dans ce pays, et que son esprit, plus disposé que jamais aux émotions vives et aux idées merveilleuses, se retraçoit alors sous un aspect nouveau. A la pointe même du lac, monte vers le ciel la masse énorme du Ben-Arthur, surmontée de deux noirs rochers de basalte dont l'un paroît penché sur l'autre comme l'ouvrier sur le socle où il a déposé les matériaux de son travail journalier. Ces pierres colossales furent apportées des cavernes de la montagne sur laquelle régnoit Arthur le Géant, quand des hommes audacieux vinrent élever aux bords du Forth les murailles d'Édimbourg. Arthur, banni de ses hautes solitudes par la science d'un peuple téméraire, fit un pas jusqu'à l'extrémité du lac Long, et imposa sur la plus haute montagne qui s'offrit devant lui les ruines de son palais sauvage. Assis sur un de ses rochers et la tête appuyée sur l'autre, il tournoit des regards furieux sur les remparts impies qui usurpoient ses domaines et qui le séparoient pour toujours du bonheur et même de l'espérance; car on dit qu'il avoit aimé sans succès la reine mystérieuse de ces rivages, une de ces fées que les anciens appeloient des nymphes et qui habitent des grottes enchantées où l'on marche sur des tapis de fleurs marines, à la clarté des perles et des escarboucles de l'Océan. Malheur au bateau aventureux qui effleuroit en courant la surface du lac immobile, quand la longue figure du géant, vague comme une vapeur du soir, s'élevoit tout à coup entre les deux rochers de la montagne, appuyoit ses pieds difformes sur leurs sommets inégaux, et se balançoit au gré des vents en étendant sur l'horizon des bras ténébreux et flottants qui finissoient par l'embrasser d'une large ceinture. A peine son manteau de nuages avoit mouillé ses derniers plis dans le lac, un éclair jaillissoit des yeux redoutables du fantôme, un mugissement pareil à la foudre grondoit dans sa voix terrible, et les eaux bondissantes alloient ravager leurs bords. Son apparition, redoutée des pêcheurs, avoit rendu déserte la rade si riche et si gracieuse d'Arroqhar, quand un pauvre ermite, dont le nom s'est perdu, arriva un jour des mers orageuses d'Irlande, seul, mais invisiblement escorté d'un esprit de foi et d'un esprit de charité, sur une barque poussée par une puissance irrésistible, et qui sillonnoit les vagues soulevées sans prendre part à leur agitation, quoique le saint prêtre eût dédaigné le secours de la rame et du gouvernail. A genoux sur le frêle esquif, il tenoit dans ses mains une croix et regardoit le ciel. Parvenu près du terme de sa navigation, il se leva avec dignité, laissa tomber quelques gouttes d'eau consacrée sur les vagues furieuses, et adressa au géant du lac des paroles tirées d'une langue inconnue. On croit qu'il lui ordonnoit, au nom des premiers compagnons du Sauveur, qui étoient des pêcheurs et des bateliers, de rendre aux pêcheurs et aux bateliers du lac Long l'empire paisible des eaux que la Providence leur avoit données. Au même instant du moins le spectre menaçant se dissipa en flocons légers comme ceux que le souffle du matin roule sur l'onde invisible, et qu'on prendroit de loin pour un nuage d'édredon enlevé au nid des grands oiseaux qui habitent ses rivages. Le golfe entier aplanit sa vaste surface ; les flots mêmes qui s'élevoient en blanchissant contre la plage ne redescendirent point : ils perdirent leur fluidité sans perdre leur forme et leur aspect, et l'œil encore trompé aux contours arrondis, aux mouvements onduleux, au ton bleuâtre et frappé de reflets changeants des brisants écailleux qui hérissent la côte, les prend de loin pour des bancs d'écume dont il attend toujours le retour impossible. Puis le saint vieillard tira sa barque sur la grève, dans l'espérance peut-être qu'elle y seroit retrouvée par le pauvre montagnard, pressa de ses bras entrelacés le crucifix sur sa poitrine, et gravit d'un pas ferme le sentier du rocher jusqu'à la cellule que les anges lui avoient bâtie à côté de l'aire inaccessible de l'aigle blanc. Plusieurs anachorètes le suivirent dans ces solitudes, et se répandirent lentement en pieuses colonies dans les campagnes voisines. Telle fut l'origine du monastère de Balva, et sans doute celle du tribut que s'étoit longtemps imposé envers le religieux de ce couvent la reconnoissance trop vite oubliée des chefs du clan des Mac-Farlane. Il est facile de comprendre par quelle liaison secrète l'histoire de cet exorcisme ancien et de ses conséquences bien connues du peuple se rattachoit aux idées habituelles de Jeannie.

Cependant les ombres d'une nuit si précoce, dans une saison où tout le règne du jour s'accomplit en quelques heures, commençoient à remonter du lac, à gravir les hauteurs qui l'enveloppent, à voiler les sommets les plus élevés. La lassitude, le froid, l'exercice d'une longue contemplation ou d'une réflexion sérieuse, avoient abattu les forces de Jeannie, et, assise dans un épuisement inexplicable à la poupe de son bateau, elle le laissoit dériver du côté des boulingrins d'Argail vers la maison de Dougal, en dormant à demi, quand une voix partie de la rive opposée lui annonça un voyageur. La pitié seule qu'inspire un homme égaré sur une côte où n'habitent pas sa femme et ses enfants, et qui va leur laisser compter beaucoup d'heures d'attente et d'angoisses, dans l'espérance toujours déçue de son retour, si l'oreille du batelier se ferme par hasard à sa prière; cet intérêt que les femmes surtout portent à un proscrit, à un infirme, à un enfant abandonné, pouvoit seul forcer Jeannie à lutter contre le sommeil dont elle étoit accablée, pour retourner sa proue, depuis si longtemps battue des eaux, vers les joncs marins qui bordent le long golfe des montagnes. Qui auroit pu le contraindre à traverser le lac à cette heure, disoit-elle, si ce n'étoit le besoin d'éviter un ennemi, ou de rejoindre un ami qui l'attend? Oh! que ceux qui attendent ce qu'ils aiment ne soient jamais trompés dans leur espérance ; qu'ils obtiennent ce qu'ils ont désiré !...

Et les lames si larges et si paisibles se multiplioient sous la rame de Jeannie, qui les frappoit comme un fléau. Les cris continuoient à se faire entendre, mais tellement grêles et cassés, qu'ils ressembloient plutôt à la plainte d'un fantôme qu'à la voix d'une créature humaine, et la paupière de Jeannie, soulevée avec effort du côté du rivage, ne lui dévoiloit qu'un horizon sombre dont rien de vivant n'animoit la profonde immobilité. Si elle avoit cru apercevoir d'abord une figure penchée sur le lac, et qui étendoit contre elle des bras suppliants, elle n'avoit pas tardé à reconnoître dans le prétendu étranger une souche morte qui balançoit sous le poids des frimas deux branches desséchées. S'il lui avoit semblé un instant qu'elle voyoit circuler une ombre à peu de distance de son bateau, parmi les brumes tout à fait descendues, c'étoit la sienne que la dernière lumière du crépuscule horizontal peignoit sur le rideau flottant, et qui se confondoit de plus en plus avec les immenses ténèbres de la nuit. Sa rame, enfin, frappoit déjà les fûts sifflants des roseaux du rivage, quand elle en vit sortir un vieillard si courbé sous le poids des ans qu'on auroit dit que sa tête appesantie cherchoit un appui sur ses genoux, et qui ne maintenoit l'équilibre de son corps

chancelant qu'en se confiant à un jonc fragile qui cependant le supportoit sans fléchir ; car ce vieillard étoit nain, et le plus petit, selon toute apparence, qu'on eût jamais vu en Écosse. L'étonnement de Jeannie redoubla, lorsque, tout caduc qu'il paroissoit, il s'élança légèrement dans la barque, et prit place en face de la batelière, d'une manière qui ne manquoit ni de souplesse ni de grâce.

— Mon père, lui dit-elle, je ne vous demande point où vous vous proposez de vous rendre, car le but de votre voyage doit être trop éloigné pour que vous puissiez espérer d'y arriver cette nuit.

— Vous êtes dans l'erreur, ma fille, lui répondit-il : je n'en ai jamais été aussi près, et depuis que je suis dans cette barque, il me semble que je n'ai plus rien à désirer pour y parvenir, même quand une glace éternelle la saisiroit tout à coup au milieu du golfe.

— Cela est étonnant, reprit Jeannie. Un homme de votre taille et de votre âge seroit connu dans tout le pays s'il y faisoit son habitation, et à moins que vous ne soyez le petit homme de l'île de Man dont j'ai entendu souvent parler à ma mère, et qui a enseigné aux habitants de nos parages l'art de tresser avec des roseaux de longs paniers, dont les poissons (retenus par quelque pouvoir magique) ne peuvent jamais retrouver l'issue, je répondrois que vous n'avez point de toit sur les côtes de la mer d'Irlande.

— Oh! j'en avois un, ma chère enfant, qui étoit bien voisin de ce rivage, mais on m'en a cruellement dépossédé!

— Je comprends alors, bon vieillard, le motif qui vous ramène sur les côtes d'Argail. Il faut y avoir laissé de bien tendres souvenirs pour quitter dans cette saison et à cette heure avancée les riants rivages du lac Lomond, bordé d'habitations délicieuses, où abonde un poisson plus exquis que celui de nos eaux marines, et un wiskey plus salutaire pour votre âge que celui de nos pêcheurs et de nos matelots. Pour revenir parmi nous, il faut aimer quelqu'un dans cette région des tempêtes, que les serpents eux-mêmes désertent à l'approche des hivers. Ils se glissent vers le lac Lomond, le traversent en désordre comme un clan de maraudeurs qui vient de lever l'impôt noir, et cherchent à se réfugier sous quelques rochers exposés au midi. Les pères, les époux, les amants ne craignent pas cependant d'aborder des contrées rigoureuses quand ils s'attendent à y rencontrer les objets auxquels ils sont attachés; mais vous ne pourriez songer sans folie à vous éloigner cette nuit des bords du lac Long.

— Ce n'est pas là mon intention, dit l'inconnu. J'aimerois cent fois mieux y mourir !

— Quoique Dougal soit fort réservé sur la dépense, continua Jeannie qui n'abandonnoit pas sa pensée, et qui n'avoit prêté qu'une légère attention aux interruptions du passager, quoiqu'il souffre, ajouta-t-elle avec un peu d'amertume, que la femme et les filles de Coll Cameron, qui est moins aisé que nous, me surpassent en toilette dans les fêtes du clan, il y a toujours dans sa chaumière du pain d'avoine et du lait pour les voyageurs; et j'aurois bien plus de plaisir à vous voir épuiser notre bon wiskey qu'à ce vieux moine de Balva qui n'est jamais venu chez nous que pour y faire du mal.

— Que m'apprenez-vous, mon enfant? reprit le vieillard en affectant le plus grand étonnement; c'est précisément vers la chaumière de Dougal le pêcheur que mon voyage est dirigé; c'est là, s'écria-t-il en attendrissant encore sa voix tremblante, que je dois revoir tout ce que j'aime, si je n'ai pas été trompé par des renseignements infidèles. La fortune m'a bien servi de me faire trouver ce bateau !...

— Je comprends, dit Jeannie en souriant. Grâces soient rendues au petit homme de l'île de Man ! Il a toujours aimé les pêcheurs.

— Hélas! je ne suis pas celui que vous pensez ; un autre sentiment m'attire dans votre maison. Apprenez, ma jolie dame, car ces lumières boréales qui baignent le front des montagnes, ces étoiles qui tombent du ciel en se croisant et qui blanchissent tout l'horizon, ces sillons lumineux qui glissent sur le golfe et qui étincellent sous votre rame; la clarté qui s'avance, qui s'étend et vient trembler jusqu'à nous depuis ce bateau éloigné, tout cela m'a permis de remarquer que vous étiez fort jolie; apprenez, vous disois-je donc, que je suis le père d'un follet qui habite maintenant chez Dougal le pêcheur; et si j'en crois ce qu'on m'a raconté, si j'en crois surtout votre physionomie et votre langage, je comprendrois à peine à l'âge où je suis parvenu qu'il eût pu choisir une autre demeure. Il n'y a que peu de jours que j'en suis informé, et je ne l'ai pas vu, le pauvre enfant, depuis le règne de Fergus. Cela tient à une histoire que je n'ai pas le temps de vous raconter; mais jugez de mon impatience ou plutôt de mon bonheur, car voilà le rivage.

Jeannie imprima au bateau un mouvement de retour, et jeta sa tête en arrière en appuyant une main sur son front.

— Eh bien! dit le vieillard, nous n'abordons pas?

— Aborder! répondit Jeannie en sanglotant. Père infortuné! Trilby n'y est plus!...

— Il n'y est plus! et qui l'en auroit chassé? Auriez-vous été capable, Jeannie, de l'abandonner à ces méchants moines de Balva, qui ont causé tous nos malheurs?...

— Oui, oui, dit Jeannie avec l'accent du désespoir

en repoussant le bateau du côté d'Arroqhar. Oui, c'est moi qui l'ai perdu, qui l'ai perdu pour toujours!...

— Vous, Jeannie, vous si charmante et si bonne! Le misérable enfant! Combien il a dû être coupable pour mériter votre haine!...

— Ma haine! reprit Jeannie en laissant tomber sa main sur la rame et sa tête sur sa main; Dieu seul peut savoir combien je l'aimois!...

— Tu l'aimois! s'écria Trilby en couvrant ses bras de baisers (car ce voyageur mystérieux étoit Trilby lui-même, et je suis fâché d'avouer que si mon lecteur éprouve quelque plaisir à cette explication, ce n'est probablement pas celui de la surprise!) tu l'aimois! ah! répète que tu l'aimois! ose le dire à moi, le dire pour moi, car ta résolution décidera de ma perte ou de mon bonheur! Accueille-moi, Jeannie, comme un ami, comme un amant, comme ton esclave, comme ton hôte, comme tu accueillois du moins ce passager inconnu. Ne refuse pas à Trilby un asile secret dans ta chaumière!...

Et, en parlant ainsi, le follet s'étoit dépouillé du travestissement bizarre qu'il avoit emprunté la veille aux Shoupeltins du Shetland. Il abandonnoit au cours de la marée ses cheveux de chanvre et sa barbe de mousse blanche, son collier varié d'algue et de criste marine qui se rattachoit d'espace en espace à des coquillages de toutes couleurs, et sa ceinture enlevée à l'écorce argentée du bouleau. Ce n'étoit plus que l'esprit vagabond du foyer; mais l'obscurité prêtoit à son aspect quelque chose de vague qui ne rappeloit que trop à Jeannie les prestiges singuliers de ses derniers rêves, les séductions de cet amant dangereux du sommeil qui occupoit ses nuits d'illusions si charmantes et si redoutées, et le tableau mystérieux de la galerie du monastère.

— Oui, ma Jeannie, murmuroit-il d'une voix douce mais foible comme celle de l'air caressant du matin quand il soupire sur le lac; rends-moi le foyer d'où je pouvois t'entendre et te voir, le coin modeste de la cendre que tu agitois le soir pour réveiller une étincelle, le tissu aux mailles invisibles qui court sous les vieux lambris, et qui me prêtoit un hamac flottant dans les nuits tièdes de l'été. Ah! s'il le faut, Jeannie, je ne t'importunerai plus de mes caresses, je ne te dirai plus que je t'aime, je n'effleurerai plus ta robe, même quand elle cédera en volant vers moi au courant de la flamme et de l'air. Si je me permets de la toucher une seule fois, ce sera pour l'éloigner du feu près d'y atteindre, quand tu t'endormiras en filant. Et je te dirai plus, Jeannie, car je vois que mes prières ne peuvent te décider, accorde-moi pour le moins une petite place dans l'étable : je conçois encore un peu de bonheur dans cette pensée; je baiserai la laine de ton mouton, parce que je sais que tu aimes à la rouler autour de tes doigts; je tresserai les fleurs les plus parfumées de la crèche pour lui en faire des guirlandes, et lorsque tu rempliras l'aire d'une nouvelle litière de paille fraîche, je la presserai avec plus d'orgueil et de délices que les riches tapis des rois; je te nommerai tout bas : Jeannie, Jeannie!... et personne ne m'entendra, sois-en sûre, pas même l'insecte monotone qui frappe dans la muraille à intervalles mesurés, et dont l'horloge de mort interrompt seule le silence de la nuit. Tout ce que je veux, c'est d'être là, et de respirer un air qui touche à l'air que tu respires; un air où tu as passé, qui a participé de ton souffle, qui a circulé entre tes lèvres, qui a été pénétré par tes regards, qui t'auroit caressée avec tendresse si la nature inanimée jouissoit des priviléges de la nôtre, si elle avoit du sentiment et de l'amour!

Jeannie s'aperçut qu'elle s'étoit trop éloignée du rivage; mais Trilby comprit son inquiétude et se hâta de la rassurer en se réfugiant à la pointe du bateau.
— Va, Jeannie, lui dit-il, regagne sans moi les rives d'Argail où je ne puis pénétrer sans la permission que tu me refuses. Abandonne le pauvre Trilby sur une terre d'exil pour y vivre condamné à la douleur éternelle de ta perte; rien ne lui coûtera si tu laisses tomber sur lui un regard d'adieu! Malheureux! que la nuit est profonde!

Un feu follet brilla sur le lac.

— Le voilà, dit Trilby; mon Dieu, je vous remercie! j'aurois accepté votre malédiction à ce prix.

— Ce n'est pas ma faute, dit Jeannie, je ne m'attendois point, Trilby, à cette lumière étrange, et si mes yeux ont rencontré les vôtres... si vous avez cru y lire l'expression d'un consentement dont, en vérité, je ne prévoyois pas les conséquences, vous le savez, l'arrêt du redoutable Ronald porte une autre condition. Il faut que Dougal lui-même vous envoie à la chaumière. Et d'ailleurs votre bonheur même n'est-il pas intéressé à son refus et au mien? Vous êtes aimé, Trilby, vous êtes adoré des nobles dames d'Argail, et vous devez avoir trouvé dans leurs palais...

— Les palais des dames d'Argail! reprit vivement Trilby. Oh! depuis que j'ai quitté la chaumière de Dougal, quoique ce fût au commencement de la plus mauvaise saison de l'année, mon pied n'a pas foulé le seuil de la demeure de l'homme; je n'ai pas ranimé mes doigts engourdis à la flamme d'un foyer petillant. J'ai eu froid, Jeannie, et combien de fois, las de grelotter au bord du lac, entre les branches des arbustes desséchés qui plient sous le poids des frimas, je me suis élevé en bondissant, pour réveiller un reste de chaleur dans mes membres transis, jusqu'au sommet des montagnes! combien de fois je me suis enveloppé dans les neiges nouvellement tombées, et roulé dans les avalanches, mais en les dirigeant de manière à ne pas nuire à une construction, à ne pas compromettre l'espérance d'une culture, à ne pas offenser un être animé ! L'autre jour, je vis en courant une pierre sur laquelle un fils exilé avoit écrit le nom de sa mère ; ému, je m'empressai de détourner l'horrible fléau, et je me précipitai avec lui dans un abîme de glace où n'a jamais respiré un insecte. — Seulement, si le cormoran, furieux de trouver le golfe emprisonné sous une muraille de glace qui lui refuse le tribut de sa pêche accoutumée, le traversoit en criant d'impatience pour aller ravir une proie plus facile au Firth de Clyde ou au Sund du Jura, je gagnois, tout joyeux, le nid escarpé de l'oiseau voyageur, et sans autre inquiétude que de le voir abréger la durée de son absence, je me réchauffois entre ses petits de l'année, trop jeunes encore pour prendre part à ses expéditions de mer, et qui, bientôt familiarisés avec leur hôte clandestin, car je n'ai jamais manqué de leur porter quelque présent, s'écartoient à mon approche pour me laisser une petite place parmi eux au milieu de leur lit de duvet. Ou bien, à l'imitation du mulot industrieux qui se creuse une habitation souterraine pour passer l'hiver, j'enlevois avec soin la glace et la neige amoncelées dans un petit coin de la montagne qui devoit être exposé le lendemain aux premiers rayons du soleil levant, je soulevois avec précaution le tapis des vieilles mousses qui avoient blanchi depuis bien des années sur le roc, et au moment d'arriver à la dernière couche, je me liois de leurs fils d'argent comme un enfant de ses langes, et je m'endormois protégé contre le vent de la nuit sous mes courtines de velours ; heureux, surtout, quand je m'avisois que tu avois pu les fouler en allant payer la dîme du grain ou du poisson. Voilà, Jeannie, les superbes palais que j'ai habités, voilà le riche accueil que j'ai reçu depuis que je suis séparé de toi, celui de l'escarbot frileux que j'ai quelquefois, sans le savoir, dérangé au fond de sa retraite, ou de la mouette étourdie qu'un orage subit forçoit à se réfugier près de moi dans le creux d'un vieux saule miné par l'âge et le feu dont les noires cavités et l'âtre comblé de cendre marquent le rendez-vous habituel des contrebandiers. C'est là, cruelle, le bonheur que tu me reproches. Mais, que dis-je ? Ah ! ce temps de misère n'a pas été sans bonheur ! Quoiqu'il me fût défendu de te parler, et même de m'approcher de toi sans ta permission, je suivois du moins ton beau bateau du regard, et des follets moins sévèrement traités, compatissants à mes chagrins, m'apportoient quelquefois ton souffle et tes soupirs! Si le vent du soir avoit chassé de tes cheveux les débris d'une fleur d'automne, l'aile d'un ami complaisant la soutenoit dans l'espace jusqu'à la cime du rocher solitaire, jusque dans la vapeur du nuage errant où j'étois relégué, et la laissoit tomber en passant sur mon cœur. Un jour même, t'en souvient-il? le nom de Trilby avoit expiré sur ta bouche; un lutin s'en saisit, et vint charmer mon oreille du bruit de cet appel involontaire. Je pleurois alors en pensant à toi, et les larmes de ma douleur se changèrent en larmes de joie : est-ce près de toi qu'il m'étoit réservé de regretter les consolations de mon exil?

— Expliquez-vous, Trilby, dit Jeannie qui cherchoit à se distraire de son émotion. — Il me semble que vous venez de me dire, ou de me rappeler qu'il vous étoit défendu de me parler et de vous rapprocher de moi sans ma permission. C'étoit en effet l'arrêt du moine de Balva. Comment se fait-il donc que maintenant vous soyez dans mon bateau, près de moi, connu de moi, sans que je vous l'aie permis?...

— Jeannie, pardonnez-moi de vous le répéter, si cet aveu coûte à votre cœur!... Vous avez dit que vous m'aimiez!

— Séduction ou foiblesse, égarement ou pitié, je l'ai dit, reprit Jeannie, mais auparavant, mais jusque-là je croyois que le bateau devoit être inaccessible pour vous, comme la chaumière...

— Je ne le sais que trop ! combien de fois n'ai-je pas tenté inutilement de l'appeler près de moi ! l'air emportoit mes plaintes, et vous ne m'entendiez pas !

— Alors, comment puis-je comprendre ?...

— Je ne le comprends pas moi-même, répondit Trilby, à moins, continua-t-il d'un ton de voix plus humble et plus tremblant, que vous n'ayez confié le secret que je vous ai surpris par hasard à des cœurs favorables, à des amitiés tutélaires, qui, dans l'impossibilité de révoquer entièrement ma sentence, n'ont pas renoncé à l'adoucir...

— Personne, personne, s'écria Jeannie épouvantée ; moi-même je ne savois pas, moi-même je n'étois pas sûre encore... et votre nom n'est parvenu de ma pensée à mes lèvres que dans le secret de mes prières...

— Dans le secret même de vos prières, vous pouviez émouvoir un cœur qui m'aimât, et si devant mon frère Colombain, Colombain Mac-Farlane...

— Votre frère Colombain! si devant lui... et c'est votre frère? Dieu de bonté!... prenez pitié de moi! pardon! pardon!...

— Oui, j'ai un frère, Jeannie, un frère bien-aimé qui jouit de la contemplation de Dieu, et pour qui mon absence n'est que l'intervalle pénible d'un triste et périlleux voyage dont le retour est presque assuré. Mille ans ne sont qu'un moment sur la terre pour ceux qui ne doivent se quitter jamais.

— Mille ans, — c'est le terme que Ronald vous avoit assigné, si vous rentriez à la chaumière...

— Et que sont mille ans de la plus sévère captivité, que seroit une éternité de mort, une éternité de douleur, pour l'âme que tu aurois aimée, pour la créature trop favorisée de la Providence qui auroit été associée pendant quelques minutes aux mystères de ton cœur, pour celui dont les yeux auroient trouvé dans tes yeux un regard d'abandon, sur ta bouche un sourire de tendresse! Ah! le néant, l'enfer même n'auroient que des tourments imparfaits pour l'heureux damné dont les lèvres auroient effleuré tes lèvres, caressé les noirs anneaux de tes cheveux, pressé tes cils humides d'amour, et qui pourroit penser toujours, au milieu des supplices sans fin, que Jeannie l'a aimé un moment! Conçois-tu cette volupté immortelle? Ce n'est pas ainsi que la colère de Dieu s'appesantit sur les coupables qu'elle veut punir! — Mais tomber, brisé de sa puissante main, dans un abîme de désespoir et de regrets où tous les démons répètent pendant tous les siècles : Non, non, Jeannie ne l'a pas aimé! — Cela, Jeannie, c'est une horrible pensée, un inconcevable avenir! — Vois, regarde, consulte; mon enfer dépend de toi.

— Songez du moins, Trilby, que l'aveu de Dougal est nécessaire à l'accomplissement de vos désirs, et que sans lui...

— Je me charge de tout, si votre cœur répond à mes prières. — O Jeannie!... à mes prières et à mes espérances!...

— Vous oubliez!...

— Je n'oublie rien!...

— Dieu! cria Jeannie, tu ne vois pas!... tu ne vois pas!... tu es perdu!...

— Je suis sauvé, répondit Trilby en souriant.

— Voyez... voyez... Dougal est près de nous.

En effet, au détour d'un petit promontoire qui lui avoit caché un moment le reste du lac, la barque de Jeannie se trouva si près de la barque de Dougal, que, malgré l'obscurité, il auroit infailliblement remarqué Trilby, si le lutin ne s'étoit précipité dans les flots à l'instant même où le pêcheur préoccupé y laissoit tomber son filet. — En voici bien d'une autre, dit-il en le retirant, et en dégageant de ses mailles une boîte d'une forme élégante et d'une matière précieuse qu'il crut reconnoître à sa blancheur si éclatante et à son poli si doux pour de l'ivoire incrusté de quelque métal brillant, et enrichi de grosses escarboucles orientales, dont la nuit ne faisoit qu'augmenter la splendeur. — Imagine-toi, Jeannie, que depuis le matin je ne cesse de remplir mes filets des plus  beaux poissons bleus que j'aie jamais pêchés dans le lac; et, pour surcroît de bonne fortune, je viens d'en tirer un trésor; car si j'en juge par le poids de cette boîte et par la magnificence de ses ornements, elle ne contient rien moins que la couronne du roi des îles, ou les joyaux de Salomon. Empresse-toi donc de la porter à la chaumière, et reviens en hâte vider nos filets dans le réservoir de la rade, car il ne faut pas négliger les petits profits, et la fortune que saint Colombain m'envoie ne me fera jamais oublier que je suis un simple pêcheur.

La batelière fut longtemps sans pouvoir se rendre compte de ses idées. Il lui sembloit qu'un nuage flottoit devant ses yeux et obscurcissoit sa pensée, ou que, transportée d'illusion en illusion par un songe inquiet, elle subissoit le poids du sommeil et de l'accablement au point de ne pouvoir se réveiller. En arrivant à la chaumière, elle commença par déposer la boîte avec précaution, puis s'approcha du foyer, détourna la cendre encore ardente, et s'étonna de trouver des charbons enflammés comme à la veillée d'une fête. Le grillon chantoit de joie sur le bord de sa grotte domestique, et la flamme vola vers la lampe qui trembloit dans la main de Jeannie, avec tant de rapidité que la chambre en fut subitement éclairée. Jeannie pensa d'abord que sa paupière étoit frappée enfin à la suite d'un long rêve par la clarté du matin; mais ce n'étoit pas cela. Les charbons étinceloient comme auparavant; le grillon joyeux chantoit toujours, et la boîte mystérieuse se trouvoit toujours à l'endroit où elle venoit d'être placée, avec ses compartiments de vermeil, ses chaînes de perles et ses rosaces de rubis. — Je ne dormois pas! dit Jeannie... je ne dormois pas!

— Fortune déplorable! continua-t-elle en s'asseyant près de la table et en laissant retomber sa tête sur le trésor de Dougal. Que m'importent les vaines richesses

que renferme cette cassette d'ivoire? Les moines de Balva pensent-ils avoir payé à ce prix la perte du malheureux Trilby? car je ne puis douter qu'il ait disparu sous les flots, et qu'il faille renoncer à le revoir jamais! Trilby, Trilby! dit-elle en pleurant, et un soupir, un long soupir lui répondit. Elle regarda autour d'elle, elle prêta l'oreille pour s'assurer qu'elle s'étoit trompée. En effet, on ne soupiroit plus. —

Trilby est mort! s'écria-t-elle, Trilby n'est pas ici! D'ailleurs, ajouta-t-elle avec une maligne joie, quel parti Dougal tirera-t-il de ce meuble qu'on ne peut ouvrir sans le briser? qui lui apprendra le secret de la serrure fée qui doit rouler sur ces émeraudes? Il faudroit savoir les mots magiques de l'enchanteur qui l'a construite, et vendre son âme à quelque démon pour en pénétrer le mystère. — Il ne faudroit qu'aimer Trilby et que lui dire que l'on l'aime, repartit une voix qui s'échappoit de l'écrin merveilleux. Condamné pour toujours si tu refuses, sauvé pour toujours si tu consens, voilà ma destinée, la destinée que ton amour m'a faite...

— Il faut dire?... reprit Jeannie.

— Il faut dire : Trilby, je t'aime!

— Le dire... et cette boîte s'ouvriroit alors?... et vous seriez libre?

— Libre et heureux!

— Non, non, dit Jeannie éperdue, non, je ne le peux pas, je ne le dois pas!...

— Et que pourrais-tu redouter?

— Tout! répondit Jeannie, un parjure affreux — le désespoir — la mort!...

— Insensée! qu'as-tu donc pensé de moi?... t'imagines-tu, toi qui es tout pour l'infortuné Trilby, qu'il iroit tourmenter ton cœur d'un sentiment coupable, et le poursuivre d'une passion dangereuse qui détruiroit ton bonheur, qui t'empoisonneroit ta vie?... Juge mieux de sa tendresse. Non, Jeannie, je t'aime pour le bonheur de t'aimer, de t'obéir, de dépendre de toi. — Ton aveu n'est qu'un droit de plus à ma soumission; ce n'est pas un sacrifice. — En me disant que tu m'aimes, tu délivres un ami et tu gagnes un esclave! Quel rapport oses-tu imaginer entre le retour que je te demande et là noble et touchante obligation qui te lie à Dougal? L'amour que j'ai pour toi, ma Jeannie, n'est pas une affection de la terre : ah! je voudrois pouvoir te dire, pouvoir te faire comprendre comment, dans un monde nouveau, un cœur passionné, un cœur qui a été trompé ici dans ses affections les plus chères, ou qui en a été dépossédé avant le temps, s'ouvre à des tendresses infinies, à d'éternelles félicités qui ne peuvent plus être coupables! — Tes organes trop foibles encore n'ont pas compris l'amour ineffable d'une âme dégagée de tous les devoirs, et qui peut sans infidélité embrasser toutes les créatures de son choix d'une affection sans limites! O Jeannie! tu ne sais pas combien il y a d'amour hors de la vie, et combien il est calme et pur! — Dis-moi, Jeannie, dis-moi seulement que tu m'aimes! Cela n'est pas difficile à dire... Il n'y a que l'expression de la haine qui doive coûter quelque chose à ta bouche. — Moi, je t'aime, Jeannie, je n'aime que toi! — Vois-tu, ma Jeannie, il n'y a pas une pensée de mon esprit qui ne t'appartienne! — Il n'y a pas un battement de mon cœur qui ne soit pour le tien! mon sein palpite si fort, quand l'air que je parcours est frappé de ton nom! — mes lèvres mêmes frémissent et balbutient quand je veux le prononcer! O Jeannie! que je t'aime! — et tu ne diras pas, tu n'oseras pas dire, toi : Je t'aime, Trilby! pauvre Trilby, je t'aime un peu!...

— Non, non, dit Jeannie, en s'échappant avec effroi de la chambre où étoit déposée la riche prison de Trilby; non, je ne trahirai jamais les serments que j'ai faits à Dougal, que j'ai faits librement, et au pied des saints autels; il est vrai que Dougal a quelquefois une humeur difficile et rigoureuse, mais je suis assurée qu'il m'aime. Il est vrai aussi qu'il ne sait pas exprimer les sentiments qu'il éprouve, comme ce fatal esprit déchaîné contre mon repos; mais qui sait si ce don funeste n'est pas un effet particulier de la puissance du démon, et si ce n'est pas lui qui me séduit dans les discours artificieux du lutin! Dougal est mon ami, mon mari, l'époux que je choisirois encore; il a ma foi, et rien ne triomphera de ma résolution et de mes promesses! rien! pas même mon cœur, continua-t-elle en soupirant! qu'il se brise plutôt que d'oublier le devoir que Dieu lui a imposé!...

Jeannie avoit à peine eu le temps de s'affermir dans la détermination qu'elle venoit de prendre, en se la répétant à elle-même avec une force de volonté d'autant plus énergique qu'elle avoit plus de résistance à vaincre; elle murmuroit encore les dernières paroles de cet engagement secret, quand deux voix se firent entendre auprès d'elle, au-dessous du chemin de traverse qu'elle avoit pris pour arriver plus tôt au bord du lac, mais qu'on ne pouvoit parcourir avec un fardeau considérable, tandis que Dougal arrivoit ordinairement par l'autre, chargé des plus beaux de ses poissons, surtout lorsqu'il amenoit un hôte à la chaumière. Les voyageurs suivoient la route inférieure et marchoient lentement comme des hommes occupés d'une conversation sérieuse. C'étoient Dougal et le vieux moine de Balva que le hasard venoit de conduire sur le rivage opposé, et qui étoit arrivé à temps pour passer dans la barque du pêcheur, et pour lui demander l'hospitalité. On peut croire que Dougal n'étoit pas disposé à la refuser au saint commensal du monastère dont il avoit reçu ce jour-là même tant de bienfaits signalés, car il n'attribuoit pas à une autre protection le retour inespéré des trésors de la pêche, et la découverte de cette boîte, si souvent rêvée, qui devoit contenir des trésors bien plus réels et bien plus durables. Il accueillit donc le vieux moine avec plus d'empressement encore que le jour mémorable où il avoit à lui demander le bannissement de Trilby, et c'étoit des expressions réitérées de sa reconnoissance et des assurances solennelles de la continuation des bontés de Ronald qu'avoit été frappée l'attention de Jeannie. Elle s'arrêta comme malgré elle pour écouter, car elle avoit craint d'abord, sans se l'avouer, que ce voyage n'eût un autre objet que la quête ordinaire d'Inverary, qui ne manquoit jamais de ramener, dans cette saison, un des émissaires du couvent; sa respiration étoit suspendue, son cœur battoit avec violence; elle attendoit un mot qui lui révélât un danger pour le captif de la chaumière, et quand elle entendit Ronald prononcer d'une voix forte : — Les montagnes sont délivrées, les méchants esprits sont vaincus : le dernier de tous a été condamné aux vigiles de Saint-Colombain, elle conçut un double motif de se rassurer, car elle ne doutoit point des paroles de Ronald. — Ou le moine ignore le sort de Trilby, dit-elle, ou Trilby est sauvé et pardonné de Dieu comme il paroissoit l'espérer. Plus tranquille, elle gagna la baie où les bateaux de Dougal étoient amarrés, vida les filets pleins dans le réservoir, étendit les filets vides sur la plage après en avoir exprimé l'eau avec soin pour les prémunir contre l'atteinte d'une gelée matinale, et reprit le sentier des montagnes avec ce calme qui résulte du sentiment d'un devoir accompli, mais dont l'accomplissement n'a rien coûté à personne. — Le dernier des méchants esprits a été condamné aux vigiles de Saint-Colombain, répéta Jeannie; ce ne peut pas être Trilby, puisqu'il m'a parlé ce soir et qu'il est maintenant à la chaumière, à moins qu'un rêve n'ait abusé mes esprits. Trilby est donc sauvé, et la tentation qu'il vient d'exercer sur mon cœur n'étoit qu'une épreuve dont il ne se seroit pas chargé lui-même, mais qui lui a été probablement prescrite par les saints. Il est sauvé, et je le reverrai un jour; un jour certainement! s'écria-t-elle; il vient lui-même de me le dire : mille ans ne sont qu'un moment sur la terre pour ceux qui ne doivent se quitter jamais!

La voix de Jeannie s'étoit élevée de manière à se faire entendre autour d'elle, car elle se croyoit seule alors. Elle suivoit les longues murailles du cimetière qui à cette heure inaccoutumée n'est fréquenté que par les bêtes de rapine, ou tout au plus par de pauvres enfants orphelins qui viennent pleurer leur père. Au bruit confus de ce gémissement qui ressembloit à une plainte du sommeil, une torche s'exhaussa de l'intérieur jusqu'à l'élévation des murs de l'enceinte funèbre et versa sur la longue tige des arbres les plus voisins des lumières effrayantes. L'aube du nord, qui avoit commencé à blanchir l'horizon polaire depuis le coucher du soleil, déployoit lentement son voile pâle à travers le ciel et sur toutes les montagnes, triste et terrible comme la clarté d'un incendie éloigné auquel on ne peut porter du secours. Les oiseaux de nuit, surpris dans leurs chasses insidieuses, resserroient leurs ailes pesantes et se laissoient rouler étourdis sur les pentes du Cobler, et l'aigle épouvanté crioit de terreur à la pointe de ses rochers, en contemplant cette aurore inaccoutumée qu'aucun astre ne suit et qui n'annonce pas le matin.

Jeannie avoit souvent ouï parler des mystères des sorcières, et des fêtes qu'elles se donnoient dans la dernière demeure des morts, à certaines époques des lunes d'hiver. Quelquefois même, quand elle rentroit fatiguée sous le toit de Dougal, elle avoit cru remarquer cette lueur capricieuse qui s'élevoit et retomboit rapidement; elle avoit cru saisir dans l'air des éclats de voix singuliers, des rires glapissants et féroces, des chants qui paroissoient appartenir à un autre monde, tant ils étoient grêles et fugitifs. Elle se souvenoit de les avoir vues, avec leurs tristes lambeaux souillés de cendre et de sang, se perdre dans les ruines de la clôture inégale, ou s'égarer comme la fumée blanche et bleue du soufre dévoré par la flamme, dans les ombres des bois et dans les vapeurs du ciel. Entraînée par une curiosité invincible, elle franchit le seuil redoutable qu'elle n'avoit jamais touché que de jour pour aller prier sur la tombe de sa mère. — Elle fit un pas et s'arrêta. — Vers l'extrémité du cimetière, qui n'étoit d'ailleurs ombragé que de cette espèce d'ifs dont les fruits, rouges comme des cerises tombées de la corbeille d'une fée, attirent de loin tous les oiseaux de la contrée; derrière l'endroit marqué pour une dernière fosse qui étoit déjà creusée et qui étoit encore vide, il y avoit un grand bouleau qu'on appeloit L'ARBRE DU SAINT, parce que l'on prétendoit que saint Colombain, jeune encore, et avant qu'il fût entièrement revenu des illusions du monde, y avoit passé toute une nuit dans les larmes, en luttant contre le souvenir de ses profanes amours. Ce bouleau étoit depuis un objet de vénération pour le peuple, et si j'avois été poëte, j'aurois voulu que la postérité en conservât le souvenir.

Jeannie écouta, retint son souffle, baissa la tête pour entendre sans distraction, fit encore un pas, écouta encore. Elle entendit un double bruit semblable à celui d'une boîte d'ivoire qui se brise ou d'un bouleau qui éclate, et au même instant elle vit la longue réverbération d'une clarté éloignée courir sur la terre, blanchir à ses pieds et s'éteindre sur ses vêtements. Elle suivit timidement jusqu'à son origine le rayon qui l'éclairoit; il aboutissoit à L'ARBRE DU SAINT, et devant L'ARBRE DU SAINT il y avoit un homme debout dans l'attitude de l'imprécation, un homme prosterné dans l'attitude de la prière. Le premier brandissoit un flambeau qui baignoit de lumière son front impitoyable, mais serein. L'autre étoit immobile. Elle reconnut Ronald et Dougal.

Il y avoit encore une voix, une voix éteinte comme le dernier souffle de l'agonie, une voix qui sanglotoit foiblement le nom de Jeannie, et qui s'évanouit dans le bouleau. — Trilby! cria Jeannie... et, laissant derrière elle toutes les fosses, elle s'élança dans la fosse qui l'attendoit sans doute, car personne ne trompe sa destinée. — Jeannie, Jeannie! dit le pauvre Dougal. — Dougal! répondit Jeannie en étendant vers lui sa main tremblante, et en regardant tour à tour Dougal et L'ARBRE DU SAINT, Daniel, mon bon Daniel, mille ans ne sont rien sur la terre... rien, reprit-elle en soulevant péniblement sa tête; puis elle la laissa tomber et mourut. Ronald, un moment interrompu, reprit sa prière où il l'avoit laissée.

Il s'étoit passé bien des siècles depuis cet événement quand la destinée des voyages, et peut-être aussi quelques soucis du cœur, me conduisirent au cimetière. Il est maintenant loin de tous les hameaux, et c'est à plus de quatre lieues qu'on voit flotter sur la même rive la fumée des hautes cheminées de Portincaple. Toutes les murailles de l'ancienne enceinte sont détruites; il n'en reste même que de rares vestiges, soit que les habitants du pays aient employé leurs matériaux à de nouvelles constructions, soit que les terres des boulingrins d'Argail, entraînées par des dégels subits, les aient peu à

peu recouverts. Cependant la pierre qui surmontoit la fosse de Jeannie a été respectée par le temps, par les cataractes du ciel et même par les hommes. On y lit toujours ces mots tracés d'une main pieuse : *Mille ans ne sont qu'un moment sur la terre pour ceux qui ne doivent se quitter jamais.* L'ARBRE DU SAINT est mort, mais quelques arbustes pleins de vigueur couronnoient sa souche épuisée de leur riche feuillage, et quand un vent frais souffloit entre leurs scions verdoyants, et courboit et relevoit leurs épaisses ramées, une imagination vive et tendre pouvoit y rêver encore les soupirs de Trilby sur la fosse de Jeannie. Mille ans sont si peu de temps pour posséder ce qu'on aime, si peu de temps pour le pleurer!...

TRÉSOR DES FÈVES

ET

FLEUR DES POIS

CONTE DES FÉES

> Tout ce que la vie a de positif est mauvais,
> Tout ce qu'elle a de bon est imaginaire.
> BRUSCAMBILLE.

TRÉSOR DES FÈVES

ET

FLEUR DES POIS

L y avoit une fois un pauvre homme et une pauvre femme qui étoient bien vieux, et qui n'avoient jamais eu d'enfants : c'étoit un grand chagrin pour eux, parce qu'ils prévoyaient que dans quelques années ils ne pour-

roient plus cultiver leurs fèves et les aller vendre au marché. Un jour qu'ils sarcloient leur champ de fèves (c'étoit tout ce qu'ils possédoient avec une petite chaumière — je voudrois bien en avoir autant); un jour, dis-je, qu'ils sarcloient pour ôter les mauvaises herbes, la vieille découvrit dans un coin, sous les touffes les plus drues, un petit paquet fort bien troussé qui contenoit un superbe garçon de huit à dix mois, comme il paroissoit à son air, mais qui avoit bien deux ans pour la raison, car il étoit déjà sevré. Tant y a qu'il ne fit point de façons pour accepter des fèves bouillies qu'il porta aussitôt à sa bouche d'une manière fort délicate. Quand le vieux fut arrivé du bout de son champ aux acclamations de la vieille, et qu'il eut regardé à son tour le bel enfant que le bon Dieu leur donnoit, le vieux et la vieille se mirent à s'embrasser en pleurant de joie; et puis ils firent hâte de regagner la chaumine, parce que le serein qui tomboit pouvoit nuire à leur garçon.

Une fois qu'ils furent rendus au coin de l'âtre, ce fut bien un autre contentement, car le petit leur tendoit les bras avec des rires charmants, et les appeloit *maman* et *papa,* comme s'il ne s'en étoit jamais connu d'autres. Le vieux le prit donc sur son genou, et l'y fit sauter doucement, comme les demoiselles qui se promènent à cheval, en lui adressant mille paroles agréables, auxquelles l'enfant répondoit à sa manière, pour ne pas être en reste avec le vieux dans une conversation si honnête. Et, pendant ce temps, la vieille

allumoit un joli feu clair de gousses de fèves sèches qui éclairoit toute la maison, afin de réjouir les petits membres du nouveau venu par une douce chaleur, et de lui préparer une excellente bouillie de fèves où elle délaya une cuillerée de miel qui en fit un manger délicieux. Ensuite elle le coucha dans ses beaux langes de fine toile qui étoient fort propres, sur la meilleure couchette de paille de fèves qu'il y eût à la maison ; car de la plume et de l'édredon, ces pauvres gens n'en connoissoient pas l'usage. Le petit s'y endormit très-bien.

Quand le petit fut endormi, le vieux dit à la vieille : Il y a une chose qui m'inquiète, c'est de savoir comment nous appellerons ce bel enfant, car nous ne connoissons pas ses parents, et nous ne savons pas d'où il vient. — La vieille, qui avoit de l'esprit, quoique ce ne fût qu'une simple femme de campagne, lui répondit sur-le-champ : Il faut l'appeler Trésor des Fèves, parce que c'est dans notre champ de fèves qu'il nous est venu, et que c'est un véritable trésor pour la consolation de nos vieux jours. — Le vieux convint qu'on ne pouvoit rien imaginer de mieux.

Je ne vous dirai pas en détail comment se passèrent les jours suivants et toutes les années suivantes, ce qui allongeroit beaucoup l'histoire. Il suffit que vous sachiez que les vieux vieillirent toujours, tandis que Trésor des Fèves devenoit à vue d'œil plus fort et plus beau. Ce n'est pas qu'il eût beaucoup grandi, car il n'avoit que deux pieds et demi à douze ans; et quand il travailloit dans son champ de fèves, qu'il tenoit en grande affection, vous l'auriez à grand'peine aperçu de la route ; mais il étoit si bien pris dans sa petite taille, si avenant de figure et de façons, si doux et cependant si résolu en paroles, si brave dans son sarrau bleu de ciel à rouge ceinture, et sous sa fine toque des

dimanches au panache de fleurs de fèves, qu'on ne pouvoit s'empêcher de l'admirer comme un vrai miracle de nature, en sorte qu'il y avoit nombre de gens qui le croyoient génie ou fée.

Il faut avouer que bien des choses donnoient crédit à cette supposition du moyen peuple. D'abord, la

chaumine et son champ de fèves, où une vache n'eût
trouvé que brouter quelques années auparavant, étoient
devenus un des bons domaines de la contrée, sans que
l'on pût dire comment; car de voir des pieds de fèves
qui poussent, qui fleurissent, qui passent fleur, et des
fèves qui mûrissent dans leur gousse, il n'y a vraiment
rien de plus ordinaire; mais de voir un champ de
fèves qui grandit sans qu'on y ait rien ajouté par
acquisition ou par empiétement méchamment fait sur
le terrain d'autrui, c'est ce qui passe la portée de
l'entendement. Cependant le champ de fèves alloit
toujours grandissant et grandissant, grandissant à vent,
grandissant à bise, grandissant à matin, grandissant à
ponant; et les voisins avoient beau mesurer leurs
terres, leur compte s'y trouvoit toujours avec le bénéfice d'une sexterée ou deux, de manière qu'ils en vinrent à penser naturellement que tout le pays étoit en
croissance. D'un autre côté, les fèves donnoient si fort,
que la chaumine n'auroit pu contenir sa récolte, si elle
ne s'étoit notablement élargie; et cependant elles
avoient manqué partout à plus de cinq lieues à la
ronde, ce qui les rendoit hors de prix, à cause du
grand usage qu'on en faisoit à la table des rois et des
seigneurs. Au milieu de cette abondance, Trésor des

Fèves suffisoit à toutes choses, retournant la terre, triant les semences, mondant les plants, sarclant, fouissant, serfouant, moissonnant, écossant, et, de surcroît, entretenant soigneusement les haies et les échaliers; après quoi il employa le temps qui lui restoit à recevoir les acheteurs et à régler les marchés; car il savoit lire, écrire et calculer sans avoir appris : c'étoit une véritable bénédiction.

Une nuit que Trésor des Fèves dormoit, le vieux dit à la vieille : Voilà Trésor des Fèves qui a porté un grand avantage à notre bien, puisqu'il nous a mis en état de passer doucement, sans rien faire, quelques années qui nous restent à vivre encore. En lui donnant par testament l'héritage de tout ceci, nous n'avons fait que lui rendre ce qui lui appartient; mais nous serions ingrats envers cet enfant si nous n'avisions à lui procurer un rang plus convenable dans le monde que celui de marchand de fèves. C'est bien dommage qu'il soit trop modeste pour avoir brevet de savant dans les universités, et un tantet trop petit pour être général.

— C'est dommage, dit la vieille, qu'il n'ait pas étudié pour apprendre le nom de cinq ou six maladies en latin; on le recevroit médecin tout de suite.

— Quant aux procès, continua le vieux, j'ai peur qu'il n'ait trop d'esprit et de raison pour en jamais débrouiller un seul. — Remarquez qu'on n'avoit pas encore inventé les philanthropes.

— J'ai toujours eu en idée, reprit la vieille, qu'il épouseroit Fleur des Pois quand il seroit d'âge.

— Fleur des Pois, dit le vieillard en hochant la tête, est bien trop grande princesse pour épouser un pauvre enfant trouvé, qui n'aura vaillant qu'une chaumine et un champ de fèves. Fleur des Pois, ma mie, est un parti pour le sous-préfet ou pour le procureur du roi, et peut-être pour le roi lui-même s'il devenoit veuf. Nous parlons ici de choses sérieuses, et vous n'êtes pas raisonnable.

— Trésor des Fèves l'est plus que nous deux ensemble, répondit la vieille, après avoir un brin réfléchi. C'est d'ailleurs lui que l'affaire concerne, et il seroit de mauvaise grâce de la pousser plus avant sans le consulter. — Là-dessus le vieux et la vieille s'endormirent profondément.

Le jour commençoit à poindre quand Trésor des Fèves sauta de son lit pour aller au champ, selon sa coutume. Qui fut étonné? ce fut lui, de ne trouver que ses habits de fête au bahut où il avoit rangé les autres en se couchant. — C'est cependant jour ouvrable ou jamais, si le calendrier n'est en défaut, dit-il à part lui; et il faut que ma mère ait quelque saint à chômer, dont je n'ouïs parler de ma vie, pour m'avoir préparé durant la nuit mon beau sarrau et ma toque de cérémonie. Qu'il soit fait pourtant comme elle l'entend, car je ne voudrois pas la contrarier en rien dans son grand âge, et quelques heures perdues se retrouveront aisément sur ma semaine, en me levant plus tôt et rentrant plus tard. Sur quoi Trésor des Fèves s'habilla aussi galamment qu'il le put, après avoir prié Dieu pour la santé de ses parents et la prospérité de ses fèves.

Comme il se disposoit à sortir, afin d'avoir au moins un coup d'œil à donner à ses échaliers avant le réveil de la vieille et du vieux, il rencontra la vieille sur l'huis, qui apportoit un bon brouet tout fumant, et le plaça sur sa petite table avec une cuiller de bois : — Mange, mange, lui dit-elle, et ne te fais pas faute de ce brouet au miel avec une pointe d'anis vert, comme tu l'aimois quand tu étois encore tout enfant; car tu as du chemin, mon mignon, et beaucoup de chemin à faire aujourd'hui.

— Voilà qui est bien, dit Trésor des Fèves en la

regardant d'un air étonné ; mais où donc m'envoyez-vous ?

La vieille s'assit sur une escabelle qui étoit là, et les deux mains sur ses genoux . — Dans le monde, répondit-elle en riant, dans le monde, mon petit Trésor ! tu n'as jamais vu que nous, et deux ou trois méchants regrattiers auxquels tu vends tes fèves pour fournir aux dépenses de la maisonnée, digne garçon que tu es ; et comme tu dois être un jour un grand monsieur, si le prix des fèves se soutient, il est bon, mon mignon, que tu fasses des connoissances dans la belle société. Il faut te dire qu'il y a une grande ville, à trois quarts de lieue d'ici, où l'on rencontre à chaque pas des seigneurs en habit d'or, et des dames en robe d'argent, avec des bouquets de roses tout autour. Ta jolie petite mine si gracieuse et si éveillée ne manquera pas de les frapper d'admiration ; et je serai bien trompée si tu passes le jour sans obtenir quelque profession honorable où l'on gagne beaucoup d'argent sans travailler, à la cour ou dans les bureaux. Mange donc, mange, mignon, et ne te fais pas faute de ce brouet au miel avec une pointe d'anis vert.

Comme tu connois mieux la valeur des fèves que celle de la monnoie, continua la vieille, tu vendras au marché ces six litrons de fèves choisies à la grande mesure. Je n'en ai pas mis davantage pour ne pas te charger ; avec cela, les fèves sont si chères au temps présent, que tu serois bien empêché d'en rapporter le prix, quand on te payeroit tout en or. Aussi nous entendons, ton père et moi, que tu en emploieras moitié à t'ébaudir honnêtement, comme il convient à ton âge, ou en achat de quelques joyaux bien ouvrés, propres à te récréer le dimanche, tels que montre d'argent à breloques de rubis ou d'émeraude, bilboquets d'ivoire et toupies de Nuremberg. Le reste du montant, tu le verseras à la caisse.

Pars donc, mon petit trésor, puisque tu as fini ton brouet, et avise de ne pas t'attarder en courant après les papillons, car nous mourrions de douleur si tu ne rentrois avant la nuit. Garde aussi les chemins battus, crainte des loups.

— Vous serez obéie, ma mère, dit Trésor des Fèves en embrassant la vieille, quoique j'aimasse mieux pour mon plaisir passer la journée au champ. Quant aux loups, je n'en ai cure avec ma serfouette.

Disant cela, il pendit hardiment sa serfouette à sa ceinture, et partit d'un pas délibéré.

— Reviens de bonne heure, lui cria longtemps

la vieille, qui regrettoit déjà de l'avoir laissé partir.

Trésor des Fèves marcha, marcha, faisant des enjambées terribles comme un homme de cinq pieds, et regardant de ci, de là, les choses d'apparence inconnue qui se trouvoient sur sa route ; car il n'avoit jamais pensé que la terre fût si grande et si curieuse. Cependant, quand il eut marché plus d'une heure, ce qu'il jugeoit à la hauteur du soleil, et comme il s'étonnoit de n'être pas encore rendu à la ville au train qu'il étoit allé, il lui sembla qu'on le récrioit :

— Bou, bou, bou, bou, bou, bou, tui ! arrêtez, monsieur Trésor des Fèves, on vous en prie !

— Qui m'appelle? dit Trésor des Fèves, en mettant fièrement la main sur sa serfouette.

— De grâce, arrêtez-ci, monsieur Trésor des Fèves ! Bou, bou, bou, bou, bou, bou, tui ! c'est moi qui vous parle.

— Est-il vrai? dit Trésor des Fèves en dressant son regard jusqu'au sommet d'un vieux pin caverneux et demi-mort, sur lequel un maître hibou se berçoit lourdement au souffle du vent; et qu'avons-nous à démêler ensemble, mon bel oiseau?

— Ce seroit merveille que vous me reconnussiez, répliqua le hibou, car je ne vous ai obligé qu'à votre insu, comme doit faire un hibou délicat, modeste et homme de bien, en mangeant un à un, à mes risques et périls, les canailles de rats qui grignotoient, bon an mal an, la moitié de votre récolte; mais c'est ce qui fait que votre champ vous rapporte aujourd'hui de quoi acheter quelque part un joli royaume, si vous savez vous contenter. Quant à moi, victime malheureuse et désintéressée du dévouement, je n'ai pas au crochet un misérable rat maigre pour mes bons jours, mes yeux s'étant tellement affoiblis à votre service, que j'ai peine à me diriger, même de nuit. Je vous appelois donc, généreux

Trésor des Fèves, pour vous prier de m'octroyer un de ces bons litrons de fèves que vous portez pendus à votre bâton, et qui suffiroit à soutenir ma triste existence jusqu'à la majorité de mon aîné, que vous pouvez compter pour féal.

— Ceci, monsieur du hibou, s'écria Trésor des Fèves en détachant du bout de son bâton un des trois litrons de fèves qui lui appartenoient, c'est la dette de la reconnoissance, et j'ai plaisir à l'acquitter.

Le hibou s'abattit dessus, le saisit des serres et du bec, et d'un tire-d'aile il l'emporta sur son arbre.

— Oh! que vous partez donc vite! reprit Trésor des Fèves. Oserois-je vous demander, monsieur du hibou, si je suis encore loin du monde où ma mère m'envoie?

— Vous y entrez, mon ami, dit le hibou; et il alla se percher ailleurs.

Trésor des Fèves se remit donc en chemin, allégé d'un de ses litrons, et comme sûr qu'il ne tarderoit pas d'arriver; mais il n'avoit pas fait cent pas qu'il s'entendit appeler encore.

— Béé-é, béé-é, béé-é, bekki! Arrêtez-ci, monsieur Trésor des Fèves, on vous en prie.

— Je crois connoître cette voix, dit Trésor des

Fèves en se retournant. Eh! oui, vraiment, c'est cette mièvre effrontée de chevrette de montagne, qui rôdoit toujours avec ses petits autour de mon champ pour me rafler quelque bonne lippée. Vous voilà donc, madame la maraudeuse!

— Que dites-vous de marauder, joli Trésor! Ah! vos haies étoient trop bien fondues, vos fossés trop

profonds, et vos échaliers trop serrés pour cela! Tout ce qu'on pouvoit faire étoit de tondre le bout de quelques feuilles qui for-issoient entre les joints de la claie, et c'est au grand bénéfice des pieds que nous émondons, comme dit le commun proverbe :

> Dent de mouton porte nuisance
> Et dent de chevrette abondance.

— Voilà qui suffit, dit Trésor des Fèves, et le mal

que je vous ai souhaité puisse-t-il m'advenir incontinent! Mais qu'aviez-vous à m'arrêter, et que saurois-je faire qui vous fût à gré, dame chevrette?

— Hélas! répondit-elle en versant de grosses larmes... Béé-é, béé-é, bekki... c'est pour vous dire qu'un méchant loup a mangé mon mari le chevret, et que nous sommes en grand misère, l'orpheline et moi. depuis qu'il ne va plus fourrager pour nous; de sorte qu'elle est en danger de mourir de male-faim, si vous ne lui portez aide, la malheureuse biquette! Je vous appelois donc, noble Trésor, pour vous prier de nous faire la charité d'un de ces bons litrons de fèves que vous portez pendus à votre bâton, et qui nous seroit un suffisant réconfort, en attendant que nous ayons reçu des secours de nos parents.

— Ceci, dame Chevrette, s'écria Trésor des Fèves en détachant du bout de son bâton un des deux litrons de fèves qui lui appartenoient encore, c'est une œuvre de bienfaisance et de compassion que je me tiens heureux d'accomplir.

La chevrette le happa du bout des lèvres, et d'un bond disparut dans le hallier.

— Oh! que vous partez donc vite! reprit Trésor des Fèves. Oserois-je vous demander, ma voisine, si je suis encore loin du monde où ma mère m'envoie?

— Vous y êtes déjà, cria la chevrette en s'enfonçant parmi les broussailles.

Et Trésor des Fèves se remit en chemin, allégé de deux de ses litrons, et cherchant du regard les murailles de la ville, quand il s'aperçut, à quelque bruit qui se

faisoit sur la lisière du bois, qu'il devoit être suivi de près. Il s'avança soudainement de ce côté, sa serfouette ouverte à la main; et bien lui en prit, car le compagnon qui l'escortoit à pas de loup n'étoit autre qu'un vieux loup dont la physionomie ne promettoit rien d'honnête.

— C'est donc vous, maligne bête, dit Trésor des Fèves, qui me réserviez l'honneur de figurer chez vous au banquet de la vesprée? Heureusement ma serfouette a deux dents qui valent bien toutes les vôtres, sans vous faire tort; et il faut vous tenir pour dit, mon compère, que vous souperez aujourd'hui sans moi. Regardez-vous de plus comme bien chanceux, s'il vous plaît, que je ne venge pas sur votre vilaine personne le mari de la chevrette, qui étoit le père de la biquette, et dont la famille est réduite par votre cruauté à une piteuse misère. Je le devrois peut-être, et je le ferois justement, si je n'avois été nourri dans l'horreur du sang, jusqu'au point de ménager celui des loups!

Le loup, qui avoit écouté jusqu'alors en toute humilité, partit subitement d'une longue et plaintive exclamation, en élevant les yeux au ciel comme pour le prendre à témoin :

— Puissance divine qui m'avez donné la robe des loups, dit-il en sanglotant, vous savez si j'en ai jamais senti dans mon cœur les mauvaises inclinations! Vous êtes maître cependant, monseigneur, ajouta-t-il avec abandon, la tête respectueusement penchée vers Trésor des Fèves, de disposer de ma triste vie, que je remets à votre merci, sans crainte et sans remords. Je périrai

content de vos mains, s'il vous convient de m'immoler
en expiation des crimes trop avérés de ma race; car je
vous ai toujours aimé tendrement, et parfaitement
honoré, depuis le temps où je prenois un innocent plaisir à vous caresser au berceau, quand madame votre
mère n'y étoit pas. Vous étiez dès lors de si bonne mine,
et si imposante, qu'on auroit deviné, rien qu'à vous voir,
que vous deviendriez un prince puissant et magnanime
comme vous êtes. Je vous prie seulement de croire, avant
de me condamner, que je n'ai pas trempé mes pattes
sanglantes à l'assassinat perpétré sur l'époux infortuné
de la chevrette. Élevé dans les principes d'abstinence et
de modération, auxquels je n'ai failli de toute ma vie de
loup, j'étois alors en mission pour répandre les saines
doctrines de la morale parmi les tribus lupines qui
relèvent de ma communauté, et pour les amener graduellement, par l'enseignement et par l'exemple, à la
pratique d'un régime frugal, qui est le but essentiel de
la perfectibilité des loups. Je vous dirai mieux, monseigneur, l'époux de la chevrette fut mon ami; je chérissois en lui d'heureuses dispositions, et nous voyageâmes souvent ensemble en devisant, parce qu'il avoit
beaucoup d'esprit naturel et de goût pour apprendre.
Une malheureuse rixe de préséance (vous savez combien

le caractère de sa nation est chatouilleux sur ce chapitre) occasionna sa mort en mon absence, et je ne m'en suis pas consolé.

Et le loup pleura, ce sembloit, du profond de son cœur, ni plus ni moins que la chevrette.

— Vous me suiviez pourtant, dit Trésor des Fèves, sans remboîter le double fer de sa serfouette.

— Il est vrai, monseigneur, répondit le loup en câlinant; je vous suivois dans l'espérance de vous intéresser à mes vues bénévoles et philosophiques en quelque endroit plus propre à la conversation. Las! me disois-je, si monseigneur Trésor des Fèves, dont la réputation est si étendue et si accréditée dans le pays, vouloit contribuer de sa part au plan de réforme que j'ai fait, il en auroit une belle occasion aujourd'hui; je suis caution qu'il ne lui en coûteroit qu'un des litrons de bonnes fèves qu'il porte pendus à son bâton, pour affriander une table d'hôte de loups, de louvats et de louveteaux, à la vie granivore, et pour sauver des générations innombrables de chevrettes et de chevrets, de biquettes et de biquets.

— C'est le dernier de mes litrons, pensa Trésor des Fèves; mais qu'ai-je affaire de bilboquet, de rubis et de toupie? et qu'est-ce qu'un plaisir d'enfant au prix d'une action utile?

— Voilà ton litron de fèves! s'écria-t-il en détachant du bout de son bâton le dernier des litrons que sa mère lui avoit donnés pour ses menus plaisirs, mais sans fermer sa serfouette.

— C'est le reste de ma fortune, ajouta-t-il; mais je n'y ai point de regret, et je te serai reconnoissant, ami loup, si tu en fais le bon usage que tu m'as dit.

Le loup y enfonça ses crocs et l'emporta d'un trait vers sa tanière.

— Oh! que vous partez donc vite! reprit Trésor des Fèves. Oserois-je vous demander, messire loup, si je suis encore loin du monde où ma mère m'envoie?

— Tu y es depuis longtemps, répondit le loup en riant de travers, et tu y resterois bien mille ans sans voir autre chose que ce que tu as vu.

Trésor des Fèves se remit alors en chemin, allégé de ses trois litrons, et cherchant toujours du regard les murailles de la ville, qui ne se montroient jamais. Il commençoit à céder à la lassitude et à l'ennui, quand des cris perçants, qui partoient d'un petit sentier détourné, réveillèrent son attention. Il courut au bruit.

— Qu'est-ce, dit-il, la serfouette à la main, et qui a besoin de secours? Parlez, car je ne vous vois pas.

— C'est moi, monsieur Trésor des Fèves; c'est

Fleur des Pois, répondit une petite voix pleine de douceur, qui vous prie de la délivrer de l'embarras où elle se trouve; il ne faut que vouloir, et il ne vous en coûtera guère.

— Eh! vraiment, madame, je n'ai point coutume de regarder à ce qu'il m'en coûtera pour obliger! Vous pouvez disposer de ma fortune et de mon bien, continua-t-il, à l'exception de ces trois litrons de fèves que je porte pendus à mon bâton, parce qu'ils ne m'appartiennent pas, mais à mon père et à ma mère, et que j'ai donné tout à l'heure ceux qui étoient miens à un vénérable hibou, à un saint homme de loup qui prêche comme un ermite, et à la plus intéressante des chevrettes de montagne. Il ne me reste pas une seule fève que j'aie licence de vous offrir.

— Vous vous moquez! reprit Fleur des Pois un peu piquée. Qui vous parle de vos fèves, seigneur? Je n'ai que faire de vos fèves, grâce à Dieu; et on ne sait ce que c'est dans mon office. Le service que je vous demande, c'est de mettre le doigt sur le bouton de ma calèche pour en enlever la capote, sous laquelle je suis près d'étouffer.

— Je ne demanderois pas mieux, madame, s'écria Trésor des Fèves, si j'avois l'honneur de voir votre calèche, mais il n'y a pas ombre de calèche dans ce sentier, qui me paroît d'ailleurs peu voyable aux équipages. Cependant je ne mettrai pas longtemps meshuy à la découvrir, car je vous entends de bien près.

— Eh quoi! dit-elle en éclatant de rire, vous ne voyez pas ma calèche! vous avez failli l'écraser en courant comme un étourdi! Elle est devant vous, aimable Trésor des Fèves, et il est facile de la reconnoître à son apparence élégante, qui a quelque chose de celle d'un pois chiche.

— Tellement l'apparence d'un pois chiche, rumina Trésor des Fèves en s'accrouptonnant, que je me serois laissé pendre avant d'y voir autre chose qu'un pois chiche.

Un coup d'œil suffit pourtant à Trésor des Fèves pour remarquer que c'étoit un fort gros pois chiche, plus rond qu'orange, et plus jaune que citron, porté sur quatre petites roues d'or et muni d'un joli portemanteau qui étoit fait d'une petite gousse de pois, verte et lustrée comme maroquin.

Il se hâta de mettre la main sur le bouton, et la porte s'ouvrit.

Fleur des Pois en jaillit comme une graine de bal-

448 TRÉSOR DES FÈVES

samine et tomba leste et joyeuse sur ses talons. Trésor des Fèves se releva émerveillé, car il n'avoit jamais rien imaginé de si beau que Fleur des Pois. C'étoit en effet le minois le plus accompli qu'un peintre puisse

inventer : des yeux longs comme des amandes, violets comme des betteraves, aux regards pointus comme des alènes, et une bouche fine et moqueuse qui ne s'entr'ouvroit à demi que pour laisser voir des dents blanches comme albâtre et luisantes comme émail. Sa robe courte, un peu bouffante, panachée de flammes roses, comme les fleurs qui viennent aux pois, parvenoit à peine à moitié de ses jambes faites au tour, chaussées d'un bas de soie blanc aussi tendu que si on y avoit employé le cabestan, et terminées par des pieds si mignons, qu'on ne pouvoit les voir sans envier le bonheur du cordonnier qui les avoit de sa main emprisonnés dans le satin.

— De quoi t'étonnes-tu? dit Fleur des Pois. — Ce qui prouve, par parenthèse, que Trésor des Fèves n'avoit pas l'air extrêmement spirituel dans ce moment-là.

Trésor des Fèves rougit; mais il se remit bientôt. — Je m'étonne, répondit-il modestement, qu'une aussi belle princesse, qui est à peu près de ma taille, ait pu tenir dans un pois chiche.

— Vous déprisez mal à propos ma calèche, Trésor des Fèves, reprit Fleur des Pois. On y voyage très-commodément quand elle est ouverte; et c'est par hasard que je n'y ai pas mon grand écuyer, mon aumônier, mon gouverneur, mon secrétaire des commandements, et deux ou trois de mes femmes. J'aime à me promener seule, et ce caprice m'a valu l'accident qui m'est arrivé. Je ne sais si vous avez jamais rencontré en société le roi des Grillons, qui est fort reconnaissable à son masque noir et poli, comme celui d'Arlequin, à deux cornes droites et mobiles, et à certaine symphonie de mauvais goût dont il a coutume d'accompagner ses moindres paroles. Le roi des Grillons me faisoit la grâce de m'aimer ; il n'ignoroit pas que ma minorité expire aujourd'hui, et qu'il est de l'usage des princesses de ma maison de prendre un mari à dix ans. Il s'est donc trouvé sur ma route, suivant l'usage, pour m'obséder du tintamarre infernal de ses carillonnantes déclarations, et je lui ai répondu, comme à l'ordinaire, en me bouchant les oreilles !

— O bonheur ! dit Trésor des Fèves enchanté ; vous n'épouserez pas le roi des Grillons !

— Je ne l'épouserai pas, répondit Fleur des Pois avec dignité. Mon choix étoit fait. — Je ne lui eus pas plutôt signifié ma résolution, que l'odieux Cri-Cri (c'est le nom de ce monarque) s'élança d'un bond sur ma voiture, comme s'il avoit voulu la dévorer, et qu'il en fit brutalement tomber la capote. — Marie-toi maintenant, me dit-il, impertinente mijaurée ! marie-toi si tu le peux et si jamais mari vient te chercher dans cet équipage ! Quant à moi, je ne fais pas plus cas de ton royaume et de ta main que d'un pois chiche.

— Si vous pouviez me dire en quel trou le roi des Grillons s'est caché, s'écria Trésor des Fèves furieux, je l'aurois bientôt déterré avec ma serfouette, et je l'amènerois pieds et poings liés, princesse, à votre discrétion. — Je comprends cependant son désespoir, ajouta-t-il en laissant tomber son front sur sa main. — Mais ne pensez-vous pas qu'il faut que je vous accompagne jusque dans vos États, pour vous mettre à l'abri de ses poursuites?

— Il le faudroit en effet, magnanime Trésor des Fèves, si j'étois loin de ma frontière; mais voilà un champ de pois musqués où je ne compte que des sujets fidèles, et dont l'approche est interdite à mon ennemi. — Ainsi parlant, elle frappa la terre du pied et tomba suspendue des deux bras à deux tiges penchantes qui s'inclinèrent et se relevèrent sous elle, en semant ses cheveux des débris de leurs fleurs parfumées.

Pendant que Trésor des Fèves se complaisoit à la regarder (et je vous réponds que j'y aurois pris plaisir moi-même); elle le fixoit des traits acérés de ses yeux, le lioit des petits plis de son sourire, tellement qu'il auroit voulu mourir de la joie de la voir ainsi, et qu'il y seroit peut-être encore si elle ne l'avoit averti.

— C'est trop vous avoir retenu, lui dit-elle, car je sais que le commerce des fèves est fort affaireux par le temps qui court; mais ma calèche, ou plutôt la vôtre, vous fera regagner les moments perdus. Ne m'offensez pas, je vous prie, du refus d'un si mince cadeau. J'ai des millions de calèches pareilles dans les greniers du château, et quand j'en veux une nouvelle, je la trie sur le volet au milieu d'une poignée, et je donne le reste aux souris.

— Le moindre des bienfaits de Votre Altesse feroit la gloire et le bonheur de ma vie, répondit Trésor des Fèves; mais elle ne pense pas que je suis encore chargé de provisions. Or, je conçois à merveille, si bien mesurées que soient mes fèves, qu'il y aurait moyen de faire entrer assez commodément votre calèche dans un de mes litrons; mais mes litrons dans votre calèche, c'est une chose impossible.

— Essaye, dit Fleur des Pois en riant et en se balançant à ses fleurs; essaye, et ne t'émerveille pas du tout, comme un enfant qui n'a rien vu. — En effet, Trésor des Fèves n'éprouva aucune difficulté à placer les trois litrons dans la caisse de la voiture; elle en auroit contenu trente et davantage. Il fut un peu mortifié.

— Je suis prêt à partir, madame, reprit-il en se

plaçant lui-même sur un coussin bien rembourré dont l'ampleur lui permettait de s'accommoder fort agréablement dans toutes les positions, jusqu'à s'y coucher tout du long s'il lui en avoit pris envie. Je dois à la tendresse de mes parents de ne pas leur laisser d'inquiétude sur ce que je suis devenu à notre première séparation, et je n'attends plus que votre cocher qui s'est enfui épouvanté, sans doute, à l'incartade grossière du roi des Grillons, en reconduisant l'attelage et en emportant les brancards. Alors j'abandonnerai ces lieux avec l'éternel regret de vous avoir vue sans espérer de vous revoir.

— Bon! repartit Fleur des Pois, sans avoir l'air de prendre garde à cette dernière partie du discours de Trésor des Fèves, qui tiroit fort à conséquence; bon! ma calèche n'a ni cocher, ni brancards, ni attelage : elle marche à la vapeur, et il n'y a pas d'heure où elle ne fasse aisément cinquante mille lieues. Je te demande si tu seras en peine de retourner chez toi quand cela te conviendra. Il suffira que tu retiennes bien le geste et le mot dont je me servirai pour la mettre en route. — Le porte-manteau contient différents objets qui peuvent te servir en voyage, et qui t'appartiennent sans réserve. En l'ouvrant à la manière dont tu ouvrirois une gousse de pois verts, tu y trouveras trois écrins de la forme et de la juste grosseur d'un pois, suspendu chacun d'un fil léger qui les soutient dans leur étui comme des pois en cosse, de telle façon qu'il ne puisse se heurter dommageablement dans les déménagements et le transport : c'est un travail merveilleux. Ils céderont à la pression de ton doigt comme le soufflet de ma calèche, et tu n'auras plus qu'à en semer le contenu en terre dans un trou fait à la pointe de ta serfouette, pour voir poindre, trésir, éclore tout ce que tu auras souhaité. N'est-ce pas miracle, cela? Retiens bien seulement que, le troisième épuisé, il ne me reste rien à t'offrir, car je n'ai à moi que trois pois verts, comme tu n'avois que trois litrons de fèves, et la plus belle fille du monde ne peut donner que ce qu'elle a. — Es-tu disposé à te mettre en route maintenant?

Sur le signe affirmatif de Trésor des Fèves, qui ne se sentoit pas la force de parler, Fleur des Pois fit claquer le pouce de sa main droite contre le doigt du milieu, en criant : Partez, pois chiche!

Et le pois chiche étoit à plus de quinze cents kilomètres du champ musqué de Fleur des Pois, que les yeux de Trésor des Fèves la cherchoient encore inutilement. — Hélas! dit-il.

C'est que ce seroit faire tort à la célérité du pois chiche que de dire qu'il parcouroit l'espace avec la célérité d'une balle d'arquebuse. Les bois, les villes, les montagnes, les mers disparoissoient incomparablement plus vite sur son passage que les ombres chinoises de Séraphin sous la baguette du fameux magicien Rotomago. Les horizons les plus lointains se dessinoient à

peine dans une immense profondeur, qu'ils s'étoient précipités sur le pois chiche, et que Trésor des Fèves se seroit efforcé en vain de les retrouver derrière lui. Pendant qu'il se retournoit, crac, ils n'y étoient plus. Enfin il avoit plusieurs fois repris l'avance sur le soleil ; plusieurs fois il l'avoit rejoint au retour pour le devancer encore, dans de brusques alternatives de jour et de nuit, quand Trésor des Fèves se douta qu'il avoit laissé de côté la ville qu'il alloit voir, et le marché où il portoit vendre ses litrons.

— Les ressorts de cette voiture sont un peu gais, imagina-t-il soudain ; car on n'oublie pas qu'il étoit doué d'un esprit très-subtil. Elle est partie à l'étourdie avant que Fleur des Pois eût achevé de s'expliquer sur ma destination, et il n'y a pas de raison pour que ce voyage finisse dans tous les siècles des siècles, cette aimable princesse, qui est assez évaporée, comme le comporte sa jeunesse, ayant bien pensé à me dire en quelle sorte on mettoit sa calèche en route, mais non pas ce qu'il falloit faire pour l'arrêter.

Effectivement Trésor des Fèves s'étoit servi sans succès de toutes les interjections mal sonnantes qu'il eût jamais recueillies, pudeur gardée, de la bouche blasphématoire des voiturins et des muletiers, gens de pauvre éducation et de méchant langage. La diantre de calèche alloit toujours, elle n'alloit que de plus belle ; et, pendant qu'il fouilloit dans sa mémoire pour varier ses apostrophes de plus d'euphémismes que n'en pourroit enseigner la réthorique, madame la calèche coupoit des latitudes à la course, et passoit sur le ventre de dix royaumes qui n'en pouvoient mais. — Le diable t'emporte, chienne de calèche ! s'écrioit Trésor des

Fèves : et le diable obéissant ne manquoit pas d'emporter la calèche des tropiques aux pôles, ou des pôles aux tropiques, et de la ramener par tous les cercles de la sphère, sans égard au changement insalubre des températures. Il y avoit de quoi rôtir ou se morfondre avant peu, si Trésor des Fèves n'avoit pas été doué, ainsi que nous l'avons dit souvent, d'une admirable intelligence.

— Voire, dit-il en lui-même, puisque Fleur des Pois l'a lancé à travers le monde, en lui disant : Partez, pois chiche!... on l'arrêteroit peut-être en lui disant le contraire. Cela étoit extrêmement logique.

— Arrêtez, pois chiche! cria Trésor des Fèves en faisant claquer le pouce de sa main droite contre le doigt du milieu, comme il l'avoit vu faire à Fleur des Pois.

Voyez si une académie tout entière auroit aussi bien trouvé! Le pois chiche s'arrêta si juste, que vous ne l'auriez pas mieux arrêté en le fichant sur terre avec un clou. Il ne bougea.

Trésor des Fèves descendit de son équipage, le ramassa précieusement, et le laissa couler dans une bougette de cuir qu'il avoit à sa ceinture pour y serrer les échantillons de ses fèves, mais après en avoir retiré le porte-manteau.

L'endroit où la calèche de Trésor des Fèves s'étoit ainsi butée à son ordre n'est pas décrit par les voyageurs. Bruce le place aux sources du Nil, M. Douville au Congo, et M. Caillé à Tombouctou. C'étoit une plaine sans bornes, si sèche, si rocailleuse et si sauvage, qu'il n'y avoit pas un buisson sous lequel gîter, ni une mousse du désert pour reposer sa tête endormie, ni une feuille nourricière ou rafraîchissante pour apaiser la faim et la soif. Trésor des Fèves ne s'inquiéta point. Il fendit proprement de l'ongle son porte-manteau, et il en détacha un des petits écrins dont Fleur des Pois lui avoit fait la description.

Ensuite, il l'ouvrit comme il avoit fait de la calèche, et semant son contenu en terre, à la pointe de la serfouette : — Il en arrivera ce qui pourra, dit-il, mais j'aurois grand besoin d'un pavillon pour me couvrir cette nuit, ne fût-il que d'une plante de pois en fleur; d'un petit régal pour me nourrir, ne fût-il que d'une purée de pois au sucre; et d'un lit pour me coucher, ne fût-il que d'une plume de colibri. Aussi bien, je ne saurois revoir mes parents d'aujourd'hui, tant je me sens pressé d'appétit, et courbattu de la fatigue du voyage.

Trésor des Fèves n'avoit pas fini de parler, qu'il vit sourdre du sable un superbe pavillon en forme de plante de pois, qui monta, grandit, s'épanouit au loin, s'appuya d'espace en espace, sur dix échalas d'or, se répandit de toutes parts en gracieuses tentures de feuillage, parsemées de fleurs de pois, et s'arrondit en

arcades innombrables, dont chacune supportoit à la clef de son cintre un riche lustre de cristal chargé de bougies musquées. Tout le fond des arcades étoit garni de glaces de Venise, d'une hauteur démesurée, qui n'avoient pas le moindre défaut, et qui réfléchissoient les lumières à éblouir d'une lieue la vue d'un aigle de sept ans.

Sous les pieds de Trésor des Fèves, une feuille de pois, tombée d'accident de la voûte, s'élargit en magnifique tapis diapré, de toutes les couleurs de l'arc-en-ciel et d'une multitude d'autres. Bien plus, ce tapis étoit bordé de guéridons de bois d'aloès et de sandal, qui sembloient prêts à s'affaisser sous le poids des pâtisseries et des confitures, ou sur lesquels des fruits glacés au marasquin cernoient élégamment dans leurs coupes de porcelaine surdorée une bonne jatte de purée de petits pois au sucre, marbrée à sa surface de raisins de Corinthe noirs comme le jais, de vertes pistaches, de dragées de coriandre et de tranches d'ananas.

Au milieu de toutes ces pompes, Trésor des Fèves ne fut cependant pas en peine de reconnoître son lit, c'est-à-dire la plume de colibri qu'il avoit souhaitée, et qui scintilloit dans un coin, comme une escarboucle tombée de la couronne du Grand Mogol, quoiqu'elle fût si petite, qu'on l'auroit cachée dans un grain de mil. Trésor des Fèves pensa d'abord que ce sommier répondoit peu au reste des commodités du pavillon; mais, à mesure qu'il regardoit la plume de colibri, elle se mit à foisonner tellement qu'il eut bientôt des plumes de colibri à la hauteur de la main, couchettes de molles topazes, de flexibles saphirs et d'opales élastiques, où un papillon auroit enfoncé en s'y posant. — Assez, dit Trésor des Fèves, assez, plume de colibri! je dormirai trop bien comme cela!

Que notre voyageur ait fait fête à son banquet, et qu'il eût hâte de se reposer, cela n'a pas besoin d'être dit. L'amour lui trottoit bien un peu dans la tête; mais douze ans ne sont pas l'âge où l'amour ôte le sommeil, et Fleur des Pois, à peine vue, n'avoit laissé à sa pensée que l'impression d'un rêve charmant, dont le sommeil seul pouvoit lui rendre l'illusion. Raison de plus pour dormir, s'il vous en souvient comme à moi. Toutefois, Trésor des Fèves étoit trop prudent pour s'abandonner à cette joie paresseuse avant de s'être assuré de l'extérieur de son pavillon, dont l'éclat suffisoit pour attirer de fort loin les voleurs et les gens du roi. Il y en a en tous pays. Il sortit donc de l'enceinte magique, la serfouette ouverte à la main, comme d'habitude, pour faire le tour de sa tente, et aviser au bon état de son campement.

Aussitôt qu'il fut parvenu à son extrême frontière (c'étoit un petit ravin creusé par les eaux, et que la biquette auroit franchi sans façons), Trésor des Fèves s'arrêta transi du frisson d'un homme de cœur; car le vrai courage a des terreurs communes à notre pauvre humanité, et ne s'affermit en lui-même que par réflexion. Il y avoit, ma foi, de quoi réfléchir au spectacle dont je parle.

C'étoit un front de bataille où reluisoient dans l'obscurité d'une nuit sans étoiles deux cents yeux ardents et

immobiles au-devant desquels couroient sans relâche, de la droite à la gauche, de la gauche à la droite et sur les flancs, deux yeux perçants et obliques dont l'expression indiquoit assez la ronde d'un général fort actif. Trésor des Fèves ne connoissoit ni Lavater, ni Gall, ni Spurzheim; il n'étoit pas de la société phrénologique, mais il avoit l'instinct de simple nature qui instruit tous les êtres créés à discerner de loin la physionomie d'un ennemi; et il n'eut pas regardé un moment le commandant en chef de cette louvetaille affamée, sans reconnoître en lui le loup couard et patelin qui lui avoit adroitement escroqué, sous couleur de philosophie et de vertu, le dernier de ses litrons.

— Messire loup, dit Trésor des Fèves, n'a pas perdu de temps pour rassembler son bercail et le mettre à ma poursuite! Mais par quel mystère ont-ils pu me rejoindre, tous tant qu'ils sont, si ces vauriens de loups n'ont aussi voyagé en poids chiche? — C'est probablement, reprit-il en soupirant, que les secrets de la science ne sont pas inconnus des méchants; et je n'oserois juger, quand j'y pense, que ce ne sont pas eux qui les ont inventés pour mieux engeigner les bonnes créatures dans leurs détestables machinations.

Trésor des Fèves étoit réservé dans ses entreprises, mais soudain dans ses résolutions; il exhiba donc hâtivement de sa bougette le porte-manteau qu'il y avoit glissé à côté de sa calèche; il en détacha le second de ses petits pois, l'ouvrit comme il avoit fait le premier et la calèche, et sema son contenu en terre, à la pointe de la serfouette. — Il en arrivera ce qui pourra, dit-il; mais j'aurois grand besoin cette nuit d'une muraille solide, ne fût-elle pas plus épaisse que celle de la chaumine, et d'une claie bien serrée, ne fût-elle pas plus forte que celle de mes échaliers, pour me défendre de messieurs les loups.

Et des murailles se dressèrent, non pas murailles

de chaumine, mais murailles de palais; et des claies germèrent devant tous les portiques, non pas claies en façon d'échalier, mais hautes grilles seigneuriales d'acier bleu, à flèches et buissons dorés, où loup, ni

blaireau, ni renard n'auroit passé sans se meurtrir ou
se navrer la fine pointe de son museau. Au point où en
étoit alors la stratégie des loups, l'armée des loups n'y
avoit que faire. Après avoir tenté quelques pointes,
elle se retira en mauvais ordre.

Tranquille sur la suite de cet événement, Trésor
des Fèves regagna son pavillon; mais ce fut cette fois
sur des parvis de marbre, à travers des péristyles illu-
minés comme pour une noce, des escaliers qui montoient toujours et des galeries sans fin. Il fut tout aise
de retrouver son pavillon de fleurs de pois au cœur
d'un grand jardin verdoyant et florissant qu'il ne se
connoissoit pas, et son lit de plumes de colibri, où je
suppose qu'il dormit plus heureux qu'un roi. On sait
que je n'exagère jamais.

Son premier soin du lendemain fut de visiter la
somptueuse demeure qu'il s'étoit trouvée dans un petit
pois, et dont les moindres beautés le remplirent d'étonnement, car l'ameublement répondoit très-bien à la
bonne mine du dehors. Il examina en détail son musée
de tableaux, son cabinet des antiques, son casier de
médailles, ses insectes, ses coquillages, sa bibliothèque, délicieuses merveilles encore nouvelles pour
lui. Ses livres le charmèrent surtout par le goût déli-

cat qui avoit présidé à leur choix. Ce qu'il y a de plus exquis dans la littérature et de plus utile dans les sciences humaines s'y trouvoit rassemblé pour le plaisir et l'instruction d'une longue vie, comme les Aventures de l'ingénieux Don Quichotte de la Manche, les chefs-d'œuvre de la *Bibliothèque bleue*, de la fameuse édition de Mme Oudot; des Contes des fées de toute sorte, avec de belles images en taille-douce; une collection de Voyages curieux et récréatifs dont les plus authentiques étoient déjà ceux de Robinson et de Gulliver; d'excellents Almanachs pleins d'anecdotes divertissantes et de renseignements infaillibles sur les phases de la lune et les jours propres aux semailles; des Traités innombrables, écrits d'une manière fort simple et fort claire, sur l'agriculture, le jardinage, la pêche à la ligne, la chasse au filet, et l'art d'apprivoiser les rossignols; tout ce qu'on peut désirer enfin quand on est parvenu à connoître ce que valent les livres de l'homme et son esprit : il n'y avoit d'ailleurs point d'autres savants, point d'autres philosophes, point d'autres poëtes, par la raison incontestable que tout savoir, toute philosophie, toute poésie sont là ou ne seront jamais nulle part : c'est moi qui vous en réponds.

Pendant qu'il procédoit ainsi à l'inventaire de ses

richesses, Trésor des Fèves se sentit frappé du reflet de son image dans un des miroirs dont tous les salons étoient ornés. Si la glace n'étoit menteuse, il devoit avoir grandi, ô prodige! de plus de trois pieds depuis la veille; et la moustache brune qui ombrageoit sa lèvre supérieure annonçoit distinctement en effet qu'il commençoit à passer d'une adolescence robuste à une jeunesse virile. Ce phénomène le travailloit un peu, quand une riche pendule, placée entre deux trumeaux, lui permit de l'éclaircir à son grand regret; une des aiguilles marquoit le quantième des années, et Trésor des Fèves s'aperçut, à n'en pas douter, qu'il avoit réellement vieilli de six ans.

— Six ans! s'écria-t-il, malheur à moi! Mes pauvres parents sont morts de vieillesse et peut-être de besoin! peut-être, hélas! sont-ils morts de la douleur de ma perte! et qu'auront-ils pensé, en mourant, de mon cruel abandon ou de ma pitoyable infortune? Je comprends, calèche maudite, que tu fasses bien du chemin, car tu dévores bien des jours dans tes minutes! Partez donc, partez donc, pois chiche! continua-t-il en tirant le pois chiche de sa bougette, et en le lançant par la fenêtre. Allez si loin, damné de pois chiche, que l'on ne vous revoie jamais! — Aussi, n'a-t-on jamais revu, à ma connoissance, de pois chiche, en façon de chaise de poste qui fît cinquante lieues à l'heure.

Trésor des Fèves descendit ses degrés de marbre plus triste qu'il n'avoit jamais fait l'échelle du grenier aux fèves. Il sortit du palais sans le voir; il chemina dans ses plaines incultes, sans prendre garde si les loups n'y avoient pas insolemment bivouaqué pour le menacer d'un blocus. Il rêvoit en marchant, se frappoit le front de la main et pleuroit quelquefois.

— Et qu'aurois-je à souhaiter, maintenant que mes parents n'existent plus? dit-il en tournant machinalement son porte-manteau entre ses doigts... Maintenant que Fleur des Pois est depuis six ans mariée, car c'étoit le jour où je l'ai vue qu'expiroit sa dixième année, et cette époque est celle du mariage des princesses de sa maison! D'ailleurs, son choix étoit fait.

— Que m'importe le monde entier, le monde qui ne se composoit pour moi que d'une chaumière et d'un champ de fèves que vous ne me rendrez jamais, petit pois vert, ajouta-t-il en le détachant de sa gousse, car les jours si doux de l'enfance ne se renouvellent plus. Allez, petit pois vert, allez où Dieu vous portera, et produisez ce que vous devez produire à la gloire de votre maîtresse, puisque c'en est fait de mes vieux parents, de la chaumine, du champ de fèves et de Fleur des Pois! Allez, petit pois vert, allez bien loin!

Et il le lança de si grande force, que le petit pois vert auroit facilement rattrapé le gros pois chiche, si cela avoit été de sa nature. — Après quoi, Trésor des Fèves tomba par terre d'accablement et de douleur.

Quand il se releva, tout l'aspect de la plaine étoit changé. C'étoit jusqu'à l'horizon une mer sans bornes de brume ou de riante verdure, sur laquelle se rouloient comme des flots confus, au petit souffle des brises, de blanches fleurs à la carène de bateau et aux ailes de papillon, lavées de violet comme celles des fèves, ou de rose comme celles des pois; et quand le vent courboit ensemble tous leurs fronts ondoyants, toutes ces nuances se confondoient dans une nuance inconnue, qui étoit plus belle mille fois que celle des plus beaux parterres.

Trésor des Fèves s'élança, car il avoit tout revu, le champ agrandi, la chaumine embellie, son père et sa mère vivants, et qui accouroient au-devant de lui, bien qu'un peu cassés, de toute la force de leurs jambes, pour lui apprendre comment, depuis le jour de son départ, ils n'avoient jamais manqué de recevoir de ses nouvelles tous les soirs avec quelques gracieusetés qui ameilleuroient leur vie, et de bonnes espérances de retour qui les avoient sauvés de mourir.

Trésor des Fèves, après les avoir tendrement embrassés, leur donna ses bras pour l'accompagner à son palais. A mesure qu'ils en approchoient, le vieux et la vieille s'ébahissoient de plus en plus, et Trésor des Fèves auroit craint de troubler leur joie. Il ne put cependant s'empêcher de dire en soupirant : Ah! si vous aviez vu Fleur des Pois! Mais il y a six ans qu'elle est mariée!

— Et que je suis mariée avec toi, dit Fleur des Pois en ouvrant la grille à deux battants. Mon choix étoit fait alors, t'en souvient-il? Entrez ici, continua-t-elle en baisant le vieux et la vieille qui ne pouvoient se lasser de l'admirer, car elle étoit aussi grandie de six ans, et l'histoire indique par là qu'elle en avoit seize.
— Entrez ici chez votre fils : c'est un pays d'âme et d'imagination où l'on ne vieillit plus et où l'on ne meurt pas.

Il étoit difficile d'apprendre une meilleure nouvelle à ces pauvres gens.

Les fêtes du mariage s'accomplirent dans toute la splendeur requise entre de si grands personnages, et leur ménage ne cessa jamais d'être un parfait exemple d'amour, de constance et bonheur.

C'est ainsi que finissent les contes de fées.

FIN

TABLE

	Pages.
INTRODUCTION	1
LE GÉNIE BONHOMME	4
SÉRAPHINE	21
JEAN-FRANÇOIS-LES-BAS-BLEUS	83
LA NEUVAINE DE LA CHANDELEUR	109
LES AVEUGLES DE CHAMOUNY	191
BAPTISTE MONTAUBAN	243
LÉGENDE DE SOEUR BÉATRIX	275
TRILBY OU LE LUTIN D'ARGAIL	321
TRÉSOR DES FÈVES ET FLEUR DES POIS	423

www.ingramcontent.com/pod-product-compliance
Lightning Source LLC
Chambersburg PA
CBHW071714230426

4367OCB00008B/1007

www.ingramcontent.com/pod-product-compliance
Lightning Source LLC
Chambersburg PA
CBHW071714230426
43670CB00008B/1003